走向共同福祉的
人间新天堂丛书

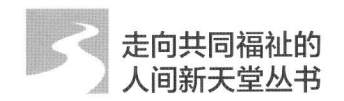

创新生态视阈下
特色小镇演化机制研究

The Study on the Evolutionary Mechanism
of Characteristic Towns from the Perspective of
Innovation Ecology

段进军　张　敏　玄泽源　等著

中国社会科学出版社

图书在版编目（CIP）数据

创新生态视阈下特色小镇演化机制研究／段进军等著. -- 北京：中国社会科学出版社，2024.12. --（走向共同福祉的人间新天堂丛书）. -- ISBN 978-7-5227-3954-0

Ⅰ.F299.21

中国国家版本馆 CIP 数据核字第 2024H2R673 号

出 版 人	赵剑英
责任编辑	喻　苗
责任校对	胡新芳
责任印制	李寡寡

出　　版	中国社会科学出版社
社　　址	北京鼓楼西大街甲 158 号
邮　　编	100720
网　　址	http://www.csspw.cn
发 行 部	010-84083685
门 市 部	010-84029450
经　　销	新华书店及其他书店
印　　刷	北京君升印刷有限公司
装　　订	廊坊市广阳区广增装订厂
版　　次	2024 年 12 月第 1 版
印　　次	2024 年 12 月第 1 次印刷
开　　本	710×1000　1/16
印　　张	17.5
插　　页	2
字　　数	280 千字
定　　价	89.00 元

凡购买中国社会科学出版社图书，如有质量问题请与本社营销中心联系调换
电话：010-84083683
版权所有　侵权必究

《走向共同福祉的人间新天堂丛书》
编辑委员会

主　任：任　平
副主任：高小平　简新华
编　委：（按姓氏笔画排序）
　　　　丁　煌　王永贵　王俊华　方世南
　　　　方延明　方新军　田芝健　田毅鹏
　　　　冯　博　任　平　吴永发　陈　一
　　　　陈　龙　陆树程　段进军　姜建成
　　　　徐国栋　钱振明　高小平　高　峰
　　　　唐亚林　桑玉成　简新华
主　编：钱振明
副主编：赵　强　钟　静

守正创新　走好中国式城镇化新道路

——写在《走向共同福祉的人间新天堂丛书》出版之际

任　平

党的二十大庄严宣示："从现在起，中国共产党的中心任务就是团结带领全国各族人民全面建成社会主义现代化强国、实现第二个百年奋斗目标，以中国式现代化全面推进中华民族伟大复兴。"与中国式现代化总体要求相对应，改革开放40多年来，特别是进入中国特色社会主义新时代，我们成功走出了一条"以人为核心的新型城镇化"道路即中国式城镇化新道路。

十年前，习近平总书记在改革开放后首次中央城镇化工作会议上指出："城镇化是现代化的必由之路"，同时宣告："在我们这样一个拥有十三亿多人口的发展中大国实现城镇化，在人类发展史上没有先例。粗放扩张、人地失衡、举债度日、破坏环境的老路不能再走了，也走不通了。"以人为本，推进以人为核心的新型城镇化，是与中国式现代化相契合的中国式城镇化新道路，是中国式现代化的必由之路。

中国式城镇化新道路是中国式现代化的一个关键领域和承载形态，这一道路的开辟具有与中国式现代化超越"别人的"和"旧我的"现代化参照系和坐标系一样的经历。其道路之"新"在于：一是经历了超越西方式城镇化道路的艰难历程，实现了制度性跨越；二是跨越了旧中国城镇化道路，实现了历史性超越；三是超越了苏联式僵化教条主义道路，实现了改革创新；四是超越了新中国初期至改革开放初期的曲折道路，实现了从头越，走向理性自觉。这一道路创造了从"乡村中国"向"都市中国"伟大跨越的奇迹,实现了让9亿多中国人民共享城镇化成果的梦想,让中国城镇化具有了中国特色和中国风格,并成为强力推动中国式现代化的主要动力。在推进中国式现代化,实现中华民族伟大复兴的新征程上,我们全面理解和深刻把握中国式城镇化新道路的中国特色和本质特征,守正创新,走好中国式城镇化新道路。

中国式城镇化新道路的"中国特色"之一是人口巨大的城镇化。从1949年新中国成立之初城市化率不到10%,到2022年末达到65.22%,9.20亿人口成为城镇常住人口,实现了从"乡村中国"向"都市中国"的重大转变,这是第一大国情变化。这意味着我们党和国家百年来革命和发展的重心必然要从乡村转向城市。未来30年,中国的城镇化率完成的目标将向更高的80%以上迈进,在9亿多城镇人口的基础上还要增加2.5亿左右。无论是已经城镇化还是将要经历城镇化的人口数量,都是世界城镇化之最。由此,必然涉及城镇化的一个重大模式选择问题,必然要超越既有的城镇化模式。要超越西方式城市化道路弊端,着力缩小城乡差距,坚决反对那种为了资本逻辑牟利高效需要而单向发展大城市、超大城市。苏南小城镇和大中小城市协调发展所形成的"模式",为守正创新走好中国式城镇化新道路提供了样本。

中国式城镇化新道路的中国特色之二是从追求空间正义到进一步"全体人民共同富裕"的城镇化。为了全体人民共同富裕,高扬空间正义原则,是中国式城镇化新道路超越以资本逻辑宰制的西方式城镇化以及改革开放以来资本逻辑单纯逐利本性、回归"以人民为中心"宗旨的根本特征。中国式城镇化新道路是追崇"空间正义"的城镇化道路,它超越西方式城镇化道路那种严重的空间不正义,解决中国特色社会主义条件下资本逻辑在城镇化进程中造成的贫富两极分化问题。坚持和发展"空间正义",让空间权益普惠全体人民,城镇化公共服务均等化,这是中国式城镇化新道路的本质规定。公共服务的均衡性分配正义一般说来是全体人民享有共同幸福、共同福祉的城镇化生活的必要的物质基础,但这还不是全部充要条件。未来30年,中国式城镇化新道路在稳步走向"空间正义"征程的同时,要努力走向人间新天堂,构筑诗意美丽、幸福美满的城市家园。如果说以往的中国式城镇化新道路主要致力于空间正义,那么,今后的中国式城镇化新道路在继续坚守和实践空间正义的同时，就要进一步为全体人民的共同福祉、适宜居住人间新天堂而努力奋斗。这就是中国式城镇化的新现代性的美好家园。

中国式城镇化新道路的中国特色之三是物质文明、制度文明、社会文明和精神文明相协调的城镇化。列斐伏尔在《空间生产》中就指明：空间有三维度存在，物理的、社会的和精神的。此外，还应当有独立的制度文明维度。虽然制度文明本质上成为人们的社会关系的规范化、制度化先进形态，应当属于社会文明，但是，也涉及人与自然（生态文明）、精神—文化维度。因此，城镇化空间生产是全方位的：不仅是物理空间的生产、社会关系的生产、精神文明的生产，而且包括制度生产。发达的城镇化不仅需要有发达的物理空间、社会空间、精神文化空间，更要有治理体系发达的制度空间。同样，追求共同福祉、诗意居住的城镇化，也不仅需要物质文明、社会文明、精神文明的大力支撑，更需要制度文明保障。

中国式城镇化新道路的中国特色之四是人与自然和谐共生的生态城市。绿色发展、生态文明、人与自然和谐共生是中国式现代化的本质特征之一，也是中国式城镇化新道路的基本品格。中国式城镇化新道路对于人与自然和谐共生的生态文明和绿色发展之路要实现多阶段目标。自然生态的山、水、林、田、湖、草、气等自然资源与城镇化构成一体化生态共同体这是第一级目标。城市依照自然资源条件而建，自然资源保护和优化成为适宜居住美丽城市的自然条件。然而，城镇化生态文明不止步于可见视阈。第二级目标还需要防止排除高技术污染：光污染、噪声污染、电磁辐射和其他损害人类和生态健康的超高能因素污染。第三级目标则是"生态足迹"平衡。需要尽快实现新能源转换，不仅要实现碳达峰和碳中和，达到新型能源转型自给，而且对于粮食安全要有高度的自觉。

中国式城镇化新道路中国特色之五是倡导、推动、引领和创造和平共赢的全球城市体系。中国式城镇化新道路不仅要为中国人民谋幸福、为中华民族谋复兴，而且也要为全球城乡居民谋进步、谋空间正义，因而未来就要肩负起一个负责任的世界大国应当肩负的重大责任，即推进全球城市空间正义，以多元平等、和平共处、合作共赢、文明互鉴的新全球化城市体系来取代霸权主义宰制的旧全球化城市体系。为此，中国式城镇化新道路要求中华民族与世界民族协商一致，重新设计规划未来全球城市体系的发展蓝图，制定未来城市分工协作的个性标准，探索合作共赢的相互关系，解决相互合作中的种种矛盾问题、提出治理方案。

守正创新，坚定不移走好中国式城镇化新道路，我们需要深度思考未来问题，迎接未来挑战，把握未来发展的重点和难点。

第一，走好中国式城镇化新道路，必须坚持中国共产党领导。历史实践反复证明：只有中国共产党领导中国人民百年奋斗，中国人民才能从站起来、富起来到强起来，才能摆脱中国城镇化历史遭受帝国主义、封建主义、官僚资本主义殖民化、资本化奴役的悲惨历史，才能不断超越西方式城市化道路，开辟中国式城镇化新道路；只有坚持"以人民为中心"的中国共产党，才能秉持"城镇化为了人民、依靠人民、城镇化成果让全体人民更多更公平地共享"这一根本宗旨，代表中国人民的共同利益、整体利益、全局利益和长远利益，带领中国人民坚定不移地走"以人为核心"的中国式城镇化新道路。只有中国共产党才有能力领导世界上超级人口大国最宏伟壮阔的城镇化进程，全心全意为14亿全体中国人民谋划安居乐业的幸福生活。只有坚持以先进的马克思主义中国化时代化旗帜引领指导行动的中国共产党，才能以唯物史观的中国逻辑科学揭示和把握中国式城镇化新道路的本质规律，正确指引方向，带领人民成功赢得未来。习近平新时代中国特色社会主义思想是新时代中国共产党必须长期坚持的指导思想，习近平关于推进"以人为核心的新型城镇化"的战略思想，是全面把握中国式城镇化新道路的根本指导思想。各级党的领导和组织理解和把握这一指导思想的水平，在实践中是否"敢创、敢闯、敢干、敢领先"，成为这一地区城镇化发展状况的决定性因素。用习近平关于"以人为核心的新型城镇化"思想加强和提升党的领导水平，是中国式城镇化新道路成功走向未来、创造更大辉煌的首要因素。迈向未来，我们的各级党组织要始终走在中国式城镇化新道路的前列，创新人类先进的思想观念指引方向，以带领人民团结奋斗创造实践的奇迹。

第二，走好中国式城镇化新道路必须坚持中国特色社会主义。中国式城镇化是中国特色社会主义城镇化。其重点在于：未来中国式城镇化新道路在继续坚持和发展空间正义事业基础上，将走向人间新天堂，构筑诗意美丽家园。这一美丽家园的构筑,首先在空间正义原则指引下,公平地共享基本空间权益将成为人们不可剥夺的人权。中国特色社会主义本质上是全体中国人民在根本利益、全局利益、长远利益、整体利益上趋于一致、有深厚的共同利益基础、走共同富裕道路的社会。

第三,从单纯追求数量型发展转向高质量发展之路。回溯以往,人们对中国城镇化进程关注的焦点主要在于数量型指标。中国式城镇化新道路在初步完成数量型扩张目标之后,需要将发展重心迅速转移到高质量发展上来,把握好数量继续增长与质量迅速提升之间的辩证关系,解决好以往在单纯追求数量型发展模式之时掩盖的种种矛盾和问题,以高质量发展带动数量增长,做到高质量的数量发展。中国城镇化高质量发展急需解决一系列问题。一要着力解决"常住人口"与户籍人口城镇化率差异较大的问题;二要多样化地解决农业转移人口市民化问题;三要精准地高质量规划全国超大城市、特大城市和大中小城市及小城镇的未来蓝图,为全体中国人民建设诗意居住的美好家园;四要解决如何以创新城市"业"态强势带动"城"的发展问题;五要解决实现共同富裕的路径问题。

中国式城镇化新道路开拓前行的未来,就是中国式现代化的未来,也引领中国城镇化学术研究的未来。守正创新,以科学的态度对待科学,以真理的精神追求真理,探索中国式城镇化的未来,是我们的责任。

前　言

2016年，住建部、国家发展改革委、财政部联合发布通知，决定在全国范围内开展特色小镇培育工作，并相继公布了两批共计403个特色小镇名单，自此特色小镇的培育建设工作在全国范围内大规模开展。它推动了社会经济的转型与创新发展，这是值得肯定的，但在发展过程中也出现了一些深层次的问题。这些问题集中体现在对特色小镇本质内涵的认识上。我们认为，特色小镇发展中出现的"房地产化"，以及很多地方认为通过政府可以打造出特色小镇，这些错误的理念事实上长期以来在发展中就存在，只不过在特色小镇发展中更为凸显。这些问题集中表现在如何处理好市场与政府的关系上。比如"九五"和"十五"时期，在中国很多地方城镇化快速发展，出现了城镇化的"大跃进"，带来了城镇化与工业化之间的不协调问题，"土地城镇化"快于"人口城镇化"。很多地方不顾客观条件和经济规律，依靠政府"打造"推动城镇化的快速发展。城镇化是一个重大的区域发展问题，必须有产业支撑，要符合循序渐进的规律，任何不顾客观条件和规律的"大跃进"式的城镇化都可能会给社会经济发展带来巨大的损失。我们认为，在发展特色小镇初期也存在着一种"运动式打造"的思维，似乎政府可以代替市场规律，所以存在很多"伪特色小镇"。这些违背规律的"伪特色小镇"毫无疑问最后都走向衰亡，太多这样的案例了！因此，进入新发展阶段，中央提出了"双循环"发展战略，特色小镇作为一个重要的支撑社会经济发展的新空间载体，其发展逻辑也必然要发生新的变化，不能延续过去的发展思路。特色小镇作为支撑社会经济发展的空间载体，其存在具有必然的合理性，不能因为很多政府打造的特色小镇衰亡就否认特色小镇存在的必然性，也不能因为特色小镇的迅速发展就失去理智，认为特色小镇可以违背经济规律取得快速发展。

特色小镇存在的理由是基于对特色小镇功能的认识，特色小镇所具有的天然的灵活性和弹性是其他大型空间载体难以具备的。未来经济发展环境越来越处于不确定的环境中，如果产业结构、空间结构过于刚性，就难以实现一种弹性发展。特色小镇特有的这种弹性专精的特点使其更加具有灵活性和弹性，使其可以根据环境变化进行灵活调适以推动社会经济的转型发展。因此，在整个大环境的变化下，特色小镇更适合未来的发展，在区域空间体系中可以承担特有的功能，使其存在具有合理性。

如何更好地推动特色小镇发展，这是一个重大的理论和实践问题。特色小镇作为一个空间载体和空间组织，除了从宏观层面对其认识以外，我们也需要从微观层面自下而上对其发展进行思考，发现特色小镇发展的底层逻辑。本书借鉴"行动—规则"的视角去思考特色小镇的发展，这也是本书的一个创新型视角。这个视角与创新生态系统视阈是完全一致的。创新生态系统就是个体行动和行动协调的产物。如果从"行动—规则"的视角去思考特色小镇的发展，第一，需要强调企业家等一些创新主体在特色小镇发展中的影响性作用。现在的主流经济学存在一个很大的问题就是忽视了企业家在社会经济发展中的作用，企业家的创新作用在熊彼特创新理论中得到体现，当然在奥地利经济学派中也得到了集中的体现。第二，就是要强调个体行动和行动协调的一般性规则的重要性。一般性规则比如价格、私有产权、法治等都是个体行动和行动协调长期演化出来的，并非政府简单政策所能够替代的，这就决定了特色小镇的发展必然与演化联系在一起，政府打造特色小镇可以创造出有形的空间载体，但无形的一般规则和制度却是无法创造出来的，特色小镇特有的文化生态和创新生态也是无法创造的。这也是我们为什么要基于创新生态系统视阈研究特色小镇的演化机制。其实，它就是针对当前的"打造"思维、指标考核的思维，因为这些思维归根结底是一个统计的总量思维，并没有像"行动—规则"基于一个自下而上的演化思维去发现特色小镇发展的底层逻辑。第三，基于"行动—规则"的思维，个体行动和行动协调生成一种分工的网络秩序，这是特色小镇发展重要的基础。这个分工网络秩序其实就是一种创新的生态系统，其从本质上也是不可打造的。在个体分工网络中，包括特色小镇内部的网络以及开放的外部网络，这些大量的个体行动和行动协调中，可以对哈耶克所讲的分散知识和情景知识的利用，同时也是创造一种新知识和新信息的网络。这个网络是内生的，不是外生政府打造的，是动态演变的，不是静态的。因此，本书事实上是从动态市场过程的角度去思考特色小镇的发展，而不是从静态、总量、打造的逻辑去思考特色小镇的发展。这已突破主流经济学的视角，简单依靠定量模型去研究特色小镇。因为依靠主流经济学的视角很难发现特色小镇的本质内涵，对实践也没有任何指导的价值和意义。

从以上动态视角去思考特色小镇的发展，就将对特色内涵的理解上升到一个新的层面。我们认为，特色不是一个天然的自然禀赋，而是企业家和个体创造生成的特色。即使一个特色小镇具有人文资源的禀赋、天然美丽的生态、得天独厚的历史资源，但这些都是外生的，其能成为特色小镇的特色，关键还是要回到个体行动和行动的协调，回到特色背后企业家和个体的创造力上，将外部人文、生态、各类资源转为一种资本，进而生成一种具有特色的产业、产品与品牌。所以，在特色的背后有太多的支撑条件，特别是企业家和个体的创造力。如果不能把所有的静态禀赋转变成为市场所需要的产品和品牌，这个特色小镇是无法实现可持续发展的。因此，特色不仅仅是浅层次的特色，既表现在空间和产业有形的层面，也表现在无形的文化生态和制度层面，特色就是灵魂。但所有这些环境最后都会凝聚在人的层面，即人的创造力及其所生成的创新生态系统。

本书在以上理论思考和实践思考的基础上，其内容的逻辑结构如下：第一、二章对特色小镇发展的理论基础和文献进行梳理。国内对特色小镇发展的研究文献缺少从微观"行动—规则"的视角进行研究，我们需要超越国内的研究，从自下而上的角度思考特色小镇的本质内涵。这迫切需要深入研究特色小镇发展的理论体系。对特色小镇理论支撑更多的是建立一个理论群集。从演化地理学、产业集群、创新生态系统等理论都具有可吸收的合理理论观点去支撑特色小镇发展。这些理论都强调自下而上的演化思维，其本质是建立在"行动—规则"的基础上。当然，对本书给予较大支撑的理论是创新生态系统理论。特色小镇作为支撑社会经济转型与发展的空间载体,从本质上,它就应该是一个创新生态系统。本书认为特色小镇要从早期1.0的空间载体发展到2.0的产业组织,再到3.0就是一个创新生态系统。

第三章是对中国特色小镇发展现状及空间布局,以及存在问题的认识。特色小镇发展符合中国总体产业布局的特点,比如东部特色小镇发展具有活力、实力强,都市圈内的特色小镇发展活力强。特色小镇的发展必须符合中国整体产业布局的特点,这是不以人的意志为转移的客观规律。同时,对于西部地区特色小镇的发展,更应该强调特色,这样才能克服巨大空间成本。都市圈和城市群是中国未来重要的空间载体,我们更加需要关注都市圈和城市群范围内特色小镇的发展。特色小镇的存在不是孤立的,它和其他空间载体共同构成一个空间体系,以支撑社会经济的转型与创新发展。

第四章是特色小镇发展的理论创新和实践反思。本书重要的理论创新就是将奥地利学派的一些理论观点,即将"行动—规则"的视角运用到研究特色小镇的发展上来。这个视角与创新生态系统的视角是完全一致的,创新生态系统就是个性行动和行动协调的产物。"行动—规则"的视角能够深入地揭示特色小镇的演化本质,以及为什么要从创新生态系统视角去思考特色小镇的发展。然后,在此基础上对当前中国特色小镇的发展进行了深刻的反思,即成功的特色小镇为什么成功了?失败的特色小镇为什么失败了?成功的特色小镇尊重了市场规律,失败的特色小镇违背了市场规律,道理很简单。本章是对第三章特色小镇问题的进一步反思和深化,同时也为后面特色小镇的演化机制等理论探讨起到重要的引子作用。正是因为有大量失败的特色小镇,这要求我们必须从理论上对特色小镇的内涵与本质进行深入研究。因此,本章起到承上启下的作用。

第五、六章对特色小镇的演化过程、演化机制等进行深入探讨,基于时空角度思考特色小镇发展和演变机制。第五、六章为后面章节探讨特色小镇案例,以及从一般层面对特色小镇进行分类并对其演化路径的研究具有重要的指导意义。

第七章主要是基于"行动—规则"视角探讨特色小镇的案例。它主要根据第五、六章关于创新生态系统视阈下特色小镇的演化过程和演化机制的研究，分别探讨数字经济类、制造类、文旅类特色小镇的具体案例，分析了这些特色小镇的演化过程、演化机制，以及在演化过程中存在的问题。

第八章主要是介绍国外特色小镇的发展经验。发展中国特色小镇需要借鉴国外特色小镇发展的理念。国内特色小镇与国外特色小镇在界定上是不同的，特别是地理范围和发展机制上是不同的。中国特色小镇发展很多是政府主导的，很多失败的特色小镇恰恰是因为政府不尊重市场规律，因此，国外特色小镇在发展理念上很多值得国内特色小镇的借鉴。比如产业发展的演化、一、二、三产业的融合，以及发展演化的阶段性，以及如何在关键时候基于对宏观环境的研判来确定未来小镇发展的战略方向等。特别是国外特色小镇发展过程中，市场发挥着决定性的作用，这一点确实值得发展国内特色小镇时借鉴。

第九章是对特色小镇演化的路径研究。首先对特色小镇进行了一般性的分类，然后对不同类型特色小镇的演化路径进行了一般性的探索，这遵循着一般性的演化规律。

结语部分对全书内容进行了深化和升华，并提出从"六个超越"的角度去思考特色小镇的发展。第一，超越大规模、标准化、同质化的福特制思维，走向差异化、小众化和个性化的后福特制的思维。第二，超越单纯技术创新的工程师思维，树立技术创新、体制创新和市场需求相互作用的企业家思维。第三，超越把特色当成静态的天然禀赋，树立特色的动态演化的创造性理念。第四，超越传统物理空间和实体空间的思维，树立知识空间、网络空间、创客空间的思维。第五，超越传统纵向产业链思维，树立非线性网络型产业组织的新模式。第六、超越把特色小镇作为单一的产业空间组织，树立创新生态系统的理念。这"六个超越"全面地表达了对特色小镇发展的思考。

综上所述，全书最大的特点是理论创新和实践反思相结合、特色小镇发展的一般路径与个案研究相结合，期望改变人们发展特色小镇的观念，不要认为可以违背规律打造出特色小镇。规律必须得到遵守，需要从创新生态系统的视角去看待特色小镇循序渐进地发展，不能从简单牛顿机械原理的层面去认识特色小镇。这既是发展特色小镇应牢记的，也是中国发展进入新阶段应该牢记的。这也许是本书点滴的贡献和最大的希望。

目　录

第一章　特色小镇建设与发展的背景追溯 …………………………（1）
　第一节　特色小镇的起源与发展 ……………………………………（1）
　第二节　中国特色小镇发展的总体背景 ……………………………（10）
　第三节　高质量发展背景下特色小镇的转型与创新 ………………（17）

第二章　特色小镇的理论基础与文献综述 …………………………（22）
　第一节　特色小镇的理论基础 ………………………………………（22）
　第二节　特色小镇的文献综述 ………………………………………（38）

第三章　中国特色小镇的空间分布、发展现状及存在问题 …………（49）
　第一节　国家级特色小镇空间分布特征 ……………………………（50）
　第二节　国家级特色小镇经济发展现状 ……………………………（55）
　第三节　中国特色小镇产业布局特征 ………………………………（72）
　第四节　特色小镇发展现存问题 ……………………………………（77）

第四章　特色小镇演化的理论创新与实践思考 ……………………（81）
　第一节　人的行动与空间秩序 ………………………………………（82）
　第二节　创新生态系统视阈下特色小镇的科学内涵 ………………（87）
　第三节　不确定性环境下特色小镇的适应性 ………………………（92）
　第四节　"行动—规则"视角下对特色小镇实践的思考 …………（96）

第五章　创新生态系统视阈下特色小镇的演化过程 …………（104）
第一节　创新生态系统视阈下特色小镇演化的形成 ………（105）
第二节　创新生态系统视阈下特色小镇演化的运行 ………（108）
第三节　创新生态系统视阈下特色小镇演化的生命周期 …（115）

第六章　创新生态系统视阈下特色小镇的演化机制 …………（119）
第一节　创新生态系统视阈下特色小镇演化的作用机理 …（119）
第二节　创新生态系统视阈下特色小镇演化的动力机制 …（124）
第三节　创新生态系统视阈下特色小镇演化的逻辑机制 …（130）
第四节　创新生态系统视阈下特色小镇演化的治理机制 …（131）
第五节　创新生态系统视阈下特色小镇演化的一般路径 …（134）

第七章　案例分析 ………………………………………………（147）
第一节　数字经济类特色小镇案例分析 ……………………（147）
第二节　制造类特色小镇案例分析 …………………………（163）
第三节　文旅类特色小镇案例分析 …………………………（174）

第八章　国外特色小镇发展的启示 ……………………………（189）
第一节　国外特色小镇的起源与发展 ………………………（189）
第二节　国外典型特色小镇介绍 ……………………………（192）
第三节　创新生态系统视阈下国外特色小镇发展的动因 …（208）
第四节　国外特色小镇发展的经验 …………………………（216）

第九章　创新生态系统视阈下不同类型特色小镇发展的
一般路径 ………………………………………………（222）
第一节　文旅休闲型特色小镇的发展路径 …………………（223）
第二节　本土资源型特色小镇的发展路径 …………………（230）
第三节　新兴产业集聚型特色小镇的发展路径 ……………（236）

结语 "六个超越"与特色小镇发展新理念…………………………（243）

参考文献 ……………………………………………………………（246）

后　记 ………………………………………………………………（258）

第一章

特色小镇建设与发展的背景追溯

特色小镇作为一种新型的产业空间组织形式，与当前经济高质量发展过程中"新型城镇化""产业转型升级""创新驱动发展""城乡融合"等规划相辅相成。特色小镇的产生与发展既意味着生产生活生态功能的彰显，又代表着精神文化的传承，引起了一阵特色小镇建设热潮和国内城镇发展方式的转变。2016年，住建部、国家发展改革委、财政部联合发布通知，决定在全国范围内开展特色小镇培育工作，并相继公布了两批共计403个特色小镇名单，自此，特色小镇的培育建设工作在全国范围内大规模开展。以浙江省云栖小镇为例，其核心区域占地面积3.5平方公里。2020年10月底，小镇特色产业产值331亿元，实现财政总收入8.99亿元，为推动浙江省产业转型升级贡献了重要力量。但事实上，在特色小镇取得巨大成绩的同时，特色小镇的建设与发展过程中也存在着诸多问题，如概念混淆、内涵不清、主导产业薄弱、同质化严重等。这造成了部分特色小镇的衰退与资源浪费。因此，厘清特色小镇的发展背景及内涵，深入分析特色小镇的创新与转型方向，理性思考特色小镇的发展，对于日后打造高水平特色小镇、推动经济高质量发展具有重要意义。

第一节 特色小镇的起源与发展

特色小镇是产业发展与文明结合的产物，它不仅丰富了现代城乡文明的多样性与包容性，也进一步促进了社会分工的优化与细化。本节将从梳理特色小镇的兴起与发展过程入手，通过对特色小镇形成历程与相关政策的梳理，对特色小镇的内涵进行界定。

一 特色小镇的兴起与发展

特色小镇兴起于浙江，以星火燎原之势在全国蔓延开来，逐渐成为中国产业转型升级和经济高质量发展的重要抓手。回顾特色小镇的发展历程，我们会发现，特色小镇是在客观实践的发展中提出来的，从最初的小城镇建设到后来的产业集聚区再逐渐发展成为特色小镇，其发展历程大致可以分为以下几个阶段。

（一）小城镇大规模发展

1983 年，费孝通在《小城镇　大问题》中写道："如果我们的国家只有大城市、中城市，没有小城镇，农村里的政治中心、经济中心、文化中心就没有腿。要把小城镇建设成为农村的政治、经济和文化的中心，小城镇建设是发展农村经济、解决人口出路的一个大问题。……我早年在农村调查时就感觉到了有一种比农村社区高一层次的社会实体的存在，这种社会实体是以一批并不从事农业生产劳动的人口为主体组成的社区。无论从地域、人口、经济、环境等因素看，它们都既具有与农村社区相异的特点，又都与周围的农村保持着不能缺少的联系。我们把这样的社会实体用一个普通的名字加以概括，称之为'小城镇'。"[1]1983 年后，中国小城镇发展速度和规模不断扩大。1995 年，国务院发布《关于印发〈小城镇综合改革试点指导意见〉的通知》，对小城镇的发展规划、基础设施、用地管理等方面进行了制度创新。2001 年，"十五"规划中进一步明确了重点发展小城镇的方针，到 2002 年底，中国建制镇达到 20601 个。[2] 小城镇作为农村与城市之间的连接点，一方面，汇集了城市的部分生产要素，为发展产业提供了一定的物质基础；另一方面，小城镇是农村剩余劳动力的去处之一，为发展工业产业提供了充足的劳动力。20 世纪 80 年代，苏南乡镇企业异军突起，实现了企业的相对集中发展，并因此带动了人口集聚与服务业的发展。不仅成为城镇化的重要推进动力，更成为建设小城镇的基本依托。

---

[1] 费孝通：《小城镇　大问题》，《江海学刊》1984 年第 1 期。
[2] 冯长春：《"新格局"下小城镇发展探讨》，《小城镇建设》2021 年第 11 期。

(二) 产业区与产业集群的形成与发展

在小城镇大规模发展的基础上,一些地区开始出现明显的专业化集聚现象。部分地区依托专业市场和规模企业,自下而上产生了产业区与产业集群,形成了专业化分工与发达的市场配套体系。例如20世纪90年代末,广东省珠三角周边乡镇集聚了电子信息产业,佛山市、中山市等周边乡镇集聚了电子机械产业,进而兴起了"专业镇"的概念,成为支撑广东省快速增长的一种重要的生产组织方式。[①] 浙江省作为产业集群的典型省份之一,也拥有众多的专业化产业区,多数分布在沿海县域,以私营企业为主,基于自发的市场秩序形成了产业集聚区。与广东省的产业集群发展模式相比,浙江省的专业产业区具有更加明显的自组织性与自适应性。"浙江模式"的形成有其特有的文化历史与地理基因。地理因素迫使许多人外出谋生。随着经商能力的快速提高与资本的不断积累,这批人将大量的商业信息与资本带回家乡进行创业,形成了一大批私营企业,进而发展成为专业化产业区与产业集群。这种模式下,产业区的发展不仅拥有强有力的产业支撑,而且融入了创业者的独特文化即企业家精神,表现出明显的根植性与内生性特征。近年来,在政府的主导和规划下,这些专业化产业区开始向创新集群升级,更加注重创新要素与资本要素的集聚,但是很多集群依旧存在着"逐底竞争"的现象,仍然需要通过治理实践进行改善。[②]

(三) 特色小镇的兴起与发展

特色小镇起源于浙江,这与"浙江模式"是分不开的。浙江的产业组织方式在发展过程中虽然形成了专业化产业区,但是依旧面临着产业层级不高、产能过剩、创新性不强、逐底竞争等诸多问题,块状经济与县域经济面临着发展瓶颈。2014年10月,时任浙江省省长李强在参观云栖小镇时提出"让杭州多一个美丽的特色小镇,天上多飘几朵创新'彩云'"。这是特色小镇概念首次被提出。2015年,时任中办主任、国家发改委副主任刘鹤一行深入调研浙江特色小镇建设情况,认为浙江特色小

[①] 王珺:《社会资本与生产方式对集群演进的影响——一个关于企业集群的分类与演进框架的讨论与应用》,《社会学研究》2004年第5期。

[②] 王缉慈:《创新的空间:企业集群与区域发展》,北京大学出版社2001年版。

镇建设符合经济规律，注重形成满足市场需求的比较优势和供给能力，这是"敢为人先、特别能创业"精神的又一次体现。2016年1月初，时任浙江省省长李强在绍兴、宁波调研特色小镇建设后说道："在新常态下，浙江利用自身的信息经济、块状经济、山水资源、历史人文等独特优势，加快创建一批特色小镇，这不仅符合经济社会发展规律，而且有利于破解经济结构转化和动力转换的现实难题，是浙江适应和引领经济新常态的重大战略选择。"2016年7月，国家三部委联合发布《关于开展特色小镇培育工作的通知》，自此，全国开始了特色小镇的建设热潮。特色小镇以特色产业为支撑，深挖当地特色文化并注重生产与生活的平衡，成为新发展阶段的创新探索和成功实践。虽然特色小镇建设的热度不减，但在发展过程中出现了诸多问题，一些地方快速发展的特色小镇有着明显的房地产化倾向，不仅加大了房地产库存，也没有引进核心产业，还面临巨大的破产烂尾风险。

二 特色小镇相关政策梳理

特色小镇的发展与建设离不开国家政策的引导与支持。通过梳理特色小镇的政策脉络，我们发现，在不同阶段，特色小镇有着不同的政策定位（见表1-1）。

表1-1　　　　　　　　　　特色小镇政策梳理

时间	特色小镇政策要点	政策出处
2016	首次提出特色小镇概念，尚未明确特色小镇内涵，指出特色小镇原则上为建制镇（县城关镇除外），优先选择全国重点镇	《关于开展特色小镇培育工作的通知》
2016	将特色小镇与特色小城镇的概念进一步区分，但尚未明确规定特色小镇内涵和边界范围	《关于加快美丽特色小（城）镇建设的指导意见》
2017	指出特色小镇发展概念不清、定位不准、急于求成、盲目发展以及市场化不足等问题，明确了发展特色小镇的重点任务，并提出特色小镇规划用地面积不超过3平方公里	《关于规范推进特色小镇和特色小城镇建设的若干意见》

续表

时间	特色小镇政策要点	政策出处
2018	明确特色小镇的发展要求，针对特色小镇在发展中出现的问题，开展规范纠偏、典型引路和服务支撑，引导特色小镇建立高质量发展机制，释放城乡融合发展和内需增长新空间，促进经济高质量发展	《国家发展改革委办公厅关于建立特色小镇和特色小城镇高质量发展机制的通知》
2019	将特色小镇作为都市圈内城乡融合发展的载体与联结城乡的功能平台，推动城乡要素跨界配置和产业有机融合发展	《国家发展改革委关于培育发展现代化都市圈的指导意见》
2019	对特色小镇有序发展提出了要求，通过典型引路、挖掘精品、总结经验、规范纠偏、监测评估、实时淘汰、制定标准等措施推动特色小镇与新型城镇化健康发展	《2019年新型城镇化建设重点任务》
2019	提出在城乡产业协同发展先行区内，重点优化提升特色小镇，将特色小镇作为城乡要素融合的重要载体，推动城乡要素跨界配置和产业有机融合	《国家城乡融合发展试验区改革方案》
2020	对特色小镇的规范发展提出了要求，强化底线约束，严格节约集约利用土地、严守生态保护红线、严防地方政府债务风险、严控"房地产化"倾向，进一步深化淘汰整改	《2020年新型城镇化建设和城乡融合发展重点任务》
2020	公布特色小镇典型发展经验与警示案例，要求各地落实监督管理责任，统筹推进典型示范和规范纠偏，因地制宜融入本地特色小镇建设发展	《国家发展改革委办公厅关于公布特色小镇典型经验和警示案例的通知》
2020	明确了特色小镇发展的主要任务，并对特色小镇发展的顶层设计、激励约束和规范管理提出意见	《关于促进特色小镇规范健康发展的意见》
2021	要求促进特色小镇规范健康发展。统一实行清单管理，制定特色小镇发展导则，推广新一轮特色小镇建设典型经验，加强监督监管、整改违规行为	《2021年新型城镇化和城乡融合发展重点任务》
2021	从发展定位、空间布局、质量效益、管理方式与底线约束五个方面对特色小镇规范健康发展提出普适性操作性的基本指引	《关于印发全国特色小镇规范健康发展导则的通知》

续表

时间	特色小镇政策要点	政策出处
2022	健全各省份特色小镇清单管理制度，加强监测监督监管，防范处置违规行为，通报负面警示案例，继续促进特色小镇规范健康发展	《2022年新型城镇化和城乡融合发展重点任务》
	增强创新创业能力，促进特色小镇规范健康发展	《"十四五"新型城镇化实施方案》

资料来源：根据国家发展改革委网站整理所得。

2016年，特色小镇概念正式在政策中被提出。无论是《关于开展特色小镇培育工作的通知》还是《关于加快美丽特色小（城）镇建设的指导意见》，对特色小镇的认识还处于探索阶段，尚未明确特色小镇的内涵，更加关注特色小镇的发展数量与建设速度。

2017—2018年，政策文件初步指出了特色小镇在发展过程中遇到的问题，并对特色小镇提出了发展要求：一是形态上规划用地不超过3平方公里，即小而精；二是发展机制上要促进经济高质量发展与释放内需增长新空间。

2019年，随着新型城镇化与城乡融合的快速发展，特色小镇的政策定位更多地体现在其载体功能上。一方面，要作为城乡要素融合的载体带动城市要素流入乡村；另一方面，要成为要素跨界配置的载体来推动城乡产业的有机融合。

2020年至今，随着特色小镇发展过程中的烂尾与爆雷，特色小镇的发展逐渐回归理性。从相关政策来看，这一阶段更加注重特色小镇的高质量、可持续健康发展。多条政策相继提出，要谨防特色小镇房地产化倾向，加强监督监管与整改违规行为，促进特色小镇的规范健康发展。

从政策出处来看，特色小镇的提及与发布多数和新型城镇化、城乡融合、都市圈建设相结合。从新型城镇化角度来看，当前中国城镇化发展已经进入后半程，城镇化的发展从追求速度逐渐转变为高质量与集约化。随着城镇化发展模式的转变，产业发展也在寻求转型路径。特色小镇作为一种新型的产业空间组织方式，正在通过创新驱动与创意驱动促进产业结构的转型升级，进而带动新型城镇化的发展。从城乡融合视角来看,特色小镇作为城乡融合的重要平台,不仅承担着城乡资本、科技等要素融合的载体作用,也承担着人口集聚的重任,重点打造高质量特色小镇,有利于推动城乡要素跨界配置和产业有机融合。从都市圈视角来看,部分特色小镇的地理位置特殊,位于大都市圈边缘区。由于特殊的地理位置优势,这类特色小镇作为都市圈内城乡融合发展的载体与联结城乡的功能平台,能更好地推进城乡融合发展。特色小镇的发展往往不是孤立的,多体现为与都市圈、城市群等发展相结合。这一方面有利于承接资源要素的溢出,另一方面有利于构建区域城市网络,促进城市群、都市圈协同发展。

三 特色小镇内涵界定

(一) 特色小镇相关概念区分

特色小镇在培育过程中出现了与特色小城镇、产业园区等相关概念的混淆。这些概念既有相似之处,也各有侧重(见表1-2)。

表1-2 特色小镇相关概念区分

		特色小城镇	产业园区
特色小镇	相同点	产业集聚与生态宜居的载体	以产业为支撑,强调核心产业
	区别	特色小镇并非行政区划概念,特色小城镇是传统的行政区划单元	特色小镇强调生产生活生态的平衡,产业园区注重生产功能

2016年,《关于加快美丽特色小(城)镇建设的指导意见》指出特色小镇与特色小城镇的区别:特色小镇主要指聚焦特色产业和新兴产业,集聚发展要素,不同于行政建制镇和产业园区的创新创业平台;特色小城镇是指以传统行政区划为单元,特色产业鲜明、具有一定人口和经济规模的建制镇。二者最大的区别就是特色小镇"非镇非区",它是行政辖区内具有一定规划面积的新型产业组织,特色小城镇则是行政区划的概念。

产业园区通常是指具有一定土地空间的制造业功能区,包括经济开发和高新技术产业开发区。从发展共性来看,特色小镇与产业园区都以产业发展为支撑,强调核心产业与主导产业的发展。不同之处在于特色小镇空间有限，强调有机融合，在注重生产的同时也强调生态与生活的有机融入，是一种有机互动的发展模式；产业园区面积更大，注重生产功能，并不追求生活与生态的相互平衡。

(二) 特色小镇的"三生融合"

特色小镇是社会经济发展到一定阶段产生的新型产业布局形态，分布在城市周边或外围、空间上独立发展的具有明确产业支撑、人文生活和生态特色的多功能发展空间。特色产业是小镇的"筋骨"，培育特色小镇的核心就是发展特色产业，依靠特色产业集聚生产要素与创新人才，进而保持内聚的生长力。创新型人才与高端产业的发展需要良好的自然环境与社会生态，这样一方面能够留住人才继续为特色小镇的产业发展服务，另一方面能够形成良性循环吸引人才与企业的流入。在人文生活方面，特色小镇内的业余生活要与高端产业层次相匹配，良好的医疗、教育、卫生条件、高质量的物业等公共服务是特色小镇现代社区功能的重要体现。社会治理也是人文生活的重要一环，特色小镇内稳定的社会治安、公平公正的社会竞争环境与开放包容的社会风气能够潜移默化地融入小镇的其他要素中，增强小镇的吸引力。在生态特色方面，特色小镇的培育与建设应当在经济发展与自然环境之间寻求平衡点。良好的自然景观是小镇的生态追求之一，特色小镇的建造要具有人文关怀与独特风光。另外，要严格落实生态环保红线，积极采取生态修复措施，因地制宜完善环保基础设施，积极改善原有生态环境，打造人与自然和谐共生的绿色生态空间。

(三) 特色小镇的"四位一体"

特色小镇是产城高度融合的空间，是"产、城、人、文"四位一体、有机结合的重要功能平台。特色小镇的"产"即产业，是发展的支撑与支柱。推进产业创新是特色小镇健康发展的核心驱动力，也是特色小镇发展的重要使命。[①] 在特色小镇产业转型升级过程中，要注重创新企业与研发机构的引进，从而推动产学研协同发展，促进创新链与产业链的结合，形成高技术产业集群化，进而提升特色小镇核心竞争力。"城"是指城市，特色小镇多数位于城乡接合部，作为连接城市与乡村的重要桥梁，

---

① 张晓欢：《产业创新是特色小镇高质量发展的核心》，《中国城市报》2021 年 3 月 15 日。

它不仅集聚了城市的高端生产要素，也拥有着广阔的乡村腹地支撑。特殊的地理位置使其不仅能够依托城市完善自身功能，拓展新空间，还可以延续乡村风情，打造绿色生活与生态的美丽小镇。"人"是指人才。由于特色小镇的产业层次较高，因此需要各类创新型人才与之配套。人才作为高端生产要素之一，其跨区域流动能够带来知识与技术，促进小镇内高层次产业发展，进而形成正反馈循环。"文"是指特色小镇的特有文化资源。文化底蕴是特色小镇的灵魂，一个地区的历史文化积淀、传统文化资源是特色小镇规划定位的基础，也是它持续发展的不竭动力。在特色小镇建设过程中，文化认同与文化凝聚力的培育对于小镇的可持续发展具有重要意义。以杭州梦想小镇为例，在发展理念上，梦想小镇以章太炎故居、"四无粮仓"深厚的历史底蕴为载体，充分挖掘当地文化的特征与灵魂，使其产业外在形象与内在精神有机统一，推动中华优秀传统文化创造性转化和创新性发展。因此，特色小镇在发展过程中，既要注重产业创新，也要注重挖掘当地的人文底蕴。它不仅是具有生产生活功能的创新空间，同时也是以当地文化特色为支撑的"产城人文"融合发展新载体。

（四）特色小镇的创新生态特征

在创新生态系统视阈下，特色小镇在产业、文化等方面表现出了明显的创新生态特征。从产业创新生态来看，特色小镇内主体众多，既包括创新主体企业，也包括研发机构、高校、金融机构、政府等。多元主体的相互配合与协作共同支撑着特色小镇创新主体的产业创新。一方面，逐渐形成了创新产业链，通过上下游创新主体的信息共享与交流学习促进创新成果的诞生；另一方面，有利于在特色小镇内形成产业创新生态网络，多元主体的交织与联系为产业创新奠定基础。从文化创新生态来看，特色小镇作为一个包容性强的空间载体，在发展过程中逐渐形成了独特的创新创业文化生态。通常，企业主体的创新创业机会受到创新创业文化热情的影响，一个地区拥有倡导竞争、宽容失败的文化对其创新创业的发展至关重要。例如杭州梦想小镇内，企业将创新创业思维与泛大学生群体相结合，通过设立基金、引进工厂生产等方式来实现大众创业的需求，构建了一种以泛大学生群体为创业主体、企业提供创业支持与保障的创新创业模式，形成了小镇内特有的创新创业文化生态。

第二节　中国特色小镇发展的总体背景

自特色小镇概念被提出以后，全国开启特色小镇建设，各地区纷纷效仿浙江模式并出台众多规划与实施意见，欲通过打造新型的生产生活方式促进产业转型升级与经济高质量发展。

一　现实背景

（一）城市化进程快速推进，城市问题、城乡二元结构矛盾突出

国家统计局 2022 年国民经济和社会发展统计公报显示，2022 年末全国常住人口城镇化率为 65.22%，比上年末提高 0.50 个百分点。按照全球城市化发展的普遍规律，当国家的城镇化率处于 30% 至 70% 的区间时，发展增速一般会处于较快水平，这意味着中国的城镇化发展依然有着巨大的增长空间。然而，伴随着城镇化水平的快速提升，部分地区出现了粗放无序的发展状态，大中城市边缘盲目扩展，水土资源日渐退化，生态环境遭受破坏。城市病如高房价、交通拥堵、公共服务供给不足等问题正在制约着城市的进一步发展。横向来看，城市与城市之间的差距也在不断拉大：2022 年，长三角三省一市平均城镇化率为 74.31%，城市规模分布合理，既有如上海人口过千万的超大型城市，也有如南京、杭州等特大型城市，以及苏州、宁波等区域中心城市。然而，在一些发育不成熟的城市群和三线及以下城市，其城镇化率远低于中国整体城镇化水平且城市分布结构面临着不合理等问题。此外，快速城镇化也导致城乡二元结构矛盾越来越突出。特别是农村基础设施、公共服务和社会治理等方面，还存在许多突出短板，宅地废弃、人口大规模转移、住房、养老、教育、医疗等社会服务问题正制约着乡村振兴并不断拉大城乡差距。城乡二元经济结构矛盾在城镇化的快速发展过程中不仅没有得到本质改善，甚至有不断加剧的趋势。特色小镇作为一种新型的产业空间组织形式，对于解决当前城乡面临的二元结构、城市面临的超负荷运转等问题具有积极的引导作用。一方面，它能够疏解城市压力，促进城市的健康可持续发展；另一方面，能够引导资源要素向乡镇流动与延伸，带动基础设施与公共服务的发展，对实现产业与人口的集聚和就地城镇化具有重要意义。

（二）经济发展阶段的变化：后工业化时期的到来

"后工业化"概念由美国未来学家丹尼尔·贝尔最先提出。他在《后工业社会的来临——对社会预测的一项探索》中归纳总结了后工业化社会的基本特征：（1）经济方面：从产品生产经济转变为服务性经济；（2）职业分布：专业与技术人员阶级处于主导地位；（3）中轴原理：理论知识处于中心地位，它是社会革新与政策制定的源泉；（4）未来的方向：控制技术发展，对技术进行鉴定；（5）制定政策：创造新的"智能技术"。[①] 自2014年中国经济进入新常态以来，服务业比重逐渐提高，经济年均增长速度放缓。同期国务院印发部署全面推进实施制造强国的战略文件，提出"中国制造2025"计划。经济发展的种种表现都揭示了中国正在逐渐进入"后工业化时期"，即经济结构的不断优化升级，从要素驱动、投资驱动转向服务业发展及创新驱动。一方面，当前市场需求更多呈现一种个性化、差异化、多样化的趋势[②]；另一方面，市场结构变化倒逼产业结构的变化，使得产业结构更加柔性化和弹性化。同时，城镇化发展也由过去的"粗放低效"转变为"集约高效"。特色小镇的建设，正是在经济新常态背景下城市与社会进入深度发展的过程中产生的。在新型城镇化进程中，特色小镇能与城市发展相互协作、互为补充，成为高端产业、人才集聚的重要空间载体，在城镇化进程新业态中具有重要地位。因此，经济发展新阶段的特色小城发展提供了重要机遇。

（三）产业结构转型升级的需要

中国经济长期的粗放式发展导致产业结构低附加值、高消耗、高污染、高排放的比重偏高，区域经济结构面临发展不平衡、不协调等问题；要素投入结构过度依赖劳动力、土地、资源等一般性生产要素投入，人才、技术、知识、信息等高级要素投入比重偏低，出现了许多僵尸企业，供给与需求不匹配正在成为经济增长的重要障碍。过剩产能已成为制约

---

① ［美］丹尼尔·贝尔：《后工业社会的来临——对社会预测的一项探索》，商务印书馆1984年版。

② 段进军、吴胜男：《全面提升江苏省创新能力的"六大超越"》，《南通大学学报》（社会科学版）2017年第6期。

中国经济转型的一大包袱,具体表现为中低端产品过剩,高端产品供给不足。面对传统产业竞争力持续下降的严峻挑战,如何通过高端项目和龙头企业的引领,在传统产业集群中嵌入新的创新要素和发展动力,成为产业转型升级的重要方向。[①] 特色小镇是社会发展到一定阶段后逐渐形成的区域性空间与要素聚集的发展模式,是以产业支撑为前提的。特色小镇建设注重比较成本,通过资源共享与交流学习,不断吸引创新型产业与各类人才,产生聚集经济效应,形成规模经济,并逐渐发展为创新生态网络,因此,在产业结构转型升级的关口,特色小镇为各地产业发展战略的再选择提供了新思路,其通过辐射力强、功能多样等优势促进产业链集聚,加强公共服务基础设施配套建设,带动区域经济发展的转型升级。

(四)是坚持大中小城市和小城镇协调发展、打造合理城镇体系的必然要求

《"十四五"新型城镇化实施方案》提出,要"促进大中小城市和小城镇协调发展,形成疏密有致、分工协作、功能完善的城镇化空间格局"。虽然中国城镇化空间格局构建已取得积极成效,但城镇一体化发展体制机制不健全、规模扩张过快、大中小城市发展协调性不足、空间布局与资源环境承载条件以及管理能力不适应的矛盾依然存在,一些地区甚至还面临着区域发展不协调和城乡差距过大的问题,已严重制约当地经济社会的可持续发展。这成为新型城镇化深入推进和乡村振兴的重要阻碍。特色小镇作为中国城镇体系和区域空间体系的重要组成部分,是新型城镇化建设的新载体,也是促进城乡融合发展与乡村振兴的新支点。特色小镇能够通过对生产生活生态功能的整合引导要素从大中小城市向乡镇与农村流动,疏解大城市中心城区的非核心功能,实现生产要素的优化配置与合理布局,以破解大中城市长期以来快速、粗放式发展所带来的"大城市病"问题,使得大中小城市和小城镇在其所构成的城市群内关系更为和谐、发展更为健康。[②] 同时,特色小镇的发展有利于培育具

[①] 马斌:《特色小镇:浙江经济转型升级的大战略》,《浙江社会科学》2016年第3期。

[②] 刘国斌、朱先声:《特色小镇建设与新型城镇化道路研究》,《税务与经济》2018年第3期。

有发展活力与发展潜力的特色优势产业，支撑城乡产业协同发展，加快释放内需增长新空间，助推经济转型升级和发展动能转换。

二 特色小镇的重要地位

实践的过程与方向表明，特色小镇在促进新型城镇化、推动乡村振兴等方面具有重要意义。同时，在经济新常态与产业结构转型升级的过程中，特色小镇也发挥了重要作用。它不仅是一次具有重要意义的空间结构调整，也是经济高质量发展中重要地位的体现。

（一）特色小镇：推进新型城镇化的抓手

当前，城镇化的发展正处于由中期快速成长阶段向后期质量提升阶段转变的过渡期。这也是由低质量发展向高质量发展迈进的关键转型期。[1] 过去几十年，中国从1978年改革开放城镇化率只有17.92%发展到2022年的65.22%。在此期间，城镇化经历了快速发展与提质发展的过程，在社会经济发展、人民生活水平提高等方面取得了重大成就。这些重大成就实现的历史进程，实际上是中国城市建设用地、人口规模与空间扩展的过程。[2] 这也导致城镇化的发展过程中存在追求速度、质量不高等问题。仇保兴认为，城镇化的发展模式要从城市优先发展转向城乡互补协调发展，在转型中存在的主要问题之一在于忽视了小镇的发展。中国的小镇由于资金问题与管理模式落后，人们的生活条件一般，而国外恰恰相反，小镇生活条件优越，风景优美。[3]《"十四五"新型城镇化实施方案》中提到，要坚持走以人为本、"四化"同步、优化布局、生态文明、文化传承的中国特色新型城镇化道路。特色小镇作为推进新型城镇化的主体与抓手，它能够带动周边农村剩余劳动力的再就业，促进农村生活水平的提高，进而推进以人为本的新型城镇化。同时，它也能够集聚城市的生产要素，促进要素资源的再配置，进而将城市交通、旅游、娱乐、基础设施、公共服务等延伸到农村，在以人为本的新型城镇化中

---

[1] 方创琳：《中国新型城镇化高质量发展的规律性与重点方向》，《地理研究》2019年第1期。

[2] 姚士谋、张平宇、余成等：《中国新型城镇化理论与实践问题》，《地理科学》2014年第6期。

[3] 仇保兴：《新型城镇化：从概念到行动》，《行政管理改革》2012年第11期。

具有重要地位。

（二）特色小镇：乡村振兴差异化发展的选择

乡村是具有自然、社会、经济特征的地域综合体，与城镇互促互进、共生共存。习近平总书记在党的十九大报告中提出："农业农村农民问题是关系国计民生的根本性问题，必须始终把解决好'三农'问题作为全党工作的重中之重，实施乡村振兴战略。"《乡村振兴战略规划（2018—2022年）》提出，全面建成小康社会和全面建设社会主义现代化强国，最艰巨最繁重的任务在农村，最广泛最深厚的基础在农村，最大的潜力和后劲也在农村。因此，乡村振兴是农业农村的全面振兴，是产业、人才、文化、生态与组织的共同振兴，表现为产业兴旺、生态宜居、乡风文明、治理有效和生活富裕。黄祖辉指出，在乡村振兴的具体实施中，要从乡村差异化发展的实际出发，不断优化乡村人口的空间分布，促进乡村的协调发展。① 特色小镇的产生为这种乡村差异化发展提供了选择。当前，农村工业化推动村域城镇化的动力正在逐渐减弱，现代农业、旅游业等正在成为促进农业农村发展的重要引擎。在此过程中形成的特色小镇，不仅为乡村振兴提供了动力，对于吸引城市产业、人口向农村回流、优化城乡人口布局以及未雨绸缪建设国家安全体系等也具有重要的战略意义。② 一些小镇通过制定乡村差异化发展规划，明确了产业布局与定位，依托现代农业与服务业，促进当地产业链的延伸与特色产业集群的培育。③ 这不仅实现了乡村振兴与产业兴旺，也通过特色小镇展示了乡村现代化与特色化的时代风貌。

（三）特色小镇：城乡融合发展的纽带

城乡融合是城乡人口、技术、资本、资源等要素相互融合、互为资源、互为市场、互相服务，逐步达到城乡在经济、社会、文化、生态上协调发展的过程。当前，中国社会的主要矛盾为人民日益增长的美好生活需要和不平衡不充分的发展之间的矛盾。其突出表现之一为城乡失衡

---

① 黄祖辉：《准确把握中国乡村振兴战略》，《中国农村经济》2018年第4期。
② 王景新、支晓娟：《中国乡村振兴及其地域空间重构——特色小镇与美丽乡村同建振兴乡村的案例、经验及未来》，《南京农业大学学报》（社会科学版）2018年第2期。
③ 仇保兴：《新型城镇化：从概念到行动》，《行政管理改革》2012年第11期。

与差距明显。在快速的城镇化进程中，中国表现出了明显的"城市偏向政策"，从农业中获取剩余补贴工业和城市发展。城市的虹吸效应使劳动力、资本、土地等要素从乡村流向城市，但是从城市向乡村的要素流动与扩散比较微弱。这种近乎单一的要素流动机制不仅造成了乡村落后，也加速了城乡关系的割裂和城乡差距的拉大。[1][2] 村镇是连接乡村和城市的桥梁，是城乡融合发展的纽带。中国小镇数量多，但是服务功能相对较弱，在整合提升资源环境承载力方面仍有较大的提升空间。[3] 特色小镇作为城乡要素交换的关键节点，一方面，能够整合乡村特色要素与承接城市高端生产要素，在专业化空间内实现要素融合；另一方面，通过核心产业的带动接纳城市的产业扩散，同时吸引乡村产业的集聚，有利于产业的重组优化，带动城乡产业结构的调整与融合。[4] 但是，从城乡融合与镇村联动的视角来看，中国特色小镇在带动城乡融合方面的潜力并未充分挖掘，以镇带村的重大使命任重道远。[5] 因此，一方面，要加快对城乡地域空间结构进行科学规划；另一方面，特色小镇要因地制宜，选择合适的特色产业，以促进城乡关系的共荣。

（四）特色小镇：产业结构优化升级的载体

随着中国经济新常态的到来与改革的进一步深化，传统的经济发展模式正在面临挑战：从内部来看，产业园区、开发区等空间载体正在面临着污染严重、产能过剩、成本提高等问题；从外部来看，土地紧缺、公共服务滞后等正在压抑市场主体的主动性。[6] 特色小镇作为一种新型的产业组织方式，其产生与发展具有集约化与内涵化的特点。它不同于行

---

[1] 姚士谋、张平宇、余成等．《中国新型城镇化理论与实践问题》，《地理科学》2014年第6期。

[2] 何仁伟：《城乡融合与乡村振兴：理论探讨、机理阐释与实现路径》，《地理研究》2018年第11期。

[3] 刘彦随：《中国新时代城乡融合与乡村振兴》，《地理学报》2018年第4期。

[4] 王坤、贺清云、朱翔：《新时代特色小镇与城乡融合发展的空间关系研究——以浙江省为例》，《经济地理》2022年第8期。

[5] 熊正贤：《乡村振兴背景下特色小镇的空间重构与镇村联动——以贵州朱砂古镇和千户苗寨为例》，《中南民族大学学报》（人文社会科学版）2019年第2期。

[6] 周晓虹：《产业转型与文化再造：特色小镇的创建路径》，《南京社会科学》2017年第4期。

政建制区（镇）和产业园区，是一种新型的创新创业空间。这种空间有利于打破传统的生产组织方式，通过产业链、网络组织等形式，实现人才、资本、土地等要素的重新组合。特色小镇是一个三生融合空间，生产生活生态是其存在与发展的状态，这要求小镇内基础设施与公共服务同步发展。同时，为了追求生态优美，小镇内对于污染企业的门槛设置极高。在此背景下，特色小镇在主导产业选择与引进的同时，要考虑其特色与潜力，多数特色小镇以发展信息产业、高端制造业为主。这在一定程度上促进了产业结构的优化升级。另外，部分特色小镇以当地现代农业为依托，通过延长产业链将现代农业与服务业相结合，打造了集生产、销售、餐饮、旅游等服务于一体的现代化农业体系，促进了农业向多领域的发展与融合。这对于改善农业生产结构、提升农村生产效率和产业结构的优化调整具有重要意义。

（五）特色小镇：空间结构调整的典型

过去中国在经济发展与城镇化过程中的土地扩张过快、资源浪费等现象造成了发展效率低下，集约式、内涵式的经济发展方式是当前经济高质量发展的重要追求。这种新型的集约发展方式在空间上表现为土地利用结构的变化、用地规模的变化、空间功能的变化与产业集聚和分散的变化。[①] 特色小镇的内涵刚好与这种集约发展模式的空间变化相契合。在土地利用结构上，特色小镇是集生产生活生态于一体的新型创新空间，因此，特色小镇在土地利用上突出表现为传统工业用地比例不高、多元化用地的特征。在用地规模变化上，特色小镇强调"小而精"，规划用地面积不超过3平方公里，因此，空间集聚效应不断提高，要素密度也随之上升。在空间功能上，由于特色小镇由企业、政府、高校、科研机构、金融机构等多主体组成，表现出多样化特征，空间布局也呈现网络状格局。在产业集聚与分散上，特色小镇以主导产业为核心，在专业化空间内产生集聚效应并形成创新生态系统。特色小镇的发展与繁荣一定程度上是空间结构集约化调整的表现，也是经济发展内涵式、集约式的重要体现。

[①] 王玉祺：《产业结构调整影响的城市空间结构优化研究》，硕士学位论文，重庆大学，2014年。

第三节　高质量发展背景下特色小镇的转型与创新

高质量发展是习近平总书记在党的十九大报告中对经济发展阶段做出的重大判断，主要表现在低收入阶段向中等收入迈进、资源与环境条件进一步约束经济发展、经济增长向质量效益型增长转型，以及经济发展的目标转向基本实现现代化。[①] 在此背景下，特色小镇的创新与转型成为高质量发展阶段的必然要求。在当前国内外环境错综复杂、机遇与挑战并存的阶段，协同共生的创新生态系统是特色小镇的重要转型方向。

一　国内外环境影响特色小镇的演化

（一）国际环境

当前国际环境日趋复杂。一方面，经济全球化进程持续发展，世界贸易联系网络日益紧密；另一方面，随着全球贸易战的打响，逆全球化趋势初见端倪。同时，由于疫情的蹂躏与金融环境的不稳定，国际环境的不确定性因素也在增加。基于此，经济发展的创新驱动与产业结构的转型升级迫在眉睫。特色小镇作为新型创新空间与产业结构优化升级的重要载体，其发展与转型直接或间接受到国际环境的影响。当前，国家经济实力与竞争力多体现在高端装备制造、信息技术、生物医药、纳米技术等产业上，空间功能逐渐向着研发制造与创新创意迈进。依据当前的国际形势将特色小镇打造成具有特色高端产业与高度创新能力的生产生活空间，是国家参与全球竞争的重要空间表现方式。另外，国际环境的不确定性要求特色小镇在演化过程中提高韧性与抗风险能力。从内部来看，小镇的结构网络化与主体多元化是转型的重要方向；从外部来看，集约化与内涵式的经济发展模式也是创新转型的必然要求。

（二）国内环境

改革开放以来，中国经济持续快速增长，城镇化进程不断加快，人民生活水平与收入水平持续提高。但是随着国内人口红利的逐渐消失、

---

① 任保平：《新时代中国经济从高速增长转向高质量发展：理论阐释与实践取向》，《学术月刊》2018 年第 3 期。

"中等收入陷阱"风险累积、收入差距增大、环境污染严重等一系列社会问题的出现,经济增长出现疲软状态。然而,以互联网、信息技术为引领的新经济发展迅速,逐渐成为驱动经济增长的引擎,国内经济的结构性分化越发明显。因此,通过改革倒逼产业结构调整的供给侧结构性改革应运而生,它从提高供给质量的角度出发旨在提高供给结构对需求变化的适应性与灵活性。进入经济发展的新常态阶段,面对污染严重、资源浪费等现象,国家先后提出了绿色发展理念、"双碳"目标等。这既是追求效率、和谐、持续为目标的经济发展方式的体现,又是产业结构调整的重要举措。在当前高质量发展背景下,随着国内外环境不确定性因素的增加,国家创造性地提出了"双循环"的新发展格局,即要构建以国内大循环为主体、国内国际双循环相互促进的新发展格局。

特色小镇作为经济新常态阶段的产物,它的兴起与发展和国内的政策、社会经济环境密不可分。一方面,特色小镇的演化发展方向顺应国内大环境的变化。特色小镇的主要内涵包括新型的产业组织形式、三生融合的创新空间等,这与当前产业结构优化升级、创新驱动和绿色发展理念等不谋而合。特色小镇在演化过程中以特色产业为支撑,坚持生产生活生态融合发展,朝着绿色、效率与可持续目标前进;同时,多主体的创新创业环境与良好的文化氛围增强了特色小镇的抗风险能力,无形之中有利于增强特色小镇的灵活性与适应性。另一方面,特色小镇作为创新创业空间,在市场实践中发现的机遇与挑战又为政策方向起到引领作用。特色小镇的创新主体在市场竞争中由于置身国内国际双循环中,对产业前沿、制度瓶颈、发展方向等具有一定的灵敏度。这种信息在小镇内部会成为创新的方向,在小镇外部则有利于政策的调整与结构的转换,进而起到引领的作用。

当前,国内外大环境的不确定性因素增加,特色小镇要在演化过程中充分发挥灵活性与适应性,提高自身的抗风险能力与韧性,通过创新驱动、结构调整等方式增强市场竞争力。

二 创新驱动特色小镇转型发展

特色小镇作为一种内涵式的创新创业空间,从无到有、从兴起到繁荣最终回归理性,都是经济发展长期探索与积累的渐进式发展过程。国内特色小镇的发展具有明显的波动性与阶段性。综观特色小镇的演化历史与相关政策，我们认为特色小镇的发展历程可以分为四个阶段，即探索与定义阶段、产业支撑与建设浪潮阶段、三生融合与回归理性阶段和创新生态系统与协同共生阶段。特色小镇的演化过程不仅是基于自身发展需求的转型，也是创新驱动发展模式下的一次蜕变。

（一）特色小镇1.0：探索与定义

在2014年特色小镇概念首次被提出之前，国内就已经有了特色小城镇的探索历程。云南省先后在2005年与2011年提出加快特色小镇建设，通过资源与要素的有效聚集，在旅游特色小镇的基础上形成特色小镇体系。北京市在2011年提出要推进小城镇建设，加快培育小城镇特色产业，打造一批园区经济强镇、特色农业名镇、旅游休闲名镇、商贸物流重镇等特色小镇。2012年，贵州省也出台了《关于加快推进小城镇建设的意见》，围绕交通枢纽、旅游景观、绿色产业、工矿园区、商贸集散、移民安置等方面打造各具特色的示范小城镇。2016年，住建部、国家发展改革委和财政部联合发布《关于开展特色小镇培育工作的通知》，指出特色小镇原则上为建制镇（县城关镇除外），优先选择全国重点镇。同年，国家发展改革委发布《关于加快美丽特色小（城）镇建设的指导意见》，区分了特色小镇与特色小城镇，认为特色小镇主要指聚焦特色产业和新兴产业、集聚发展要素，不同于行政建制镇和产业园区的创新创业平台。

由此可见，特色小镇的兴起与发展是在特色小城镇发展的基础上不断探索而来的，特色小城镇建设为探索特色小镇的创新发展模式提供了重要的经验借鉴。最初由于特色小镇与特色小城镇概念不清，在实践经验中，特色小镇的含义大多包含特色小城镇的概念。换言之，特色小镇的1.0版本就是特色小镇在特色小城镇建设与繁荣基础上的探索与重新定义。

（二）特色小镇2.0：产业支撑与建设热潮

2016年，特色小镇的建设热潮在国内兴起。各地以特色小镇项目为抓手，力求通过引进产业与高端生产要素来促进经济结构的转型升级，推动当地的城镇化进程。特色小镇在形态上，是规划用地不超过3平方公里的小镇；在功能上，是集生产、生活于一体的创新空间；在机制上，非镇非区，具有相对灵活的发展机制；在产业上，本质是高能级的产业平台，以特色产业为支撑开展生产活动。具体可以总结为"产业特而强、功能聚而合、形态小而美、体制新而活"。相较于特色小镇的探索与定义阶段，2.0版本的特色小镇更加注重镇内特色产业的发展。特色小镇的核心是产业。在产业引进上，特色小镇更加注重科技与创新，依托核心企业与产业链，加快推动企业、技术、人才、资本优先向小镇集聚；以产业基础高级化、产业链现代化为总方向，培育形成方向明确、精准聚焦、错位发展的特色产业集群，在特色小镇内培育一批"专特精新"企业，打造一批行业"单打冠军"和"隐形冠军"。

在特色小镇的建设热潮中，也有部分企业披着产业引进的外衣，依托特色小镇项目大肆发展房地产，使得部分特色小镇在房地产倾向中最终走向衰败。这说明，没有产业支撑的特色小镇很难拥有可持续发展的动力。因此，特色小镇的2.0版本是在小镇的建设浪潮中以特色产业为支撑的集群化、专业化发展。

（三）特色小镇3.0：三生融合与回归理性

2018年，国家发展改革委办公厅发布《关于建立特色小镇和特色小城镇高质量发展机制的通知》，要求针对特色小镇在发展中出现的问题，开展规范纠偏、典型引路和服务支撑，引导特色小镇建立高质量发展机制。在后来发布的特色小镇相关文件中，也将特色小镇的监督监管与处置违规行为放在了重要位置。随着国家监督力度的加大与特色小镇发展理念的逐渐清晰，社会对特色小镇的建设与认知逐渐回归理性。3.0版本的特色小镇源于前期的不断探索与积累，在产业方面依旧以引进科技与创新产业为主，致力于高端生产要素的集聚与培育创新集群，注重"宜业""宜创"。但是与1.0、2.0版本有所不同的是，3.0版本的特色小镇更加注重人文内涵，立足生产生活生态融合的观念，因地制宜，打造人群精准定位、人口规模密度合适、人文底蕴丰富的特色小镇。在生态宜居上，特色小镇的建设要求宜居景区标准打造，已建成3A级景区的要争创4A级景区，已建成4A级景区的要争创5A级景区。在文化底蕴上，要求特色小镇充分挖掘当地特色文化并将其融入镇内的生产与生活中，通过当地文化与生产生活方式相结合，进而打造镇内独特的企业家精神与特色人文底蕴。在发展模式上，特色小镇的3.0版本要立足全球化视野，将小镇的发展方向、规划定位、发展模式等与中国的时代背景和国际大环境相结合,通过发展模式的创新以促进特色小镇的健康可持续发展。

特色小镇的建设逐渐回归理性,成为以特色产业为支撑、生产生活生态融合发展的创新创业空间。这意味着特色小镇的空间功能不仅注重生产,其生态性与宜居性同样得到了重视。因此,特色小镇的3.0版本就是在回归理性的过程中寻求三生融合的突破。

(四)特色小镇4.0:创新生态系统与协同共生

近年来,随着产业结构的转型升级,互联网、数字经济、人工智能等关键词相继提出,并在社会经济发展中逐渐成为可持续的推动力;同时,由于国际金融环境不稳定与公共卫生事件突发,当前国际国内环境不确定性因素增加。这要求特色小镇提升自身的抗风险性与韧性,具备应对突发事件的处置能力。因此,特色小镇向创新生态系统的转型发展成为当前的重要方向之一。

特色小镇作为一个创新生态系统,首先要具备自组织性,即自下而上所形成的产业分工与空间功能,小镇内的各类主体能够通过小镇的自组织性来进行利益分配,最终达到价值共同创造与享有的结果。协同共生也是特色小镇作为创新生态系统的重要特质,镇内各主体在市场竞争的基础上相互吸引,以价值共同创造为目标,相互依存,互利共赢。一个成功的特色小镇不应该是封闭的,应当具有开放性。具体表现在:一方面,对于产业、人才、文化等具有极高的包容度;另一方面,主动融入全球和区域产业链与价值链。另外,特色小镇会利用自己鲜明的产业支撑、丰富的自然和人文旅游资源、独特的文化底蕴、较为完善的基础设施在内部进行物质、信息和能量的交换,进而涌现协同共生的活力。

当前,随着信息化、数字化浪潮来袭,特色小镇要抓住时代机遇打造智慧与数字创新生态系统。这不仅是创新驱动的必然选择,也是自身可持续发展的要求。成功的特色小镇是具有自组织性、开放性与协同共生特征的,这些特质要求小镇内各类主体功能互补,相互依存,最终在创新驱动的模式下以协同共生为共同目标演化为创新生态系统。

第 二 章

特色小镇的理论基础与文献综述

特色小镇作为一种新型的空间生产方式,是地理、历史等与社会经济因素长期相互作用与不断演化的结果。特色小镇涉及学科广泛,区域经济学、产业经济学、演化经济地理学、社会学、城市规划学、管理学等学科思想在特色小镇中均有体现。学界从不同视角解读了特色小镇:经济学所指的特色小镇侧重于产业在空间的集聚;演化经济地理学视角下的特色小镇更加强调知识的分享、溢出与扩散及小镇内网络的形成与演化;社会学所指的特色小镇,更加突出小镇内历史的传承与主体的变化;城市规划学所指的特色小镇更加注重追求空间的功能,包括生产空间、生态空间、生活空间等。

本章将从理论基础的梳理入手,首先对特色小镇涉及的相关理论进行整理,并结合特色小镇的发展情况对理论进行解读;其次,对特色小镇的研究进展做综述整理,通过不同研究内容、不同视角等呈现当前特色小镇在学界的研究情况;最后,为了更好地揭示特色小镇发展的理论动态,将对研究进展进行评述总结。

第一节 特色小镇的理论基础

特色小镇涉及理论广泛,本书从创新性、相关性、适用性等角度出发,选取演化经济地理学理论、产业集群理论与创新生态系统理论构建特色小镇的理论基础,并通过相关理论基础对特色小镇进行解读。我们认为这几大理论基本构成了特色小镇发展的理论基础,特别是进入新的发展阶段,需要从内生与系统演化的角度去思考特色小镇的本质内涵,不应该把特色小镇当成一个黑箱，避免在实践中出现"房地产化"等问题。同时，在特色小镇的打造过程中，政府没有把特色小镇的发展真正当成一种经济转型与创新的空间载体，表现出了盲目化、运动式打造的特点，造成了巨大的资源浪费。因此，要促进特色小镇的健康发展，必须建立在科学的理论基础上。

一 演化经济地理学理论

（一）广义达尔文主义理论

广义达尔文主义理论起源于现代进化生物学，在进化论遗传、选择与变异的基本理论基础上，更加强调适应性、多样性、选择性与创新，逐渐在演化经济地理学领域形成了新的理论框架。广义达尔文主义认为社会经济系统与自然系统有着相似的进化特点[1]，受环境的影响与相互作用，种群之间通过彼此间的相互作用进行演化。

作为广义达尔文主义的核心概念，多样性、选择性、适应性与创新有着内在的逻辑关联。[2] 多样性是市场竞争与创新过程的必然结果，多样性的市场主体直接或间接地影响并适应环境，在适应过程中开展学习与创新活动以应对生存。基于市场竞争的选择过程能够淘汰效率低下的行业与企业，为效率高的企业打开进入市场的大门，因此，市场主体会尽其所能提高生产效率、改善惯例与行为来获取竞争优势，以期减少被淘汰出局的风险，为了更好地适应市场的多样化环境与竞争过程，市场主体要通过学习与创新来维系生存与发展，既包括发展模式的创新，也包含技术手段的创新。

在微观层面，特色小镇内的各类企业、政府与居民等主体共同构成了小镇内的环境生态，环境的形成与发展受到地方发展历史与文化的影响，同时在镇内主体上得以体现。由于特色小镇的企业入驻需要一定的门槛，因此镇内企业要通过选择优质发展模式、学习创新等手段来激发自身活力提升效率，以更好地适应小镇内的生态环境与竞争过程。在中

---

[1] Hodgson, G. M. *Economics and Evolution: Bringing Life Back into Economics*, University of Michigan Press: Ann Aobor, MI, USA, 1993.

[2] 安虎森、季赛卫:《演化经济地理学理论研究进展》,《学习与实践》2014 年第 7 期。

观层面，特色小镇作为市场主体，要适应当地的区域环境选择合适的发展模式。例如，自然资源丰富的地区可选择发展疗养类、旅游类特色小镇，在具有特色产业支撑的地区可以选择发展工业、制造业特色小镇等。为了避免走上衰败的道路，特色小镇要及时调整发展方向，引进前景好、生产效率高的企业，通过创新与学习增加竞争优势。

（二）复杂性理论

20世纪70年代以来，以系统动力学、非线性结构转换等物理学理论为基础的复杂性科学开始逐渐得到关注，并逐渐深入经济学、经济地理学等人文社会科学领域。复杂性理论以"复杂适应系统""自组织系统"等思想为代表理论，将区域经济看作一个开放的、非线性的、非均衡的动态系统，系统内成员在不断交互作用影响下，通过交流、学习等行为来改变自身行为以适应复杂系统。其中，复杂系统作为复杂性科学的重要概念，它具有多尺度、开放性、突破和自组织性、自适应性等特征（见表2-1）。

表2-1　　　　　　　　复杂系统的基本特征及其解释

特征	解释
多尺度	系统的资源分布在不同位置，并在不同的空间范围与规模上执行功能与发生关系
开放性	复杂系统与其环境之间的边界不固定，处于不断互动与交换状态
非线性	要素之间的各种复杂反馈和自我增强的相互作用，复杂系统显示出非线性动态
功能分解的有限性	由于系统的联通、开放与动态等特性，复杂系统分解稳定组件的分解范围有限
突破和自组织	宏观尺度结构和驱动力，有一个从微观尺度行为和系统组成要素的相互作用中自发形成的倾向
自适应性	在对待外部环境变化与内部协同演化机制时，由于自组织的相同过程，复杂系统有潜力来调整结构与动态
非确定性和不易处理	即使完全知道组件的功能，也不可能精准预见其行为活动

资料来源：笔者依据《高级经济地理学》（贺灿飞）[1]整理而得。

---

[1] 贺灿飞：《高级经济地理学》，商务印书馆2021年版。

特色小镇是由多个子系统构成的复杂适应系统，它的复杂性主要体现在系统内具有主观能动性与适应性的主体在不同尺度与层次间相互作用以及所涌现的空间秩序。特色小镇的复杂适应系统包含主体系统、要素系统、环境系统等，其中主体系统包含企业、政府、科研机构等，要素系统包括镇内流动的人才、资金、知识、技术等，环境系统包含文化、政策制度及基础设施等。不同子系统内的主体要素在环境的作用下相互联系，使得小镇内部产业集聚外部性与形成产业集群。集群在适应外部环境的同时，与外界环境不断交换互动，通过调整发展方向、引进新企业与淘汰落后产能等方式进行产业结构转型升级。由于特色小镇内的要素主体有着复杂反馈与自我强化功能，因而特色小镇的内部协同演化也呈现出非线性动态特征。

（三）路径依赖理论

路径依赖理论是区域经济学与演化经济地理学的重要理论视角，它从历史的维度强调了偶然性、自我强化与锁定在经济增长中的重要作用。其基本内涵是指经济系统的演化依赖过去的发展路径，并且由于惯性的作用不断进行自我强化，最终锁定在这一历史路径上。[1] 路径依赖可以分为正向依赖与负向依赖。当经济系统处于正向依赖的阶段时，产业部门的联系不断增强，使得创新行为得以涌现，正外部性特征使得经济快速增长；当正向路径依赖转向为负向路径依赖时，经济结构僵化与效率低下，使得经济系统逐渐失去竞争力。经济系统的路径依赖与多种因素相关，其中自然资源、历史文化、技术锁定、市场规模、区域制度、集聚经济等是造成路径依赖的重要因素。[2]

特色小镇在发展过程中深受当地历史文化、自然资源及产业规模等因素的影响。在小镇发展初期，依托现有基础设施与当时的产业发展方向，小镇内各类主体联系不断加强，产业部门在学习交流与知识溢出的过程中得到发展与强化，形成规模经济并开展创新活动。当环境发生变

---

[1] Arthur W., *Increasing Returns and Path Dependence in the Economy*, Ann Arbor, MI: University of Michigan Press, 1994.

[2] Martin Ron, Sunley Peter, "Path Dependence and Regional Economic Evolution", *Journal of Economic Geography*, Vol. 6, Issue 4, August 2006.

化时,例如自然资源面临紧缺,产业结构面临调整等,由于发展路径具有依赖性,特色小镇按照原有的路径发展,将会使得异质性减弱,组织结构僵化,引发停滞与衰退的风险。因此,特色小镇想要实现转型发展的一个重要方面就是突破现有路径依赖。一方面,要针对现实情况及时对政策制度做出调整;另一方面,作为一个开放的经济系统,特色小镇要时刻保持自身活力,从外部引入新产业与新技术,进行产业结构调整与升级,以突破现有路径依赖。

(四) 生命周期理论

在演化经济地理学中,生命周期理论也得到了广泛关注。这个理论的主要观点在于强调产业在空间上集聚与分散的过程,并将其划分为不同的强度与周期。[1] 在生命周期理论中,具体可划分为导入期、成长期、成熟期与衰退期四个阶段。在产业生命周期的初级阶段,产业在市场上的不确定性因素较大,市场淘汰率较高,需要进行研发投入与技术改进,以此获得市场竞争优势。在产业成长期,随着技术进步与创新驱动,产业的市场需求不断增长,市场占有率也随之提高。在成熟期阶段,产业的市场规模进一步扩大,专业化程度增强,但是市场逐渐趋于饱和状态,竞争加剧。此时产业结构释放出转型信号,需要及时进行结构与效率的调整。在衰退期阶段,由于前期竞争加剧与产业没有及时转型升级,产业在此阶段面临衰退与滞后的风险。门泽尔和福纳赫尔 (Menzel and Fornahl) 认为,衰退期产业具有三种再生方式:第一,通过获取外界信息来拓展知识储备;第二,通过对本地知识的整合来夯实产业基础;第三,基于本地现有知识储备,及时调整产业向新产业衍生。[2]

特色小镇以产业为基础支撑,其发展与演化遵循生命周期理论。在特色小镇发展初期,由于市场竞争与技术变化,特色小镇的发展面临极大的不确定性。在成长阶段,小镇内产业、企业等主体开始集聚发展,通过参与竞争、交流学习、构建网络等方式扩大自身的影响力。在特色小镇的成熟期,产业集聚与网络构建进一步强化,特色小镇的专业化水

---

[1] 安虎森、季赛卫:《演化经济地理学理论研究进展》,《学习与实践》2014年第7期。

[2] Menzel M. -P., Fornahl D., "Cluster Life Cycles Dimensions and Rationales of Cluster Evolution", *Industrial and Corporate Change*, Vol. 19, No. 1, 2009.

平不断增强。此时,特色小镇应当积极调整产业结构与发展策略,谨防产业的固化与衰退。在特色小镇发展的全生命周期中,应当着重关注小镇内产业的技术创新,及时调整企业的进入与退出,以保证特色小镇发展动力的可持续性。

二 产业集群理论

(一)增长极理论

增长极理论是经济不平衡增长的产物,由法国经济学家佩鲁在1950年首次提出,最初增长极指的是在经济空间中推动经济增长的企业或产业。佩鲁所界定的经济空间区别于一般意义上的地理空间,更加强调经济要素的联系。后来,经济学家布德维尔进一步将经济空间进行划分,分为计划空间、极化空间与均匀空间,增长极空间便是从极化空间中延伸出来的。在增长极理论中,经济发展的主要动力来自技术进步与创新,而创新通常产生于规模较大、产业联系紧密、关联效应强、增长速度较快的企业中,佩鲁称之为"推进型企业"。这类企业通过与其他企业建立经济联系形成非竞争性联合体,以产业链为依托,通过前后向连锁效应带动区域发展。这种推进型企业就是区域发展的增长极。[1]

增长极理论虽然产生了重要影响,但是在实践过程中存在一些缺陷。1979年,布赛尔在其论文《增长极,他们死了吗?》中提出,由于增长极的极化效应极为漫长,短期内看不到政策的实施效果,贫困与社会不安定的可能性一直存在。安虎森认为增长极理论适用于发展成熟阶段的区域,在落后地区具有不可操作性。[2] 同时,增长极理论也存在地区差距进一步扩大的可能,核心企业过度发展,造成"飞地经济""孤岛经济"等。[3]

在增长极理论框架下,经济增长被认为是一个由点到面、由局部到整体依次递进和有机联系的系统。其物质载体或表现形式包括各类别城

---

[1] 安虎森:《增长极理论评述》,《南开经济研究》1997年第1期。
[2] 安虎森:《增长极理论评述》,《南开经济研究》1997年第1期。
[3] 刘芬、邓宏兵、李雪平:《增长极理论、产业集群理论与我国区域经济发展》,《华中师范大学学报》(自然科学版)2007年第1期。

镇、产业、工业园区、特色小镇等。特色小镇作为区域经济增长极，镇内核心企业所构成的经济联系吸引着外界的各类生产要素涌入，集聚效应所形成的规模经济强化了特色小镇作为区域增长极的地位。当镇内要素饱和时，扩散效应为主导的作用机制将会使特色小镇内的生产要素向外界流动，进而表现出带动作用。特色小镇在发展过程中应当注重创新与技术进步，对于镇内企业，核心企业要发挥领导带头作用，通过产业链、创新网络等为依托形成关联效应，进而带动特色小镇总体的经济增长。特色小镇在应用增长极理论时，也要避免其实践缺陷。由于在落后地区增长极理论应用不显著，因此落后地区在打造特色小镇时要因地制宜，以产业为支撑多元化发展。在经济较为发达的地区，发展较为成熟的特色小镇要注重生产要素的辐射与扩散。

（二）产业集聚：基于新经济地理学

克鲁格曼在新经济地理学中解释了非完全竞争下的产业集聚机制，构建了核心—边缘模型。[1][2]克鲁格曼认为产业集聚的形成机制涉及以下三方面原因。一是市场需求规模。市场需求规模越大，越容易形成规模经济，进而降低运输成本。市场规模大的区位会不断吸引新企业的加入，从而实现产业集聚。二是外部经济。市场规模涵盖了本地外部性。三是产业本地化和地区专业化。产业会因为历史等影响因素偶然出现在特定的区域中，形成产业集聚，进而在某特定环境中实现专业化的发展格局。这一格局会由于路径依赖而自我锁定，对抗外界冲击的能力较弱。

核心—边缘模型将产业集聚内生化。模型假设地区只包含报酬递增的制造业与报酬不变的农业部门，在农业部门中，农工在区域内均匀分布且工资无差别，工业部门中工资存在地区差异，工人以工资高低为标准从低工资地区向高工资地区流动，因此造成制造业集聚。制造业集聚会带来规模经济，但同时也会增加贸易成本，因此制造业将权衡规模效应与贸易成本，选择接近市场潜力大的地区。在这种循环累积因果模式

---

[1] 卫龙宝、史新杰：《浙江特色小镇建设的若干思考与建议》，《浙江社会科学》2016年第3期。

[2] 苏斯彬、张旭亮：《浙江特色小镇在新型城镇化中的实践模式探析》，《宏观经济管理》2016年第10期。

下，核心—边缘结构逐渐形成。该模型展示外部条件原本相同的两个区域是如何在报酬递增、人口流动与运输成本交互作用的情况下最终演变出完全不同的生产结构的。[①]

新经济地理学理论能够从多种空间尺度解释经济现象，特色小镇作为产业聚集区，在形成产业集聚的过程中也受市场需求规模、外部经济与地区专业化因素的影响。较大的市场需求规模能为小镇内企业提供广阔的市场进而吸引更多相关企业的加入，小镇规模不断扩大，从而在产业上实现集聚。将特色小镇应用到核心—边缘模型中，由于小镇内规模较大，企业向小镇内流动。伴随着人才向小镇内的涌入，虽然会形成规模经济，但是由于人口增加，各项成本不断上升，相关企业则会权衡规模效应与企业成本，部分企业会撤离小镇的核心区，选择在小镇外围发展。

（三）新竞争经济理论：迈克尔·波特"钻石模型"

钻石模型又称菱形理论，由美国学者迈克尔·波特于1990年在《国家竞争优势》中提出。他基于新竞争经济理论对产业集聚做出论述，并在此基础上分析了产业集聚如何影响区域竞争优势的机理。他认为，产业集群是一种松散的价值体系，是相互关联的企业和相关机构的集合，体系内企业之间的关系是非正式的、独立的，其中有四项重要因素对企业与地区竞争能力产生重要影响（见图2-1）。

波特的钻石模型从管理学视角出发，补充了原有的产业集群理论，将产业集群看作有机系统，并通过内部的运作机制剖析发现集群内部各主体的相互影响共同促进了产业集群的发展。[②] 但是钻石模型对于小国经济而言，由于欠发达地区缺乏必要的技术、资本等要素且市场狭小，因此，如何应用在落后地区还是有待探究的问题。[③]

就产业层面来看，特色小镇作为一个产业集群，如何构建并保持其竞争优势是可持续发展的一个重要环节。根据钻石模型，特色小镇在要

---

① Yuzhe Wu, Yuxuan Chen, Xiaoying Deng, et al., "Development of Characteristic Towns in China", *Habitat International*, Vol. 77, 2018.
② 贺灿飞：《高级经济地理学》，商务印书馆2021年版。
③ 陈卫平、朱述斌：《国外竞争力理论的新发展——迈克尔·波特"钻石模型"的缺陷与改进》，《国际经贸探索》2002年第3期。

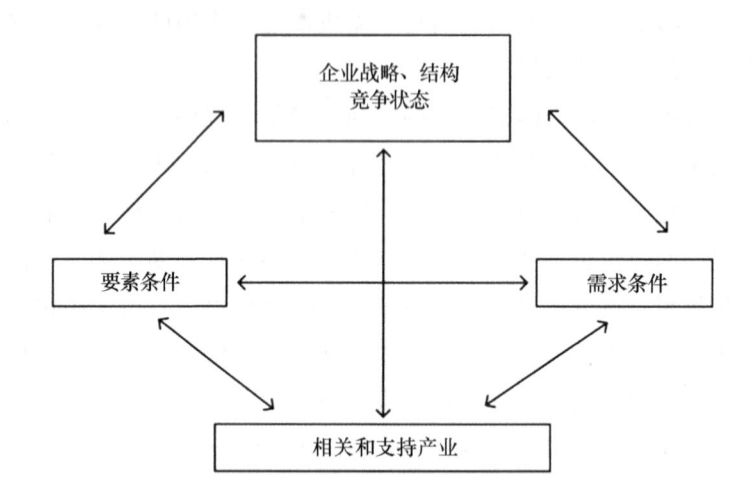

```
                  ┌──────────────────┐
                  │  企业战略、结构  │
                  │    竞争状态      │
                  └──────────────────┘
                    ↑              ↑
                    ↓              ↓
    ┌──────────┐                      ┌──────────┐
    │ 要素条件 │ ←——————————————————→ │ 需求条件 │
    └──────────┘                      └──────────┘
                    ↑              ↑
                    ↓              ↓
                  ┌──────────────────┐
                  │  相关和支持产业  │
                  └──────────────────┘
```

图 2-1　钻石模型的四大要素

资料来源：陈卫平、朱述斌：《国外竞争力理论的新发展——迈克尔·波特"钻石模型"的缺陷与改进》，《国际经贸探索》2002 年第 3 期。

素投入的过程中，除了有必要的自然资源、土地、基础设施等一般性投入外，作为创新创业的载体，科技与专业性人才的投入与引进必不可少。特色小镇在打造高水平产业集群的同时，要注重国内与国际市场的需求，及时把握产品市场的新动向。镇内主导企业（产业）要与相关企业建立密切联系，特别是在科技创新、人才交流等方面，这有利于小镇内产业结构的转型升级与可持续发展。此外，镇内企业要及时转变发展模式、调整发展策略。钻石模型适用于发展成熟的特色小镇，对于市场容量小、创新要素不足的欠发达地区，特色小镇的发展与打造还是要遵循规律，因地制宜，不可盲目跟风。

三　创新生态系统理论

（一）创新生态系统的起源与发展

当前学界对创新范式的研究，经历了从线性创新到创新体系再到创新生态系统的过程。线性创新源自基础科学研究，认为从上游端增加对科学的投入将直接增加下游端创新的产出，但实际上，线性创新模式与创新实践过程并不吻合。1987年,英国著名技术创新研究专家弗里曼(C. Freeman)在对日本考察分析基础上首次提出了"国家创新体系"概念,认为国家创新体系是指由公共和私有部门与机构组成的网络系统,强调系统中各行为主体的制度安排及相互作用,目的是经济地创造、引入、改进和扩散新的知识和技术,使一国的技术创新取得更好的绩效。[①] 随着对创新认知的不断深入,创新范式的研究逐渐从创新体系转移到创新系统,同时生态位的思想也被纳入技术创新研究中,逐步形成了创新生态系统。2003年,美国总统科技顾问委员会(PCAST)对美国创新领导力以及国家的创新生态问题开展了研究,在报告中首次提出创新生态系统概念,认为创新生态系统包括专业人才、发明家、研发中心、科研机构、风投产业及潜力行业等,组成部分的协调与运作构成了创新生态系统并决定了国家技术和创新的领导地位。

实际上,创新生态系统在发展过程中经历了内涵的演变,可以分为以下四个阶段。第一阶段(1996—2005年)主要强调创新系统的可持续发展,认为创新系统是一个动态变化过程,侧重保持持续创新能力以取得长期竞争优势。第二阶段(2006—2010年)围绕开放创新的议题对创新生态系统展开讨论,经济主体要突破传统组织边界,通过产学研、技术转让、外包等外部合作引入创新能力。第三阶段(2011—2016年)创新生态系统侧重于对价值创造与协同创新的探讨。"协同创新"是开放形态下的一种复杂网络结构模式,具有整体性和动态性特征,其核心主体包括大学、企业、科研院所、政府和其他金融中介机构;"价值创造"是指企业研发、生产、供应产品或服务以满足用户需求的过程,是组织创新的最终目标。第四阶段(2016年至今)的研究主题为价值共同创造,在价值创造的基础上更加强调主体之间的网络协作与互惠共赢。

在全球化与科技竞争日益激烈的背景下,创新生态系统得到了广泛关注并成为当今的研究热点。生态隐喻思想与哲学观点和创新相互交织,聚合形成了创新生态系统这种新型研究范式。在创新生态系统的理论研究中,系统发展过程中的动态演化是国内外学者关注的重点,国外将其

---

① [英]克里斯托夫·弗里曼:《技术政策与经济绩效:日本国家创新系统的经验》,东南大学出版社2008年版。

与产业竞争优势、企业组织发展战略等主题相结合,国内更加侧重企业、产业生态及技术创新。[1]

当前,创新生态系统还未形成统一的定义,不同学者从各类视角与不同角度出发对创新生态系统的定义内涵做了众多探讨。从创新网络视角看创新生态系统,创新生态系统本质上是以"共赢"为目的的创新网络相互交织关联。[2]它以实现价值共创为目标,围绕在一个或多个核心企业或平台周围,包含生产方和需求方在内的多方主体与外部环境相互联系、共同进化。[3]创新生态系统也是一个开放式创新的过程,在此过程中通过跨组织边界进行物质流、知识流、信息流的联结传导,以共享信息和资源、共担责任和风险,进而形成有机平衡的动态特点。[4]摩尔(Moore)从竞争战略视角第一次提出了商业生态系统的概念,他认为商业生态系统是相互作用的组织和个体为基础的经济群落。在这一商业生态系统中,虽有不同的利益驱动,但身在其中的组织和个人互利共存,资源共享,注重社会、经济、环境综合效益,共同维持系统的延续和发展。[5]越来越多的研究表明,企业在快速变化的市场中,通过建立战略联盟、平台组织、虚拟企业等实现利益共享和风险共担,是一种可以实现共赢的非零和博弈。根据演化经济学,人类的创新活动究其实质是一种较为特殊的生命过程,在很大程度上,创新服从于生物学规律,用生物学隐喻可以更深刻地揭示创新过程。[6]阿德纳(Adner)认为创新生态系统是一种协同整合机制,创新成果离不开企业等主体的参与和整合,同

---

[1] 王高峰、杨浩东、汪琛:《国内外创新生态系统研究演进对比分析:理论回溯、热点发掘与整合展望》,《科技进步与对策》2021年第4期。

[2] 柳卸林、孙海鹰、马雪梅:《基于创新生态观的科技管理模式》,《科学学与科学技术管理》2015年第1期。

[3] 陈健、高太山、柳卸林等:《创新生态系统:概念、理论基础与治理》,《科技进步与对策》2016年第17期。

[4] 解学梅、王宏伟:《开放式创新生态系统价值共创模式与机制研究》,《科学学研究》2020年第5期。

[5] J. F. Moore, "Predators and Prey: A New Ecology of Competition", *Harvard Business Review*, No. 3, 1999.

[6] 杨虎涛:《演化经济学讲义:方法论与思想史》,科学出版社2011年版。

时，创新生态系统依赖外部环境的变化。① 卡普尔（Kapoor）通过研究半导体行业主体间的共生关系，探究了共生网络对组织生命力与组织形式之间的关系，解释了组织及其所属环境之间的相互依赖性。②

（二）创新生态系统的主要特征

基于创新生态系统的发展脉络及其理论内涵，创新生态系统主要表现为复杂性、整体性、自组织性、开放性、动态性五大特征（见表2-2）。

表2-2　　　　　　　创新生态系统的主要特征及其解释

主要特征	解释
复杂性	主体复杂性、环境复杂性
整体性	1+1>2
自组织性	相互适应与协作演化
开放性	边界模糊
动态性	创新要素自由流动

创新生态系统的复杂性主要表现为主体复杂性与环境复杂性。创新生态系统的主体众多，包括创新主体企业、科研机构、高水平大学、服务型政府、金融机构等。这些主体在系统中相互交流协作，以共同的价值创造为目标，逐渐形成错综复杂的创新网络并影响着创新生态系统的演化。创新生态系统的内部环境复杂，既包括主体之间的协作环境，又包括系统内的文化氛围。制度、文化、基础设施、激励等要素影响着系统内部环境，并对系统内的协同共生产生重要作用。外部环境复杂主要表现为系统与外部交流方式众多，产学研、技术转让、并购等方式有利于系统通过与外界环境的对接实现创新与高层级演化。

创新生态系统的整体功能体现为"1+1>2"效应。系统作为一个整体，内部要素的存在不是简单地加总堆砌，而是在共生协作的基础上通

---

① Ron Adner, "Match Your Innovation Strategy to Your Innovation Ecosystem", *Harvard Business Review*, Vol. 84, No. 2006.

② Rahul Kapoor, "Innovation Ecosystems and the Pace of Substitution: Re-examining Technology S-curves", *Strategic Management Journal*, Vol. 37, Issue 4, 2016.

过非线性演化释放总体的最大效能。创新活动的系统化使得系统内的个体之间相互适应,除了关注个体的行为活动外,更加侧重系统内部的整体氛围,不仅关注有形的、物质资源交换,更重要的是知识、创意、文化等无形资源的共享。[①]

自组织性是创新生态系统发展的动力,系统内的要素、主体、种群等相互协作、相互适应,推动着创新生态系统不断演化发展,是一个从无序走向有序、突破路径依赖与平衡走向动态演化的过程。自组织性主要表现为个体在系统内的不断学习、选择、变异,促使着系统进行良性改变。在此过程中,市场发挥着决定性作用,对创新资源进行优化选择与配置。

创新生态系统边界模糊,与周围环境不断进行着物质与能量的交换,表现出开放性的特征。在开放式的创新生态系统中,系统内各类主体群落与外界保持着密切关联,各类主体突破界限,通过企业并购、技术合作研发、技术转让、外包、产学研等方式与外界进行创新合作,以期使创新生态系统发生颠覆性创新。由于开放性的特点,创新生态系统在不断地出现主体进入与退出的选择机制,有利于系统内部保持创新发展活力。

创新生态系统如同自然生态系统,具有内在的动态变化能力。在创新生态系统中,各要素主体总是处于动态演化的过程中,例如市场竞争、组织变革、新技术涌现等,表现为创新生态系统的相互适应与协同演化。同时,由于创新生态系统的边界开放,主体的进入与退出受到市场决定性作用的影响,相对而言不受其他因素的限制,加速了创新要素的自由流动,因此,要素的不断流入与主体的淘汰退出表现出动态性特征。

(三)创新生态系统的运行机制剖析

创新生态系统的运行是一个复杂动态的过程,它既涉及系统内部主体的交流互动,又强调系统内部的协同创新作用。在此过程中,公共政策与政府引导也是促进系统良性运行的重要因素。因此,创新生态系统的运行机制可以分为以下四个方面。

---

① 徐梦周、王祖强:《创新生态系统视角下特色小镇的培育策略——基于梦想小镇的案例探索》,《中共浙江省委党校学报》2016年第5期。

1. 主体间的多向交流互动机制

创新生态系统由多个不同的主体要素组成，包括企业、高校及研发机构、政府、中介机构、金融机构等。这种多主体关系在系统内相互交织，交流与互动显得盘根错节。企业是生态系统的创新主体，在与高校及研发机构的合作中，不仅包括知识技术与专利的合作，更重要的是在系统内部的非正式交流。这种交流加速了知识在系统内的扩散，双向的交流学习产生的默会知识对于创新具有重要意义。同时，企业通过市场手段将科技成果转化为生产力，为高校及科研机构提供正向反馈循环，进而将高校及科研机构推至行业前沿。在企业与政府的交流互动关系中，政府主要承担的是服务型角色，为了促进企业与生态系统内部的健康发展做出直接或间接的努力。李万等学者认为，政府的公共政策促进创新可以通过加强物种的联系来实现，① 因此，政府的服务重点要放在提供符合市场需求的公共政策与切实的政府服务上。企业的发展在公共政策的引导下，可以更直接、准确地了解政府的导向，也在很大程度上了解市场，从而生产出更加符合市场需求的产品。对于系统内的其他主体联系，中介、金融机构等为企业提供融资、风投等服务，企业在市场中所获得的盈利也将成为机构的回报。政府在各类主体之间应当充分发挥服务型纽带作用，在了解各方的需求下提供切实的公共政策，增强主体间的凝聚力。

2. 创新主体的竞争合作机制

在创新生态系统内，企业是创新的主体，是以集聚的形式存在的，并不是孤立的个体。在创新驱动机制的作用下，系统内的企业之间相互竞争并伴随着密切合作，形成了创新生态系统内的竞争合作机制。根据广义达尔文主义，系统内物种为了生存必须利用自身优势来改变原有的生存方式进而适应环境。创新生态系统内企业的发展类型与定位难免会出现同质化现象。为了在产业集群与市场竞争中脱颖而出，企业会通过创新驱动、提高产品质量、改变发展策略、了解市场需求等手段来增强自身的竞争能力。在集聚的过程中，部分企业也会由于转型失败、技术落后等被市场淘汰。企业为了增强自身的创新能力以提升竞争优势，会

---

① 李万、常静、王敏杰等：《创新 3.0 与创新生态系统》，《科学学研究》2014 年第 12 期。

通过合作等方式来获取默会知识,这对于创新的积累与形成具有重要意义。默会知识的形成与传播需要地理邻近与交流学习,这客观上要求企业定期通过非正式与正式交流以保持密切的合作关系,这种关系的维系又加强了技术的创新与扩散。竞争与合作机制在创新生态系统内相辅相成、共同促进。一方面,竞争过程的创新需要主体的密切合作;另一方面,在主体的正式与非正式合作中,创新主体又面临市场竞争的压力,要不断提升自身的竞争优势。

3. 创新生态系统的协同创新机制

协同创新机制是指创新资源和要素有效集聚,企业、政府、科研机构、中介机构等为了实现重大科技创新而开展的大跨度整合的创新模式,有利于发挥各自的能力优势、整合互补性资源,推动创新成果产业化与市场化。创新生态系统的协同创新机制与创新网络的发展是分不开的。创新网络包括创新共生、信任合作、价值联盟与协同氛围四个核心要素,共同促进了创新生态系统的发展成熟。[①] 创新共生以价值链为依托,以技术创新为动力,集结创新生态系统中的成员通过竞争合作共享来增强共生能力,提高创新生态系统的竞争优势。信任合作是开展非正式交流与传播默会知识的前提,创新生态系统内的主体在信任合作的基础上促进了知识的流动与传播,加速了信息共享与创新资源的合理配置,使得创新生态系统保持持续的发展活力。价值联盟是指创新生态系统内主体在信任合作关系的前提下所形成的价值共同创造的利益共同体,各主体之间相互配合与互补促进了创新要素的积累与集聚,使系统的创新优势能够得到最大的发挥。创新生态系统的协同氛围建立在各主体协同合作的基础上。这种氛围弥漫在系统内激励着各主体之间的优势发挥与资源互补,有利于提高跨组织行业学习与交流的开放度。

4. 法律规范和政府引导机制

创新生态系统的高效运行与优势发挥离不开政府制定的以创新主体为核心的创新政策体系。对创新主体的知识产权保护制度能够激励企业进行创新研发,促进自身创新优势的形成,同时,创新主体在市场竞争

---

① 范太胜:《基于产业集群创新网络的协同创新机制研究》,《中国科技论坛》2008年第7期。

中产生的诉求也会及时地推动公共政策的完善。政府所制定的市场监督制度有利于形成良性的市场竞争机制，减少创新主体的恶意竞争、限制竞争、垄断等行为，有利于形成公平竞争、机会均等的市场环境。创新生态系统内的政府引导机制主要表现在公共服务的提供上。一是政府通过税收、土地优惠等手段扶持中小创新企业的创立与发展，使其通过降低成本参与市场竞争以提升创新能力。二是政府建立公共服务平台，通过提供方便服务、引导专业力量开展科技服务、整合产学研资源等方式为系统内主体提供创新的公共服务保障。在特色小镇发展过程中，政府营造的公正透明的法治环境和市场主导的政府引导是特色小镇的基础保障。

（四）特色小镇：一个创新生态系统

特色小镇作为一个新型的产业组织方式，旨在构建以创新要素为核心，集科技研发、成果转换、体验应用、生态平衡和文化底蕴于一体的创新生态系统。[①] 结合创新生态系统相关理论，创新生态系统是以共同价值创造为目标、利益共享与风险共担为基础的开放式创新生态系统，这与特色小镇的理论内涵不谋而合。具体来说，特色小镇在主体类型上涵盖了企业、政府、中介机构、金融机构、科研机构等多种类型主体；在产业特点上以创新性、科技性产业为主；创新过程中更加注重非正式交流与非线性创新，具有很强的包容性与开放性；在组织类型上，特色小镇以主体间的创新网络关联为基础，相互适应，共同演化，表现出显著的共生能力与整体性。在特色小镇的运行机制上，交流互动、竞争合作、协同创新与政府引导是其基本的运行机制，特色小镇通过内部主体的交流互动来进行信息分享与交流学习，以市场为手段通过相互竞争与密切合作增进自身的竞争与创新优势，以小镇内产业链为依托开展上下游整合资源的协同创新模式，通过遵守法律法规来规范其市场行为，享受所在地政府提供的公共服务来为产业创新提供保障。将特色小镇看作创新生态系统，既是创新生态系统理论内涵的体现，也是创新生态系统主要特征与运行机制的生动实践，因此，以创新生态系统为分析框架，从理

[①] 盛世豪、张伟明：《特色小镇：一种产业空间组织形式》，《浙江社会科学》2016年第3期。

论范式、发展现状与问题、演化过程与机制、路径与启示等方面剖析特色小镇,不仅赋予了特色小镇新型的理论内涵,同时也使得特色小镇拥有了实践价值。

第二节 特色小镇的文献综述

自特色小镇概念提出以来,作为新型城镇化与创新创业的重要载体,特色小镇成为学术界的研究热点,相关研究围绕特色小镇理论内涵、发展模式、演化路径、经验启示等方面开展,并涌现出了丰富的成果。同时,部分学者通过精准治理、创新生态、根植性等视角构建特色小镇研究的理论框架,指出了未来特色小镇研究与发展的方向。

一 特色小镇的内涵、演化路径、发展模式与经验启示研究

(一)特色小镇的理论内涵

从特色小镇的概念入手,卫龙宝等学者认为,特色小镇是区域经济发展的新动力与创新载体。它以信息经济、环保、健康、旅游、时尚、金融、高端装备制造等产业为基础,汇聚相关组织、机构与人员,形成具有特色与文化氛围的产业生态系统与现代化群落,以此带动当地的经济社会发展,并对周边地区产生一定的辐射作用。从特征内涵上看,特色小镇具备四个特征:产业上"特而强"、功能上"有机合"、形态上"小而美"、机制上"新而活"。区别于传统行政建制镇,特色小镇并非园区、高新区等概念,也不是简单的产业和功能叠加。[1] 苏斯彬等学者认为,特色小镇在建设过程中强调产城融合,坚持产业间的融合、产业内的融合和产业发展与城镇空间布局之间的融合,是一个区域面积合理、经济活力强、生态环境好、体制机制活、人文气息深厚的相对独立区域。[2] 基于此,部分学者对特色小镇的内涵进行了探讨。从城乡发展视角

---

[1] 卫龙宝、史新杰:《浙江特色小镇建设的若干思考与建议》,《浙江社会科学》2016年第3期。

[2] 苏斯彬、张旭亮:《浙江特色小镇在新型城镇化中的实践模式探析》,《宏观经济管理》2016年第10期。

来看，特色小镇作为城市与乡村的桥梁，更加注重空间质量与以人为本。与传统城镇相比，人口流动性、人口包容性、功能兼容性与开放性功能更加突出。[1] 从特色小镇的起源历史来看，特色小镇的概念内涵源自中国特有的地方政府的创业主义：特色小镇的政策制定与产生诞生于中国经济转型时期，在此期间，中国积极探索经济增长的新引擎，试图调整工业园区的发展方向，将其转变为多功能、一体化的园区。由于目标实现模糊，因此为地方公共企业家留下了探索的空间，特色小镇由此诞生，并迅速获得了企业和政府的青睐。因此，特色小镇一个很重要的理论内涵就是专业化的产业集聚与强大的产业潜力，是不同的集聚过程与差异化的经济发展结果。不同于传统园区和高新区的"生产综合体"形式集聚，特色小镇更加强调工作与生活的平衡和良好的生活环境，这对于解决城市无序扩张与城市内部矛盾来说，是一个自上而下的补救措施。[2] 从产业发展角度解读特色小镇，众多学者认为产业是特色小镇的核心，特色小镇是在特色产业的集聚过程中形成的，产业是推动特色小镇发展的动力。[3] 盛世豪等学者认为，产业生态系统是特色小镇的重要基础，特色小镇是将创新、绿色、开放、人文等理念嵌入其中，集特色产业的创新、生产、销售、服务于一体的新兴产业空间组织形式。嵌入特定区域及其历史人文背景下的"产业生态位"是这些特色小镇核心竞争力得以持续提升的关键。作为一种新兴产业空间组织形式，特色小镇是块状经济、产业集群演进发展的必然结果，也是区域经济从投资驱动向创新驱动的内在要求。[4]

（二）特色小镇的演化路径

在特色小镇的演化路径探索方面，多数学者选择基于案例分析来探讨演化机理，浙江省杭州市的云栖小镇与梦想小镇成为案例分析的热点小镇。

---

[1] Yuzhe Wu, Yuxuan Chen, Xiaoying Deng, et al., "Development of Characteristic Towns in China", *Habitat International*, Vol. 77, 2018.

[2] Julie T. Miao, Nicholas A. Phelpsj, "'Featured Town' Fever: The Anatomy of a Concept and its Elevation to National Policy in China", *Habitat International*, Vol. 87, 2019.

[3] Yuzhe Wu, Yuxuan Chen, Xiaoying Deng, et al., "Development of Characteristic Towns in China", *Habitat International*, Vol. 77, 2018.

[4] 盛世豪、张伟明：《特色小镇：一种产业空间组织形式》，《浙江社会科学》2016年第3期。

特色小镇的经济创新取决于参与企业本身，特别是领先企业的内部创新。企业之间所形成的创新网络能够通过学习、分享与扩散来加速创新，政府的政策措施能够支持与引导小镇智能化与创造性发展，进而推动特色小镇的创新进程。基于此，Jiajia Gong 等学者从演化视角出发，以杭州为案例阐述了特色小镇的演化是如何促进经济转型的。

在地理邻近性方面，某些行业在特定地点占据主导地位。例如，初创企业多集中在阿里巴巴附近的梦想小镇，在其特定的知识基础上，表现出地理邻近性特征。在认知邻近性与组织邻近性方面，阿里巴巴通过兼并、收购与合作等方式拓宽了其发展路径，构建了更广泛的知识创新网络。在社会邻近性方面，初创企业与母企业之间的社会联系促进了知识的溢出与转移，特别是云栖大会的举行，促进了当地的正式与非正式交流。在机构邻近性方面，企业与政府的合作发生了共同进化的相互作用，杭州市政府根据阿里巴巴本身需求与创新进行城市的总体规划，致使云栖小镇联盟发起，极大地提高了杭州的创新形象。

企业与城市结构的共同演变，促进了特色小镇的诞生和繁荣。杭州特色小镇的演化路径大致分为四个阶段：一是由于地理、认知、社会邻近性，在发展过程中，母企业逐渐成为相关企业的节点或平台，促进了集聚网络发展。二是由于公司的迅速扩张，地理空间有限，公司经历了搬迁与扩散，知识的扩散为知识网络的延伸与强化奠定了基础。三是知识与劳动力的交流伴随着扩散的发生与新核心的出现，这为新一轮的集聚和节点创造奠定了基础。四是节点的网络有时会被高度强化，有时也会解散或逐渐消失。区域网络朝着互动的城市和经济地理的动态过程发展。杭州市正是由于阿里巴巴互联网巨头的存在，促进了梦想小镇的知识溢出，加速了云栖小镇云计算产业的集聚进程。[①]

项国鹏等学者基于能力形成理论，以杭州云栖小镇作为案例，分析了阿里云作为杭州云栖小镇的核心企业是如何通过自身网络能力对创新网络的形成与发展产生良性促进效应的，并探索了形成核心企业、创新

---

① J. J. Gong, L. Boelens, C. Hua, "How Can China Achieve Economic Transition with the Featured Town Concept? A Case Study of Hangzhou from an Evolutionary Perspective", *Urban Policy and Research*, Vol. 83, No. 3, 2020.

网络和特色小镇的协同发展过程，进而将创新网络演化路径划分为差距清晰化阶段、探索提升阶段和成熟规范阶段。在差距清晰化阶段，创新网络构建还处于起步期，规模以上企业和高科技企业占比较少，科创型特色小镇刚刚开始建设管理制度，营业收入等都还较少。核心企业着重于发展自身能力和构建自身目标，有意识地向合作伙伴传递自身意愿与产业未来发展趋势。此时的网络成员为阿里云技术及其所拥有的创新资源所吸引，形成最初的创新网络。在探索提升阶段，核心企业经历阶段性发展，创新与技术能力逐渐提升，吸引更多网络主体进入，网络内部活动逐渐增加联系开始变得紧密，核心企业的主导能力不断增强。这时的科创型特色小镇加强合作强度，创新效率提高，经济发展成效显著，小镇内部也逐渐发展出较为完善的产业链，特色产业蓬勃发展。在成熟规范阶段，核心企业在创新网络中的主导地位不断加强，核心企业与成员的协作也越来越高效有序。创新网络内部的关系交互更为广泛与多样化，虽然存在旧成员的退出与新成员的进入，但是关键节点基本保持一致，整个创新网络处于较为稳定的状态，小镇也逐渐趋于协同。核心企业会有意识地规范自身行为，对创新网络制定一定的准则。[①]

基于创新生态系统视角，特色小镇的培育是以推动创新生态系统自组织发展以及形成区域内产业独特竞争优势为总体目标，通过公共政策及制度安排协调特定区域内各主体的行为及其与内外部环境的关系建构、完善创新生态系统的过程。徐梦周等基于梦想小镇的案例，从创新生态系统视角探讨了特色小镇的培育与演化路径，认为在特色小镇的培育与演化中包含四个关键要素：价值导向是整个特色小镇创新生态系统建设的起点；空间环境是对创新生态系统内外部边界的界定；系统结构是创新生态系统重要的组织支撑；支撑制度是系统整体氛围营造的关键来源。在梦想小镇中，四大要素的内在契合为创新生态系统有效运行提供了价值主张、协调整合及创新激励三大重要支撑机制。[②] 梦想小镇的价值导向

[①] 项国鹏、吴泳琪、周洪仕：《核心企业网络能力、创新网络与科创型特色小镇发展——以杭州云栖小镇为例》，《科技进步与对策》2021年第3期。

[②] 徐梦周、王祖强：《创新生态系统视角下特色小镇的培育策略——基于梦想小镇的案例探索》，《中共浙江省委党校学报》2016年第5期。

十分清晰,在此过程中利用互联网的先发优势吸引了众多互联网企业及研究机构的入驻,通过举行赛事、会议等在创业群体中快速形成了影响力,促进了参与者对系统整体的价值导向形成共同理解和认可。在协调整合方面,梦想小镇以孵化器为核心平台,在创业导师、投资人、创业者等主体间通过开展正式与非正式交流构建起分工明确、职责完善的网络结构;以平台化的方式为企业提供各类服务,提高生产效率的同时降低了互动成本。在创新激励机制上,梦想小镇通过"种子仓—苗圃—孵化器—加速器—产业园"的接力式孵化服务为初创企业提供支持,一些在孵化期间发展不太理想的项目则会被快速淘汰。从本质上来看,创新激励机制是系统内主体的价值分配过程,市场主导的优胜劣汰方式不断激励创业企业的创新动力。

席丽莎等从文化与产业的视角对特色小镇的动力机制进行了分析,认为"产业丛"是特色小镇发展的核心动因,"文化源"是特色小镇发展的根本要素。其中特色小镇发育的动力机制包括生态系统代谢机制、多层次创新网络嵌套机制与要素资源整合机制。在生态系统代谢机制上,门槛机制约束着业态数量与行为规范,竞争机制则促进了资源的优化与配置,通过门槛机制与竞争机制保持特色小镇"文化源"持久的吸引力与"产业丛"旺盛的生命力。在多层次创新网络嵌套机制上。创新网络是特色小镇重要的生态组织方式,从横向来看,小镇内主体通过交流、分享、传递等手段构建知识创新网络;从纵向来看,特色小镇空间的网络具有"企业个体创新网络—企业群落创新网络—特色小镇空间创新网络"三大层次的嵌套网络。在要素资源整合机制上,特色小镇的"产业丛"通过创新创业网络的组织方式,完成两个层面的异质性资源整合:一是战略性要素资源颠覆式创新模式,能否有效整合很大程度取决于特色小镇的文化氛围,以及产业内在潜质和学习能力的优劣;二是一般性要素资源及企业运营能力的整合,包括企业的技术水平、产品层次、治理能力等,进而形成企业难以模仿的独特竞争优势。[①]

---

① 席丽莎、刘建朝、王明浩:《"文化源"+"产业丛"——新时代特色小镇发育的动力及其机制》,《城市发展研究》2018 年第 10 期。

（三）特色小镇的发展模式

基于根植性视角，付晓东等学者对特色小镇发展模式展开了探讨，认为特色小镇对产业的探索与塑造是一个漫长且复杂的过程，这其中最为关键的就是挖掘小镇的根植性，这是持续发展的基础性动力。[1] 根植性的表现形态分为自然资源禀赋、社会资本基础与市场需求偏好。据此，我们可将特色小镇的发展模式分为自然禀赋模式、社会资本模式与市场需求模式。在自然禀赋模式中，经济发展对自然环境的依赖与根植性正相关，地方可以通过开发自然环境换取发展，但是也要考虑保护生态圈，利用技术提高资源利用效率与产品附加值。社会资本模式的根植性是由人的活动产生的，这类根植性通常难以落到实处，需要以制造业、旅游业等产业为依托，建立文化与产业有机融合的发展模式。市场需求多少往往是特色产业成功与否的关键，但是在实践中也往往最容易被忽略。市场需求推动行业的产生与转型，引领产业的发展方向，在此过程中，抓住机遇与形成定向合作关系成为塑造产业优势中不可或缺的一环。

特色小镇的发展模式在于产业集聚与宜居宜业相结合。产业集聚和经济发展促使人口集中和区域投入增加，进而加快产业转型升级，推动区域创新并塑造区域产业生态系统。同时，消费集聚进一步加强了城镇的宜居性。如果没有集聚产业或产业集群，特色小镇就很难在持续的资本支持下整合人才与资源。因此，有学者通过对杭州市山南基金小镇、丽水市古堰花乡小镇、东阳市横店影视小镇及"中国电商之都"柳市镇的具体案例分析，认为特色小镇的形成是经济和社会发展的自然结果，并总结了特色小镇的两条经典发展路线：一是培育新产业，提升老产业，为老产业提供新的增长动力；二是整合创新资源，保持传统产业的核心竞争力。[2]

在中国城市问题凸显、经济供给侧结构性改革推进、公共基础设施逐步建成到位，以及中产阶级生活方式逐渐转变的四大背景下，特色小

---

[1] 付晓东、蒋雅伟：《基于根植性视角的我国特色小镇发展模式探讨》，《中国软科学》2017 年第 8 期。

[2] Yuzhe Wu, Yuxuan Chen, Xiaoying Deng, et al., "Development of Characteristic Towns in China", *Habitat International*, Vol. 77, 2018.

镇成为经济转型与健康发展的重要抓手。特色小镇以产业兴起而不止步于产业，闵学勤从精准治理视角勾勒了特色小镇的创建路径。特色小镇治理主体要多元化、智库化。在特色小镇治理主体的选择上，既要立足于小镇"土著"——当地政府和民众，更要吸纳与其特色相关联、与其人文相融合的多方主体参与。特色小镇运行机制要平台化、网络化。特色小镇从创建之初到日常运营需要一整套规范制度，通过制度约束与平台搭建实现小镇内主体信息共享、需求回应、问题解决及相互补位等。特色小镇创新体系要常态化、本土化，要培育小镇自己的创新人才，找到自己的创新源泉，形成小镇自身的创新内循环。小镇绩效评估要精细化、全球化，有必要为特色小镇建设制定精准度较高的评估指标体系。这一评估是常态的、滚动的，贯穿特色小镇创建和运营的全过程。[①]

培育特色小镇要有一定数量的村镇作为基础；产业演进的不同阶段影响着产业自身的素质和竞争力；城镇化发展水平影响着村镇生活水平、基础设施完善程度与集聚效应；高新技术产业的稀缺性以及自身技术集约型、制度密集型的产业特点，决定了不同区域发展梯度的差异；文化也需要好的传承方式来传播和彰显，也需要有产业载体、创意融合、文化衍生品来传播与扩散。郝华勇通过对比发达地区与欠发达地区地域空间单元、产业演进阶段、城镇化进程、科技创新水平、文化要素融合等方面的差异，认为特色小镇的发展要因地制宜，立足当地经济发展阶段，采取实事求是的发展战略，依托现有小城镇彰显特色，夯实企业主体促进传统产业升级，优化县域城镇空间组织，强化科技支撑提升发展效益，彰显文化魅力提升发展品位。[②]

朱伯伦认为，特色小镇的发展路径，一是要找准定位，科学规划，挖掘特色，凸显"特而强"。小镇规划要充分结合"大城"的特点，突出"精、新、慧、聚"的主题。二是要政企联动，企业为主体，市场化运作。"服务协同"与"运营协同"成为"大城小镇"协同发展的两个关

---

① 闵学勤：《精准治理视角下的特色小镇及其创建路径》，《同济大学学报》（社会科学版）2016年第5期。

② 郝华勇：《特色小镇的区域差异辨析及欠发达地区打造特色小镇的路径探讨》，《企业经济》2017年第10期。

键点，从其内涵来看，前者从完善管理机制入手，核心是体现政府的作用，而后者的核心是充分发挥政企联动，特别是企业为主体的作用，政府不越位。三是要做好产城融合，发挥功能聚合效应。①

（四）特色小镇发展的经验启示

在经验启示方面，学者从案例分析、国内外对比、国内区域对比、空间重构等视角入手总结特色小镇发展经验，提炼了创新、开放、因地制宜、合理布局等关键词。

综观特色小镇成功案例，它们都将创新因素融入主导产业的发展规划中，以创新来引领传统产业和现代农业的发展，或利用创新要素为特色产业提供基本服务，进而增强特色小镇的吸引力。在推动特色小镇可持续发展的对策中，一是要强化特色小镇申报审核，落实基础设施建设工作。二是要设立特色小镇评价指标体系，完善创新要素运行机制，特别是明确创新政策、创新项目、创新人才、创新资金、基础设施及相关服务等关键要素的运行机制，将创新成果与其他生产要素相结合，将企业的自主创新成果转化为现实生产力，充分发挥创新的引领作用。三是政府引领优惠政策落地，市场主导金融机构参与。四是统筹生产、生活、生态布局，优化资源配置，因地制宜，合理配置资源，坚守生态底线，提高特色小镇的建设质量，让特色小镇建设真正发挥作用。②

基于空间重构视角，熊正贤从贵州朱砂古镇和千户苗寨的案例入手，总结了特色小镇的发展经验。一是镇村联动发展需要找准主客体，借机促进"他组织"向"自组织"转变；二是镇村联动发展要从特色小镇的空间重构入手，只有在生产空间、生活空间、文化空间、生态空间等方面发生系统性的蜕变，特色小镇才能引领城乡统筹发展，成为镇村联动发展的引擎；三是镇村联动发展要保持足够的开放性，"自给自足"和"闭门造车"难有发展空间，只有充分利用外部资源和市场，才能激活城乡联合体这台"发动机"，促使形成耗散结构系统，促进小镇和周边乡村

---

① 朱伯伦：《"大城小镇"协同发展影响因素与路径——基于浙江特色小镇建设的实证研究》，《学术论坛》2018年第1期。

② 王大为、李媛：《特色小镇发展的典型问题与可持续推进策略》，《经济纵横》2019年第8期。

健康、持续发展。当前,西部地区的镇村联动与东部地区还有较大差距,因此熊正贤提出在发展特色小镇的过程中要规避路径依赖和锁定,"破立结合"重构特色小镇空间;同时,要系牢镇村联动的纽带,"推引结合"促进资源流动畅通;还要以形成协同创新共同体为目标,"统分结合"推动镇村联动发展。[1]

从国际经验来看,发达国家非常重视通过产业引领来实现特色小镇的发展,这对中国建设特色小镇最大的启示是如何利用中国不同地域的产业特色来发展特色小镇。基于此,卫龙宝等针对中国特色小镇发展情况提出五条建议:一是要一统多动,上下互通;二是要合理布局,有序推进;三是要多重标准,科学评价;四是要政策优化,保驾护航;五是要浙江经验,全国推广。[2]

张银银等通过对国外特色小镇的分析,认为国外特色小镇的空间选址以产业需求为首要因素;产业体系具有明显的主题性;功能构成具有一定的综合性,景观风貌具有强烈的可识别性;经营运作以国际市场为目标。在建设机制上,总体遵循外推型和内生型两大动力机制,但是每个小镇具体的形成契机与发展路径又极具个性,存在一定的不确定性。由此总结了国外特色小镇发展的经验启示,在政策对小镇建设短周期的要求下,特色小镇建设要注意产业升级、文化培育、旅游发展引发的长期性需求,其建设内容、规划内容、实施成效应与城市长远发展相结合,避免出现追求短期效应的现象。特色小镇的形成是市场竞争辅以政府推动的结果。特色小镇资源各异,极具个性,可复制性小,要处理好特色小镇的个性与普适性,避免生搬硬套大规模复制已有模式。应明确特色小镇的重点在于特色产业的发展及小镇对区域的带动作用,避免各级政府发力创建小镇所带来的连带效应,而可能形成的新一轮造镇运动。特色小镇建设应不仅是外部物质环境优化的平台建设,今后更要关注的是

---

[1] 熊正贤:《乡村振兴背景下特色小镇的空间重构与镇村联动——以贵州朱砂古镇和千户苗寨为例》,《中南民族大学学报》(人文社会科学版) 2019 年第 2 期。

[2] 卫龙宝、史新杰:《浙江特色小镇建设的若干思考与建议》,《浙江社会科学》2016 年第 3 期。

促进企业创新发展的政策设计和宽松的公平竞争市场环境优化。[①]

二 特色小镇研究进展评述

综上所述,国内外文献围绕特色小镇展开深入探讨并取得了丰富的成果。多数学者关注概念内涵的研究,探讨了特色小镇作为一个新型空间组织形式其中蕴含的以人为本、三生融合等理念,强调特色小镇的创新创业、产业集聚等内涵。相比于传统建制镇,它更加注重宜居生活与良好生态。随着特色小镇的发展成熟与部分小镇的衰落凋零,部分学者借助演化经济地理学理论来分析特色小镇的演化路径。特色小镇的发展并非线性演化,而是在学习、分享、扩散与多主体参与过程中所形成的非线性网络化发展路径。基于此,一些学者还通过不同的案例对特色小镇网络演化的不同阶段进行论述与分析。在当前新型城镇化与产业结构转型升级的大背景下,部分学者通过案例分析、对比总结等方法提炼了特色小镇的发展模式,最重要的是特色小镇要突出特色,保持产业的核心竞争力,充分发挥市场在资源配置中的决定性作用,做好政企联动。部分学者还通过国内外小镇对比、国内发达与欠发达地区小镇对比等总结了特色小镇的发展经验,认为特色小镇发展要因地制宜、合理布局。在研究视角上,少数学者采用精准治理视角、创新生态视角等;研究方法多集中于定性分析、案例分析、对比分析等,少数学者使用了社会网络分析等演化经济地理学方法。

在特色小镇如火如荼发展的过程中,国内外学者的研究成果不断涌现,但是依旧存在以下待深化的内容:一是在研究理论上,当前的研究成果多是基于发展现象分析,少数成果利用演化经济地理学理论阐述特色小镇,但是面临着研究框架不完整、研究理论不深入等问题,特别是对特色小镇的本质内涵缺乏科学的认知;二是在研究视角上,当前研究视角众多,但是特色小镇作为创新创业载体,利用创新生态系统视角来阐述特色小镇内在发展逻辑的系统性学术成果较少;三是研究对象上,当前多数成果聚焦杭州市云栖小镇、梦想小镇的发展,对不同类型特色

[①] 张银银、丁元:《国外特色小镇对浙江特色小镇建设的借鉴》,《小城镇建设》2016年第11期。

小镇的案例分析尚待完善；四是研究尺度上，当前学术成果还缺少对中国全域特色小镇发展现状及分布特征的分析，以及对不同行政尺度特色小镇分布的精准识别；五是研究时序上，多数文献结合案例对某个特色小镇的发展过程进行研究，但是并未提升到理论层面形成特色小镇全生命周期演化过程的相关理论。

在产业结构转型升级、经济高质量发展的大背景下，特色小镇的发展状况出现了分化：一部分特色小镇在带动产业创新、就业等方面发挥着重要作用，而另一部分特色小镇面临着衰败甚至烂尾的风险。如何发展好特色小镇使之成为创新创业的载体、安居乐业的家园，成为值得人们探讨的问题。理论上，要将创新作为首要理念置于特色小镇发展过程中，通过多主体参与、组织间网络协作，在小镇内部形成相互依赖且共生演进的网络关系。实践上，要厘清当前国内特色小镇的发展现状，并对不同类型特色小镇进行具体分析，以梳理总结发展路径与经验。基于此，本书选取了"行动—规则"的视角。这与创新生态系统视角完全一致，创新生态系统形成的底层逻辑是个体的行动和行动的协调。在总结创新生态系统演化基本规律的基础上，探讨国内特色小镇的发展现状及存在问题，论述特色小镇与创新生态系统的关系，并提出特色小镇发展的新型理论范式。基于新型理论范式框架，结合创新生态系统视阈分析特色小镇全生命周期的演化过程与机制路径，以期研究成果能够创新特色小镇研究的理论范式并为特色小镇的健康发展提供理论指导。

第 三 章

中国特色小镇的空间分布、发展现状及存在问题

特色小镇作为产业的新型空间组织形式,是壮大县域经济和促进县域城镇化发展的重要推动力,可有效助力乡村振兴,推动新型城镇化建设,促进生产、生活、生态"三生融合"。2011年5月,云南省政府出台《关于加快推进特色小镇建设的意见》,提出重点推进现代农业型、工业型、旅游、商贸、边境口岸、生态园林六种小镇建设。此后,全国各地陆续出台文件支持特色小镇建设。中华人民共和国住房和城乡建设部(以下简称"住建部")也分别于2016年和2017年公布两批全国特色小镇名单。近年来,随着数字技术快速发展,特色产业镇、网红旅游镇、电子商务镇不断涌现,特别在浙江省、广东省、江苏省等地,出现了多功能专业镇集聚现象,成为中国小城镇发展新模式。本章以住建部官方公布的全国403个特色小镇为研究对象,从空间视角出发,统计分析国家级特色小镇的空间分布特征、经济发展成效以及产业布局类型,并进一步探讨特色小镇发展现存问题,以期为特色小镇生态系统演化提供实证研究支撑。

本章国家级特色小镇名单来源于住建部官网[1],第一批共127个,第二批共276个。所有特色小镇的经纬度坐标信息来源于百度地图,小镇面积、人口、工业企业数等相关统计数据来源于历年《中国县域统计年鉴(乡镇卷)》。

---

[1] http://www.mohurd.gov.cn.

第一节　国家级特色小镇空间分布特征

本节主要运用 ArcGIS 软件分析中国特色小镇的空间分布特征，具体运用空间分析中的最邻近指数、地理集中指数、不均衡指数、核密度估计值等研究方法。[①]

根据国家级特色小镇空间分布情况，我们可以发现，国家级特色小镇在空间分布上呈现出非均衡特征，大部分分布于胡焕庸线东南部分，即东部沿海地区和中部地区，尤其是长三角地区。相比之下，胡焕庸线西北部分地域广阔，但国家级特色小镇却分布较少，整体呈现"东南密、西北疏"的空间特征。从区域分布情况来看，国家级特色小镇自东向西呈现梯度递减的态势，在东部和中部地区较为集聚，在东北地区和西部地区分布则较少。从南北分布上，国家级特色小镇南北空间分布相对较为均衡，南方地区共分布有 221 个国家级特色小镇，约占整体的 54.8%，北方地区则为 182 个，大致相当。从分布情况来看，国家级特色小镇主要集中分布于经济发达或旅游资源丰富的环渤海地区、长三角地区、东南沿海地区、西南成渝地区和中原地区。

从省份层面来看，如图 3-1 所示，国家级特色小镇在省际分布的差异也较大，其中拥有国家级特色小镇数量最多的前五个省级行政区分别为浙江省、江苏省、山东省、广东省和四川省，其数量分别为 23 个、22 个、22 个、20 个、20 个。这表明这些省级行政区的特色小镇建设取得了良好成效。其中，仅四川省隶属于西部地区，其余均位于东部地区。拥有国家级特色小镇数量最少的为天津市和青海省，数量仅有 5 个和 6 个，仅为浙江省的四分之一左右，未来仍具备较大发展空间。

一　空间分布类型

特色小镇在空间中呈现点状分布特征。为了定量分析国家级特色小镇空间分布类型，我们引入最邻近点指数。最邻近点指数是用来判断要

[①] 方叶林、黄震方、李经龙等：《中国特色小镇的空间分布及其产业特征》，《自然资源学报》2019 年第 6 期。

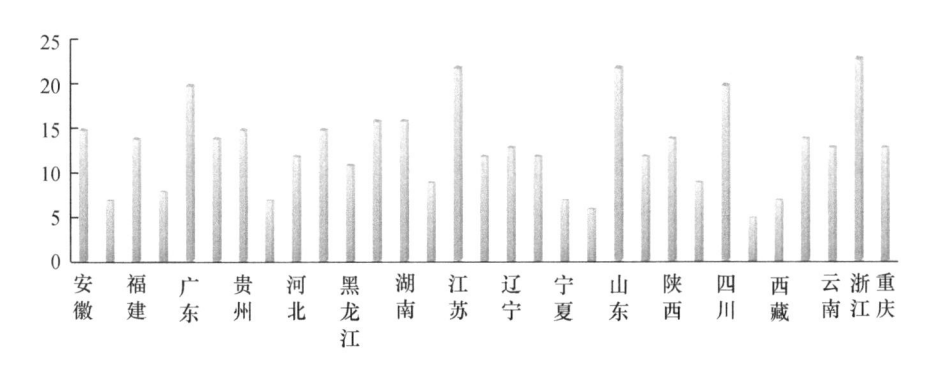

图 3-1 各省（自治区、直辖市）国家级特色小镇数量

素在一定空间范围内相互邻近程度的指标。通过测算国家级特色小镇的空间集聚情况，我们能够以此判断其空间分布类型是随机、均匀还是集聚的。主要原理在于当观测的所有点状要素与其最邻近要素之间的平均距离大于基于假设随机分布的期望平均距离，且具有统计学意义上的显著差异时，要素会呈现分散分布特征，否则为集聚分布特征。[①] 最邻近点指数计算公式如式（3-1）、式（3-2）所示[②]：

$$R = \frac{\bar{r_i}}{r_E} \quad (3-1)$$

$$r_E = \frac{1}{2\sqrt{n/A}} = \frac{1}{2\sqrt{D}} \quad (3-2)$$

式（3-1）中，R 为最邻近点指数；$\bar{r_i}$ 代表每个国家级特色小镇与其最邻近小镇距离的平均值；r_E 代表国家级特色小镇随机分布时理论上的最邻近距离；n 表示国家级特色小镇的数量，即 403 个；A 代表研究区域的面积，即中国国土面积 960 万平方千米；D 代表单位面积国家级特色小镇的数量。当 $R=1$ 时，国家级特色小镇在空间上呈随机分布特征；当 $R>1$ 时，国家级特色小镇趋于均匀分布；当 $R<1$ 时，国家级特色小镇趋于

[①] 时浩楠、杨雪云：《国家级特色小镇空间分布特征》，《干旱区资源与环境》2019 年第 3 期。

[②] 任国岩：《长三角会展场馆空间集聚特征及影响因素》，《经济地理》2014 年第 9 期。

集聚分布。

使用 ArcGIS 10.8 软件，人们可计算得出国家级特色小镇的最邻近点指数，计算结果如表 3-1 所示。可见，第一批国家级特色小镇平均实际最邻近距离为 121.97 千米，其理论最邻近距离为 171.45 千米，最近邻点指数为 0.71，小于 1，显著性水平 $p<0.01$，通过了 1% 的显著性水平检验，说明平均实际最邻近距离小于理论最邻近距离，即第一批国家级特色小镇在空间上呈现明显的集聚分布特征。相比之下，第二批特色小镇平均实际最邻近距离为 82.51 千米，理论最邻近距离为 121.72 千米，最近邻点指数为 0.68，也呈现明显的集聚型分布特征。同时，由 Z 值越小集聚程度越高可知，第二批国家级特色小镇的集聚程度要大于第一批国家级特色小镇，说明中国特色小镇在空间上的集聚趋势越来越明显。将两批国家级特色小镇进行整体计算可以发现，总体上平均实际最邻近距离为 69.55 千米，理论最邻近距离为 104.34 千米，最邻近指数为 0.67，说明在空间上呈集聚分布态势。由此表明，国家级特色小镇建设要充分整合资源禀赋，提高特色产业发展水平，从而有效发挥国家级特色小镇"以点带面"的集聚效应与空间溢出效应，在提高新型城镇化发展质量与助力乡村振兴中发挥应有的作用。

表 3-1　　　　　国家级特色小镇最邻近点指数统计

	第一批	第二批	共计
实际最邻近距离/千米	121.97	82.51	69.55
理论最邻近距离/千米	171.45	121.72	104.34
R 值	0.71	0.68	0.67
Z 值	-6.22	-10.24	-12.81

二　空间均衡程度

（一）地理集中指数

地理集中指数是衡量国家级特色小镇在空间中分布集中程度的重要

指标，其计算公式如式（3-3）所示①：

$$G = 100 \times \sqrt{\sum_{i=1}^{n} \left(\frac{X_i}{T}\right)^2} \qquad (3-3)$$

式（3-3）中，G 为国家级特色小镇的地理集中指数，取值范围为 0—100；X_i 表示第 i 个省级行政区所拥有的国家级特色小镇的数量；T 为国家级特色小镇的总数；n 表示全国省（自治区、直辖市）的数量。G 值越大，表明国家级特色小镇空间分布集中程度越高；数值越小，则表明分布越离散。假设国家级特色小镇平均分布时 $G = G_0$，若 $G > G_0$，则表明国家级特色小镇集中分布，反之则呈分散分布。

根据公式计算可得，中国国家级特色小镇的地理集中指数 $G = 19.15$，说明其在全国空间尺度上的分布存在一定的不均衡性。若国家级特色小镇均匀分布在各省市，计算可得 $G_0 = 17.96$，可以发现实际计算得到的地理集中指数 G 略高于 G_0，表明在省级尺度上，国家级特色小镇分布较为集中。

（二）不平衡指数

不平衡指数可以反映国家级特色小镇在全国各省（自治区、直辖市）分布的均衡程度，其取值范围为 0—1。计算公式如式（3-4）所示②：

$$S = \frac{\sum_{i=1}^{m} Y_i - 50(m+1)}{100m - 50(m+1)} \qquad (3-4)$$

式（3-4）中，S 代表不平衡指数；m 为全国省（自治区、直辖市）数量；Y_i 为各省（自治区、直辖市）国家级特色小镇数量占全国国家级特色小镇总数的比重从大到小排序后第 i 位的累计百分比。当 $S = 0$ 时，国家级特色小镇平均分布在各省（自治区、直辖市）；当 $S = 1$ 时，国家级特色小镇全部集中分布于 个省（自治区、直辖市）内部。

根据公式，计算可得不均衡分布指数 $S = 0.21$，表明各省（自治区、直辖市）均分布有一定数量的国家级特色小镇。根据统计数据进一步生

---

① 王怀成、张连马、蒋晓威：《泛长三角产业发展与环境污染的空间关联性研究》，《中国人口·资源与环境》2014 年第 S1 期。
② 李伯华、尹莎、刘沛林等：《湖南省传统村落空间分布特征及影响因素分析》，《经济地理》2015 年第 2 期。

成国家级特色小镇洛伦兹曲线,如图 3-2 所示,洛伦兹曲线距均匀分布线有一定的距离,存在一定的突起弧度,表明在各省(自治区、直辖市)国家级特色小镇分布存在一定的不均衡性。具体地,根据统计,在全国 31 个省级行政区(不含港、澳、台)中,浙江、江苏、山东、广东、四川、湖北、湖南、安徽、贵州、河南 10 个省份拥有的国家级特色小镇数量占全国总量的 45.66%,再次表明国家级特色小镇在全国空间尺度上呈现出一定的不均衡分布特征。

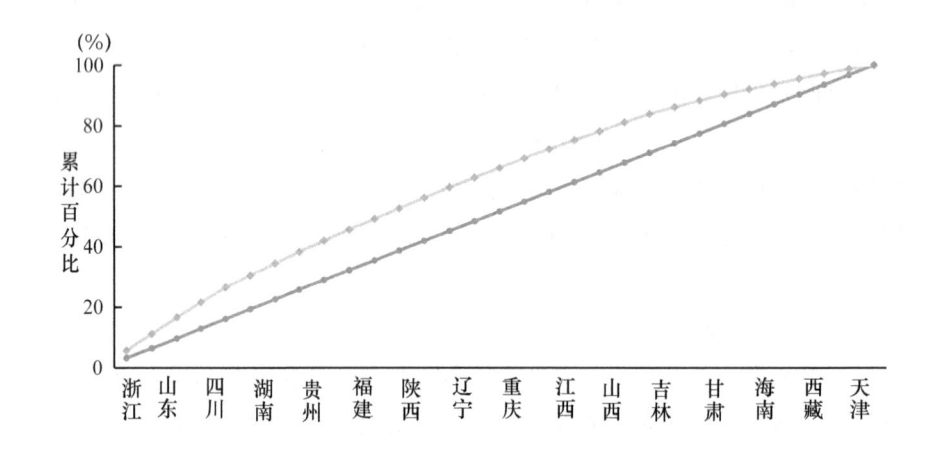

图 3-2 国家级特色小镇洛伦兹曲线

三 空间密度

核密度估计是一种基于非参数的估计方法,能够利用数据本身的空间属性研究空间数据的分布特征,且避免预先指定某个特定分布而造成的误差。[①] 通过对随机变量的概率密度进行估计,运用连续曲线,人们能够反映样本考察期内随机变量的分布形态,并对随机变量的分布位置和延展性等进行描绘。核密度估计值可以计算出整个区域内国家级特色小镇的集聚情况,其估计值越大,表示国家级特色小镇分布越密集,反映

---

① 曹智、刘彦随、李裕瑞等:《中国专业村镇空间格局及其影响因素》,《地理学报》2020 年第 8 期。

出一个核对周边点的影响强度。计算公式如式（3-5）所示①：

$$f(x) = \frac{1}{Nh}\sum_{i=1}^{N} K\{(X_i - \bar{x})/h\} \quad (3-5)$$

式（3-5）中，$f(x)$ 表示国家级特色小镇核密度估计值；N 为国家级特色小镇的数量；独立同分布的观测值由 X_i 表示，均值由 $\bar{x}$ 表示，h 表示带宽，$K(\cdot)$ 表示核函数。

通过核密度分析结果可以发现，国家级特色小镇空间分布呈现显著的空间集聚特征，特别在长三角地区形成了明显的高密度集聚区，在珠三角地区和成渝地区则形成了一定规模的次级集聚区。整体来看，国家级特色小镇呈现中东地区多、西部地区少的空间分布格局，表现出东南密、西北疏的特征。从省级行政区层面来看，浙江、江苏、山东、广东、四川等地形成了国家级特色小镇高密度集聚区，每个省份拥有的国家级特色小镇数量不少于20个。由此可以发现，国家级特色小镇的发展和集聚与地区经济发展水平、产业基础、文化特色、旅游资源等息息相关。

第二节 国家级特色小镇经济发展现状

受行政区划的影响，中国公布的两批国家级特色小镇实际上均以建制镇列入名单。据统计，截至2021年末，中国大陆共有38556个乡级行政区划单位，其中街道8925个、镇21322个、乡7197个。根据图3-3，我们可以发现，近20年来，中国建制镇数量长期稳定在2万左右，而这2万左右的建制镇承载了全国一半以上的人口，在新型城镇化中承担着不可替代的重要地位。乡镇作为城乡互动的重要支撑，乡镇经济不仅仅是国民经济的重要组成部分，更是国民经济的缩影和基石，是国家稳定的重要基础。本节将主要基于《中国县域统计年鉴（乡镇卷）》统计数据，对国家级特色小镇经济发展情况进行数据分析。由于部分建制镇发生行政区划调整或者统计数据存在缺失，本节分析仅包含371个国家级特色小镇。

---

① 甄峰、余洋、汪侠等：《城市汽车服务业空间集聚特征研究：以南京市为例》，《地理科学》2012年第10期。

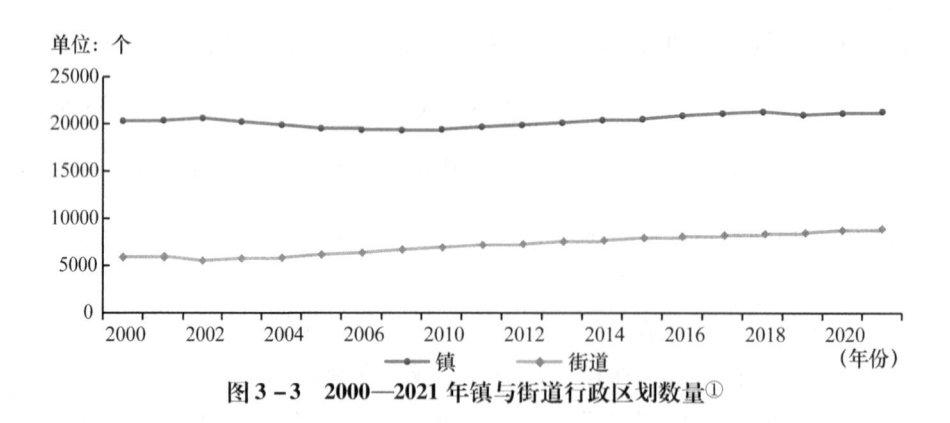

图 3-3 2000—2021 年镇与街道行政区划数量①

一 国家级特色小镇人口分布特征

(一) 特色小镇面积

据统计,国家级特色小镇占地总面积 10.07 万平方千米,仅占整体国土面积的 1.05%。平均来看,国家级特色小镇的镇域面积为 271.3 平方千米,其中行政区域面积最大的为内蒙古自治区呼伦贝尔市额尔古纳市莫尔道嘎镇,高达 9384 平方千米。莫尔道嘎镇地处大兴安岭西北麓,下辖 5 个社区和 1 个村级单位,截至 2018 年末,拥有户籍人口 19159 人,是全国重点镇和全国特色景观旅游名镇。面积最小的为广西壮族自治区北海市银海区侨港镇,仅有 1.10 平方千米。侨港镇南临北部湾,下辖 3 个社区和 1 个行政村,截至 2018 年末,拥有户籍人口 17325 人。侨港镇的设立有其历史特殊性,它是为安置 20 世纪 70 年代末回国的越南归侨而设的,曾被联合国难民署官员赞誉为"世界难民安置的光辉典范"。侨港镇以海洋捕捞、海产品加工和旅游商贸为主要经济支撑,是全国文明镇和全国乡村治理示范乡镇。由此可见,国家级特色小镇之间行政区域面积差距较大。此外,由于数据限制,统计获得的建制镇行政区划面积与实际意义上特色小镇要求的几平方公里的定义相去甚远。分省份来看,由于地形地貌特征,位于青海、内蒙古、西藏和新疆的特色小镇平均面积远远高于其他地区。其中平均面积最大的为青海省,其国家级特色小镇平均面积为 1867.32 平方千米,而平均面积最小的省份为河北省,仅为

① 数据来源于行政区划网(https://www.xzqh.org/html/list/10100.html),2022 年 8 月。

63.36平方千米，是青海省的三十分之一左右。（图3-4）

图3-4 各省（自治区、直辖市）国家级特色小镇平均面积

（二）特色小镇人口

历年《中国县域统计年鉴（乡镇卷）》统计数据显示，2016年和2017年的统计口径为乡镇常住人口，而2018年后仅统计了乡镇户籍人口数量。2017年，国家级特色小镇常住人口共计1717.06万人，占全国总人口的1.23%，平均每个国家级特色小镇仅有常住人口4.63万人。（图3-5）

分时间来看，2016年，国家级特色小镇中常住人口最多的为广东省佛山市西樵镇。西樵镇下辖26个社区和9个行政村，入选"2021年全国千强镇"。截至2019年末，西樵镇常住人口近30万人，其中户籍人口17.77万人，外来人口占比较高。2019年，西樵镇实现规模以上工业增加值84.03亿元，实际利用外资4035万元，一般公共预算收入19.22亿元，远超部分县市经济发展水平。常住人口最少的为新疆图木舒克市草湖镇，2016年其常住人口仅有1218人，与西樵镇相去甚远。2017年，常住人口最多的镇为广东省佛山市顺德区北滘镇。北滘镇地处珠江三角洲腹地，地理位置优越，下辖10个社区和10个行政村，同样入选"2021年全国千强镇"。截至2022年末，北滘镇常住人口高达37.7万人，其中户籍人口16.6万人，仅占常住人口的44.03%，外来人口数量超过常住人口，表现出超强的人口吸引力。2019年，北滘镇实现地区生产总值645亿元，城镇居民人均可支配收入高达68256元，与苏州市水平相当。北滘镇是产业强镇，佛山市顺德区30%的上市公司聚集在北滘镇，其中包括美的、碧桂园两个世界500强的千亿企业。家用电器是北滘镇工业支柱产品。从20世纪70年代起，北滘镇就开始生产轻型家用电器。如今，北滘镇作为中国家电制造业重镇，拥有家电及配套企业近900家，家电产业年产值近千亿，占全镇总产值的70%左右，约占全国家电业总产值的10%。近年来，为了延展拓宽产业"微笑曲线"，北滘镇加大科技投入，从"中国制造"向"中国智造"转变，正在逐渐成为全球家电研发的重要基地。

从户籍人口来看，2019年国家级特色小镇平均拥有户籍人口4.37万人，低于2017年的常住人口水平，说明国家级特色小镇整体上呈现出人口流入的发展态势。2018年和2019年户籍人口最多的均为浙江省温州市乐清市柳市镇，其也入选了"2021年全国千强镇"。截至2019年末，柳市镇拥有户籍人口22.83万人，是平均值的5倍之多。2020年，全镇财政总收入41.22亿元，实现生产总值338.5亿元。作为中国电器之都，柳市镇依托电气产业基础和区位优势，经过几十年的探索，现已形成以高低压电器、电子、机械、仪表等为主导的产业体系，拥有企业8700余家，其中很多行业龙头企业是起步于"前店后厂"模式的作坊式工厂。近年来，柳市镇进一步加大产业集群建设力度，大力发展创新平台，着力实施数字经济"一号工程"，引入京东数字经济浙江区域总部、泰尔终端实验室等，为柳市镇未来产业发展注入了强劲的科创动能。

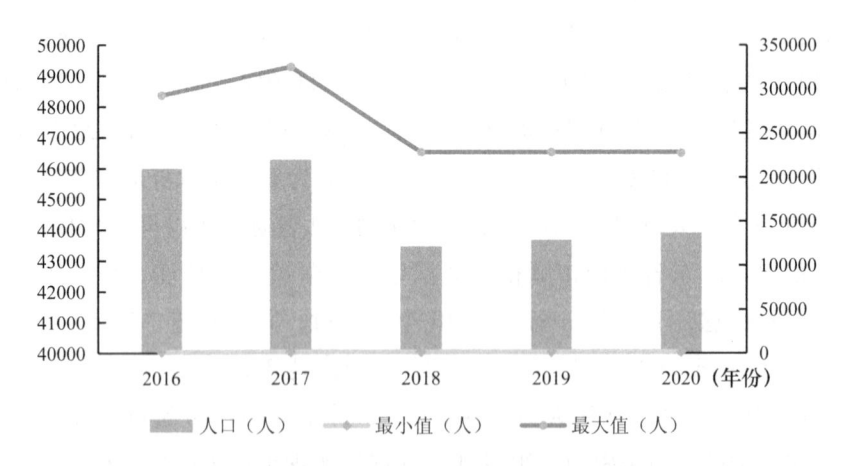

图3-5 2016—2020年国家级特色小镇平均人口数

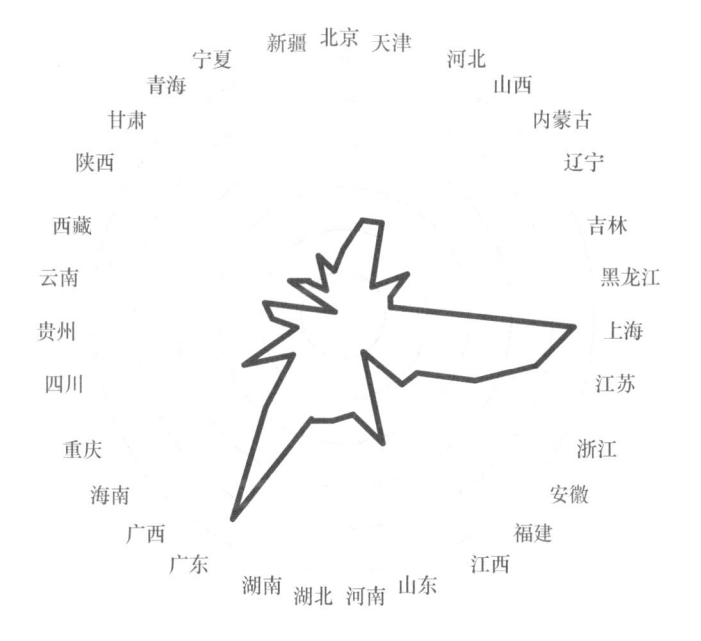

从各省（自治区、直辖市）国家级特色小镇平均常住人口来看，如图3-6所示，人口分布存在一定的差异性。2017年，平均常住人口最多的为上海，每个国家级特色小镇常住人口达到11.02万人；其次为广东省，特色小镇平均常住人口为10.89万人。这也是仅有的两个国家级特色小镇平均常住人口在2017年超过10万人的省级行政区。特色小镇平均常住人口最少的为西藏自治区，仅有4064人。可以发现，受自然环境、地理区位和产业基础等条件约束，西藏、青海、新疆、内蒙古等地区人口普遍较少，东部沿海地区国家级特色小镇的常住人口则普遍较多。

图3-6　各省（自治区、直辖市）国家级特色小镇平均常住人口

随着人口增长拐点的到来，学术界对于人口流动与城市收缩的研究日益增加。基于上述人口特征，我们进一步分析国家级特色小镇的人口流动情况，探究其人口收缩特征。由于数据所限，我们将2017年常住人口与2018年户籍人口进行对比。根据计算，可以发现，常住人口大于户籍人口的国家级特色小镇数量为127个，占总数的比重约为34.23%，即国家级特色小镇中仅有约三分之一的小镇实现了人口的净流入，而绝大部分国家级特色小镇面临人口收缩的问题。人口流入排名前十位的小镇如表3-2所示。可以发现，人口流入最多的国家级特色小镇多分布于广东、上海、浙江和江苏，经济发达、交通便利、产业集聚是这些国家级特色小镇的共同特征。

表3-2　　　　　　　　人口流入前十位国家级特色小镇

	特色小镇	所在省份	所在市（区）	人口流入（人）	2017年常住人口（人）
1	乐从镇	广东省	佛山市顺德区	190957	319324
2	北滘镇	广东省	佛山市顺德区	174069	324764
3	安亭镇	上海市	嘉定区	165057	263328
4	车墩镇	上海市	松江区	134391	171023
5	西樵镇	广东省	佛山市南海区	122334	292776
6	横店镇	浙江省	金华市东阳市	84738	177314
7	古镇镇	广东省	中山市	73362	153813
8	吴泾镇	上海市	闵行区	70333	127401
9	丁蜀镇	江苏省	无锡市宜兴市	55536	202946
10	柳市镇	浙江省	温州市乐清市	52324	280572

其中，广东省佛山市顺德区乐从镇人口流入数量最多。截至2019年末，乐从镇常住人口36万人，其中户籍人口仅12万人，也就意味着乐从镇有三分之二的常住人口为外地流入人口。乐从镇位于粤港澳大湾区中心地带，下辖19个行政村和6个社区，2019年实现地区生产总值225.9亿元，入选"2018中国乡镇综合竞争力100强"和"2021年全国千强镇"。乐从镇以产业动能转换为核心，面向湾区打造现代服务业和科技转化的产业高地、龙头节点，凭借得天独厚的区位优势和资源实力，发展出了世界最大的家居市场、全国最大的钢铁交易市场和华南最大的塑料专业市场，现拥有中德工业服务区、中欧城镇化合作示范区两大国家级平台，开创出了一条商贸名镇产业创新发展之路。

人口流入居第二位的国家级特色小镇为广东省佛山市顺德区北滘镇，它同时也是2017年常住人口最多的国家级特色小镇。人口流入数量第三位的为上海市嘉定区安亭镇。安亭镇位于上海市西北郊，地理位置优越，位于嘉定、昆山、青浦三地交界处，与江苏省昆山市花桥镇相邻，是嘉定新城的枢纽。安亭镇是以轿车工业和轿车生产配套工业为主的现代化综合性工业城，是上海国际汽车城核心区域，也是上海市"一城九镇"建设的重点镇。早在20世纪50年代，安亭镇就是上海的工业卫星城，许多大型企业迁建于此，拥有良好的工业基础，逐渐形成了以汽车工业为龙头，集汽车配件、科学仪器、医疗器材、机械化工等产业于一体的工业体系。由于地处沪苏交界处，积极推动跨区域省际合作也是安亭镇的重要实践。2018年3月28日，安亭镇与花桥镇签署"双城共建"战略合作框架协议，同时成立了花桥·安亭"双城共建"领导小组和办公室。双方列出20项对接清单，在城市共建、产业共兴、民生共享、党建文化共研等方面开展了深度合作。

（三）特色小镇人口密度

基于人口数量与小镇面积，人们可以计算出国家级特色小镇人口密度。关于人口密度的百分位数分布特征如表3-3所示。百分位数主要用于描述一组数据某一百分位置的水平。将多个百分位数进行结合，人们就可以全面描述一组观测值的分布特征。根据计算结果，人们可以发现，历年来，国家级特色小镇人口密度从第10百分位数到第60百分位数变化均较为平缓，直到第70百分位数才有明显提升。由此表明，国家级特色小镇中大量特色小镇的人口密度实际上并不是很高，第50百分位数的人口密度一直维持在300人/平方千米左右，只在部分国家级特色小镇人口密度可以达到500人/平方千米以上，仅少数国家级特色小镇人口密度达1000人/平方千米以上。

表3-3 国家级特色小镇人口密度分布特征

类别	2016年	2017年	2018年	2019年	2020年
最小值	0.39	0.38	0.41	0.41	0.44
P10	40.41	43.67	55.88	56.62	56.05
P20	89.40	88.55	101.50	98.43	102.09
P30	128.78	126.68	136.91	133.75	144.85
P40	216.02	216.77	229.46	230.16	230.72
P50	294.50	278.05	333.84	337.20	335.50

续表

类别	2016 年	2017 年	2018 年	2019 年	2020 年
P60	380.13	367.99	417.13	414.16	424.40
P70	549.36	536.12	529.00	526.04	538.52
P80	734.24	733.09	696.24	697.14	696.31
P90	968.25	1036.08	936.51	943.26	930.54
最大值	13921.38	15396.55	11948.28	11948.28	11846.21

注：P10、P20、P30、P40、P50、P60、P70、P80、P90 分别代表第 10、20、30、40、50、60、70、80、90 百分位数。

从各省（自治区、直辖市）国家级特色小镇常住人口密度来看，如图 3-7 所示，各地区之间的人口密度存在显著的差异性。2017 年，国家级特色小镇常住人口密度最高的地区为上海，达到 1433.76 人/平方千米，其次为江苏省和广东省，其国家级特色小镇平均人口密度分别为 905.10 人/平方千米和 781.88 人/平方千米。可见，上海国家级特色小镇人口密度远远高于其他省份，接近于排名第三的广东省的 2 倍之多。国家级特色小镇人口密度最低的为西藏自治区，仅 3.16 人/平方千米，其次为青海省和内蒙古自治区，国家级特色小镇人口密度仅为 7.50 人/平方千米和 10.33 人/平方千米，地区间差距巨大。

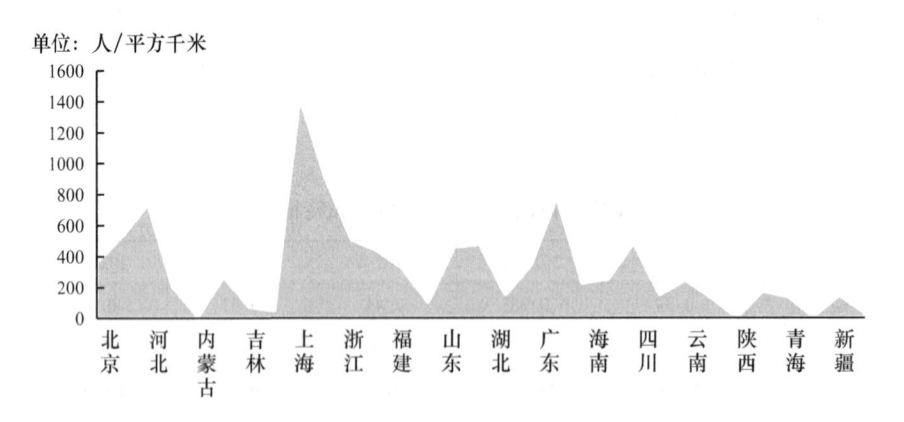

图 3-7　各省（自治区、直辖市）国家级特色小镇平均人口密度

为进一步明晰国家级特色小镇人口密度的空间差异程度，以及地区间差距能否随时间推移而缩小，我们进一步计算了Dagum基尼系数。我们将整体空间划分为东部、中部、西部与东北部四大地区。[1]

基于Dagum基尼系数相关测算结果，我们可绘制图3-8。从国家级特色小镇平均人口密度的总体趋势及演变过程来看，2016—2020年国家级特色小镇平均人口密度的总体差异程度呈现出水平波动变化趋势：由2016年的0.58波动上升至2017年的0.59，达到整个样本考察期的最高水平，随后波动下降至2020年的0.52，成为样本考察期的最低值。出现总体差异程度先上升后下降的趋势，这可能与统计口径的改变有关。对比常住人口与户籍人口，也可以发现，国家级特色小镇平均常住人口密度的总体差异程度要高于平均户籍人口密度，说明人口在区域间的流动导致人口不断集聚于部分特色小镇，从而造成了常住人口总体差异程度高于户籍人口分布差异程度的现象。综上表明，国家级特色小镇人口密度具有较大不平衡性，而且人口在空间中的流动加剧了常住人口密度总体空间差异的扩大。

从四大板块来看，图3-8展示了四大板块内国家级特色小镇平均人口密度的空间差异程度。从总体趋势及差异程度来看，东部、西部和东北部地区国家级特色小镇平均人口密度的空间差异程度均呈现水平波动变化趋势，其中，东部地区在样本期的波动幅度最大，而中部地区总体呈现平稳态势。基于2017年常住人口数据，四大板块国家级特色小镇平均人口密度空间差异按照由高到低进行排序，依次为西部地区（0.67）、东北部地区（0.64）、东部地区（0.49）和中部地区（0.41）。综上表明，在四大板块的地域单元划分标准下，西部地区国家级特色小镇人口密度空间差异程度最大，而东部和中部地区内部差异程度相对较小。

---

[1] 东部地区包括北京市、天津市、河北省、上海市、江苏省、浙江省、福建省、山东省、广东省和海南省；中部地区包括山西省、安徽省、河南省、湖北省、湖南省和江西省；西部地区包括内蒙古自治区、广西壮族自治区、重庆市、四川省、贵州省、云南省、西藏自治区、陕西省、甘肃省、青海省、宁夏回族自治区和新疆维吾尔自治区；东北部地区包括辽宁省、吉林省和黑龙江省。

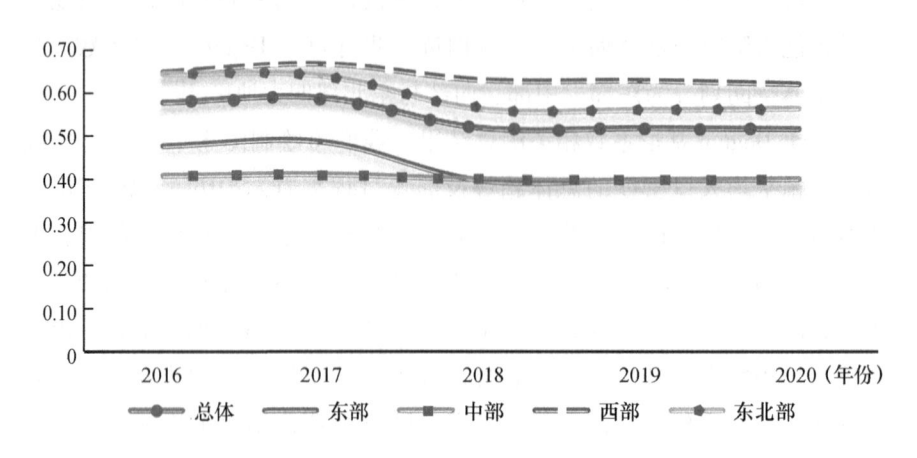

图 3-8　地区间国家级特色小镇人口密度差异程度

二　特色小镇经济发展

由于统计年鉴中缺乏特色小镇地区生产总值和城镇居民人均收入数据，本部分分析将采用 Tableau Public 网站公开数据①。此外，由于第二批特色小镇公开资料较少，网站仅提供了第一批特色小镇相关数据情况，在此仅针对性分析第一批特色小镇的地区生产总值和城镇居民人均收入情况。

（一）地区生产总值

总体来看，第一批 127 个国家级特色小镇 2015 年平均地区生产总值为 49.11 亿元，地区生产总值排名前十位的国家级特色小镇如表 3-4 所示。其中，地区生产总值最高的为广东省佛山市顺德区北滘镇，高达 493.67 亿元，到 2019 年，北滘镇地区生产总值已增加至 645 亿元。地区生产总值最低的为西藏自治区山南市扎囊县桑耶镇，仅为 0.52 亿元，两者差距近 1000 倍。从人均地区生产总值来看，相对于 127 个国家级特色小镇地区生产总值间的差距，人均地区生产总值的差距相对较小，平均人均地区生产总值为 9.81 万元/人（3 个镇数据不全，未纳入核算）。由

---

① https：//public.tableau.com/app/profile/xkh92/viz/_13591/1.

此可见，首批127个国家级特色小镇并不都是经济强镇，也可表明，地区生产总值并不是国家级特色小镇评选的唯一标准，特色资源、产业支撑和地域风貌也是重要影响因素。

表3-4　　　　地区生产总值排名前十位的国家级特色小镇

	特色小镇	所在省份	所在市（区）
1	北滘镇	广东省	佛山市顺德区
2	龙泉镇	湖北省	宜昌市夷陵区
3	茅台镇	贵州省	遵义市仁怀市
4	桠溪镇	江苏省	南京市高淳区
5	柳市镇	浙江省	温州市乐清市
6	吴店镇	湖北省	襄阳市枣阳市
7	杏花村镇	山西省	吕梁市汾阳市
8	湖头镇	福建省	泉州市安溪县
9	刘家沟镇	山东省	烟台市蓬莱市
10	横店镇	浙江省	金华市东阳市

具体来看，地区生产总值较高的国家级特色小镇主要还是集聚在广东省、江苏省、浙江省等沿海经济发达地区。但除此之外，中西部一些国家级特色小镇也表现突出，比如湖北省宜昌市夷陵区龙泉镇、贵州省遵义市仁怀市茅台镇、湖北省襄阳市枣阳市吴店镇、山西省吕梁市汾阳市杏花村镇等，产业基础、文化特色与历史传承是这些国家级特色小镇的共同特点。

茅台镇位于贵州省仁怀市赤水河畔，是川黔水陆交通的咽喉要地，历史悠久，文化底蕴深厚，集古盐文化、长征文化和酒文化于一体，被誉为"中国第一酒镇"。茅台镇不仅是仁怀市经济社会发展的引擎和支柱，也是贵州对外开放的形象和"窗口"。2020年，茅台镇地区生产总值突破千亿元，城乡居民人均可支配收入分别达59730元和23575元，位列中国百强镇第71名、西部百强镇第1名。茅台镇拥有茅台古镇文化产业园、仁怀名酒工业园、仁怀空港新区三大园区，汇集酒类企业1000多家，拥有白酒品牌2000余个，是名副其实的"世界酱香型白酒主产区"。除了引导地方规模白酒企业集聚发展外，茅台镇正朝着多元化产业发展方向迈进，以茅台古镇为核心，着力建设旅游综合体和旅游景区，通过深度挖掘酒文化、长征文化、盐运文化和地方民俗文化，大力发展文化旅游业，实现了产、城、景融合发展。

吴店镇位于汉十文化走廊的中轴线上，具有省际区域中心的区位优势，下辖2个社区和44个行政村。吴店镇是优质商品粮生产基地，素有"枣阳粮仓"之称，形成了吴店甘蔗、帝乡黄桃、清潭罐头、澳洲龙虾、李寨绿茶等多个本地特色农业产业品牌。此外，吴店镇拥有汉光集团、巨鑫公司、先锋公司等10家产值过千万元的骨干龙头企业，逐渐形成了以纺织、机械、化工、食品四大产业为支柱，以塑料制品、印刷包装、粮油加工、竹木家具、五金建材、食品罐头、装卸运输、商贸旅游为补充的产业发展格局。吴店镇生产的汉光牌白坯布、色织布远销美国、日本、韩国、东南亚等9个国家和地区，年创汇600多万美元。近年来，吴店镇进一步将发展乡村旅游作为村集体经济发展的重要动力，打造了吴店镇旅游特色线路，形成了全镇多业融合发展的新局面。

从各省（自治区、直辖市）国家级特色小镇平均地区生产总值来看，如图3-9所示，相比于人口分布差距，各省级行政区之间的特色小镇地区生产总值差异相对较小。2015年，国家级特色小镇平均地区生产总值最高的为湖北省，为148.14亿元，其次为广东省和江苏省，其国家级特色小镇平均地区生产总值分别为123.71亿元和120.86亿元，与湖北省差距不大。国家级特色小镇平均地区生产总值最低的为西藏自治区，仅0.55亿元，与湖北省相差200多倍。其次为青海省，国家级特色小镇平均地区生产总值仅为0.7亿元，与西藏自治区水平相当。国家级特色小镇平均地区生产总值倒数第三位的为重庆市，为10.10亿元，远高于西藏自治区和青海省。

（二）城镇居民人均收入

受统计限制，第一批127个国家级特色小镇中，我们仅获取了118个特色小镇的城镇居民人均收入数据。根据计算，城镇居民收入均值为2.54万元，中位数是2.47万元（山东省淄博市淄川区昆仑镇）。城镇居民收入最高的前五个国家级特色小镇分别是浙江省温州市乐清市柳市镇（5.72万元）、江苏省苏州市吴中区甪直镇（5.20万元）、江苏省苏州市

单位：亿元

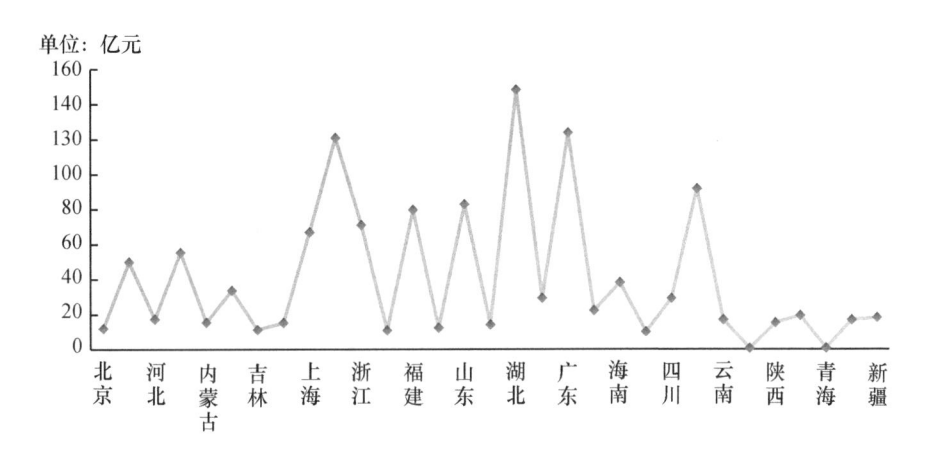

图 3-9　各省（自治区、直辖市）国家级特色小镇平均地区生产总值

吴江区震泽镇（4.86 万元）、广东省佛山市顺德区北滘镇（4.78 万元）和浙江省绍兴市诸暨市大唐镇（4.59 万元），集中于浙江、江苏和广东三省，与地区经济发展水平密切相关。城镇居民收入居后五位的国家级特色小镇依次为湖南省湘西土家族苗族自治州花垣县边城镇（0.35 万元）、甘肃省兰州市榆中县青城镇（0.70 万元）、新疆维吾尔自治区喀什地区巴楚县色力布亚镇（1.00 万元）、河北省保定市高阳县庞口镇（1.05 万元）、甘肃省武威市凉州区清源镇（1.10 万元）。城镇居民收入最高的国家级特色小镇是收入最低的 16 倍，说明国家级特色小镇城镇居民人均收入地区差异广泛存在。

甪直镇是吴中区的东大门，北靠吴淞江，西接苏州工业园区，东衔昆山南港镇，下辖 2 个社区和 16 个行政村，是一座具有 2500 多年历史的江南文化古镇。甪直镇曾被评为全国重点镇、国家园林城镇，入选 2019 年度全国综合实力千强镇前 100 名。2021 年，全镇实现地区生产总值 148 亿元，一般公共预算收入 20.47 亿元，累计完成注册外资 3.46 亿美元、到账外资 2.53 亿美元，取得显著发展成效。自 20 世纪 80 年代起，甪直镇就开始兴起社办厂和乡镇企业，主要生产农用挂机、电器元件、化工原料、袜子、服装、酒类等产品，成为江苏省乡镇企业明星城镇。近年来，甪直镇围绕高质量发展导向，逐步调整主攻智能制造、生物医药、新一代信息技术等战略性新兴产业,培育了上市企业产业园、工业地产区等产业集聚区,培育形成国家高新技术企业100家。与此同时,甪直镇正着力发展旅游业,实施甪直古镇4A级景区提升工程,加快推进江南古镇联合申遗,持续增强甪直古镇影响力和辨识度。

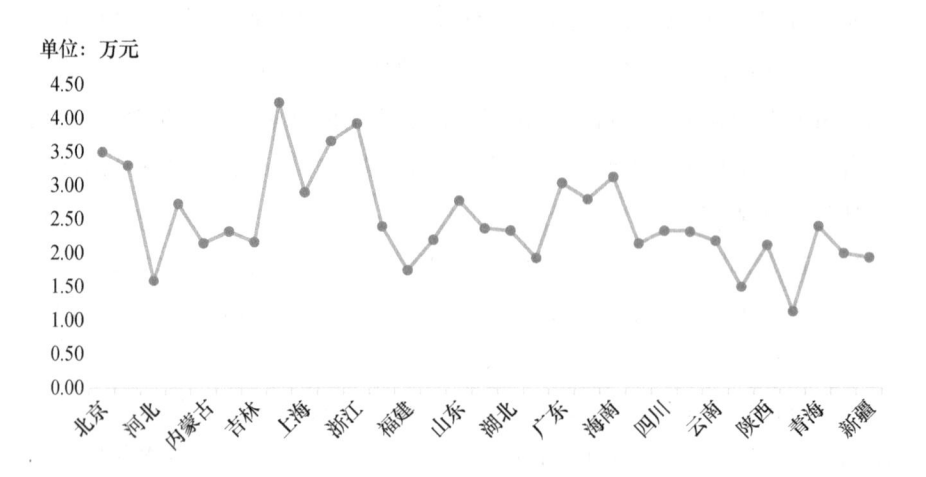

从各省(自治区、直辖市)国家级特色小镇城镇居民人均收入来看,如图3-10所示,相比于人口分布和地区生产总值差距,各省之间的特色小镇城镇居民人均收入差异较小。2015年,国家级特色小镇城镇居民人均收入最高的为黑龙江省,为4.23万元,其次为浙江省和江苏省,其国家级特色小镇城镇居民人均收入分别为3.92万元和3.66万元。国家级特色小镇城镇居民人均收入最低的为甘肃省,仅为1.13万元,约为江苏省的三分之一。其次为西藏自治区,国家级特色小镇城镇居民人均收入为1.50万元。国家级特色小镇城镇居民人均收入倒数第三位的为河北省,为1.59万元,与西藏自治区相当,略高于甘肃省。

图3-10 各省(自治区、直辖市)国家级特色小镇城镇居民人均收入

(三)工业企业数

从时间上看,国家级特色小镇工业企业数与规模以上工业企业数呈现波动上升的变化趋势,如图3-11所示。具体地说,2016年国家级特色小镇共拥有工业企业82843个,其中,规模以上工业企业数为7327个,约占总数的比重为8.84%。随着时间的推移,2017年和2018年国家级特色小镇拥有的工业企业数量逐年递增，到 2018 年达到最高值，为 89797 个，比 2017 年增长 6.55%。但到 2019 年，国家级特色小镇工业企业数量急剧减少，仅为 80852 个，比上年减少 9.96%。到 2020 年，国家级特色小镇工业企业数量又出现增长趋势，达到 82615 个。与工业企业数量变化趋势不同，国家级特色小镇规模以上工业企业数从 2016 年至 2018 年呈现逐年递减特征，到 2018 年达到最低值，为 6938 个。2018 年后，国家级特色小镇规模以上工业企业数量快速增长，到 2020 年，国家级特色小镇共拥有规模以上工业企业 7644 个，比 2018 年增长 10.18%。但从全国范围内来看，2020 年各行业分规模以上工业企业单位共计 39.94 万个，而国家级特色小镇所拥有的规模以上工业企业仅占总体的 1.91%，在全国工业发展中占据极少的比重。

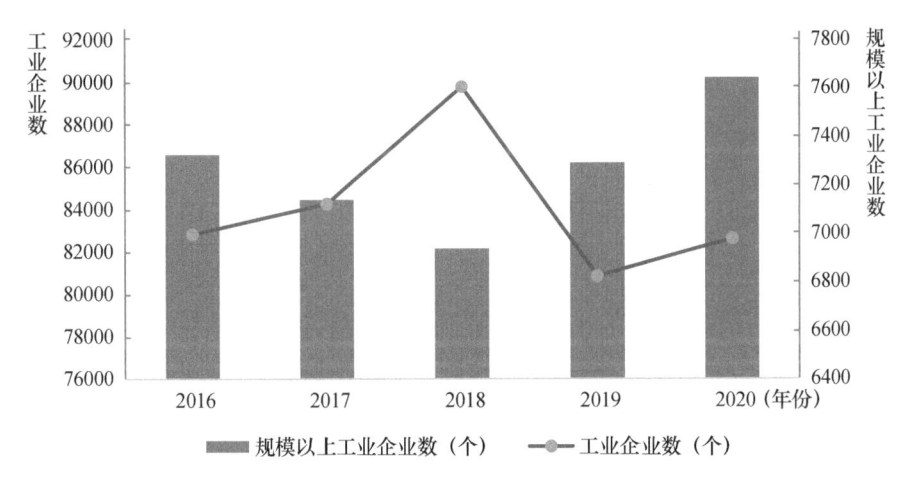

图 3-11　2016—2020 年国家级特色小镇工业企业数

据统计，2020 年，拥有工业企业数量最多的为浙江省温州市乐清市柳市镇。其拥有工业企业 12326 个，其中规模以上工业企业数 548 个。工业企业数量排名前十位的国家级特色小镇如表 3-5 所示。排名第二位的特色小镇为山东省临沂市费县探沂镇，拥有工业企业数 3560 个，规模以上工业企业数 233 个。它虽然位居第二，但与第一位柳市镇的工业企业数量相差较大，仅为三分之一不到。

探沂镇地处费县东部，行政区域面积 162.55 平方千米，下辖 62 个行政村。2021 年,全镇实现税收 17.47 亿元,一般公共预算收入是费县第一个超过 10 亿元的乡镇,入选"2021 年全国千强镇",是"中国木业特色小镇"。近年来,探沂镇围绕"工业强镇"战略,全力推动传统产业转型升级,高标准规划建设了木业转型升级先行示范区、黏合剂化工产业园区、高档家具集聚区等三大园区。其中,高档家具集聚区可实现年产值 50 亿元,木业转型升级示范区全面投产后可实现年产值 60 亿元,化工园区项目全部投产后可实现年产值 70 亿元,也将成为全国产量最大的 UFC 生产基地。

表 3-5　　工业企业数排名前十位的国家级特色小镇

	特色小镇	所在省份	所在市（区）	规模以上工业企业数（个）	工业企业数（个）
1	柳市镇	浙江省	温州市乐清市	548	12326
2	探沂镇	山东省	临沂市费县	233	3560
3	古镇镇	广东省	中山市	110	3111
4	北滘镇	广东省	佛山市顺德区	340	2937
5	乐从镇	广东省	佛山市顺德区	83	2450
6	丁蜀镇	江苏省	无锡市宜兴市	105	2415
7	龙水镇	重庆市	大足区	166	2318
8	孟河镇	江苏省	常州市新北区	149	2243
9	西樵镇	广东省	佛山市南海区	326	2086
10	西店镇	浙江省	宁波市宁海县	119	1711

从各省（自治区、直辖市）国家级特色小镇平均拥有的工业企业数来看,如图 3-12 所示,各省之间的差异较大。2020 年,国家级特色小镇平均工业企业数最多的为浙江省,为 1120.85 个,其次为江苏省和广东省,其国家级特色小镇平均工业企业数分别为 875.73 个和 689.94 个。不同于工业企业的数量分布,拥有规模以上工业企业数最多的为上海市（103.55 个）,其次为浙江省和广东省,其国家级特色小镇平均规模以上工业企业数分别为 68.57 个和 62.89 个,与上海市仍然存在较大的差距。此外,国家级特色小镇平均拥有工业企业数最低的为

西藏自治区，仅有 3.50 个工业企业，其次为青海省，仅有 7.40 个工业企业。国家级特色小镇拥有规模以上工业企业数量最少的仍然是西藏自治区（0.17 个），其次为江西省（0.92 个）和内蒙古自治区（1.08 个），平均每个国家级特色小镇拥有规模以上工业企业 1 个左右。

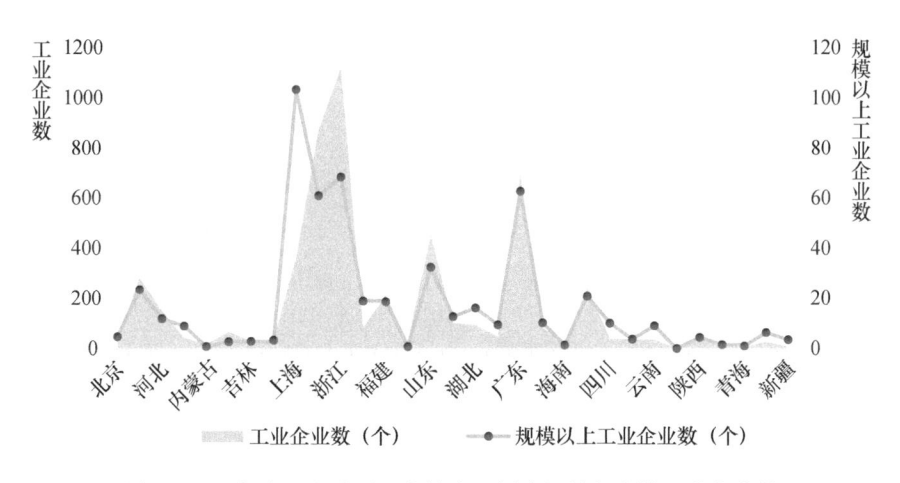

图 3-12　各省（自治区、直辖市）国家级特色小镇工业企业数

三　特色小镇消费活力

本部分将统计年鉴数据中营业面积 50 平方米以上的综合商店或超市数量作为表征特色小镇消费活力的指标进行具体分析，并按照地均分布进行平均化处理。根据计算结果，我们发现，营业面积 50 平方米以上的综合商店或超市数量地均分布最多的前五个国家级特色小镇分别是浙江省金华市东阳市横店镇（1560 个）、浙江省嘉兴市桐乡市濮院镇（848 个）、贵州省遵义市湄潭县永兴镇（613 个）、浙江省温州市乐清市柳市镇（574 个）、浙江省金华市义乌市佛堂镇（482 个）。除永兴镇外，其余国家级特色小镇均位于浙江省，在一定程度上表明浙江省特色小镇消费活力较强。

从各省（自治区、直辖市）国家级特色小镇地均综合商店或超市数量来看，如图 3-13 所示，各省之间的特色小镇消费活力差距仍然较大。2020 年，国家级特色小镇营业面积 50 平方米以上的综合商店或超市地均分布最多的为浙江省，为 1.51 个/平方千米，其次为河北省、河南省和江苏省，数量分别为 0.94 个/平方千米、0.93 个/平方千米和 0.92 个/平方千米。它们虽然居第二至第四位，但与浙江省消费活力仍然存在一定的差距。国家级特色小镇营业面积50平方米以上的综合商店或超市地均分布最少的为青海省，仅为0.01个/平方千米，与浙江省存在显著差距，其特色小镇消费活力亟待提升。

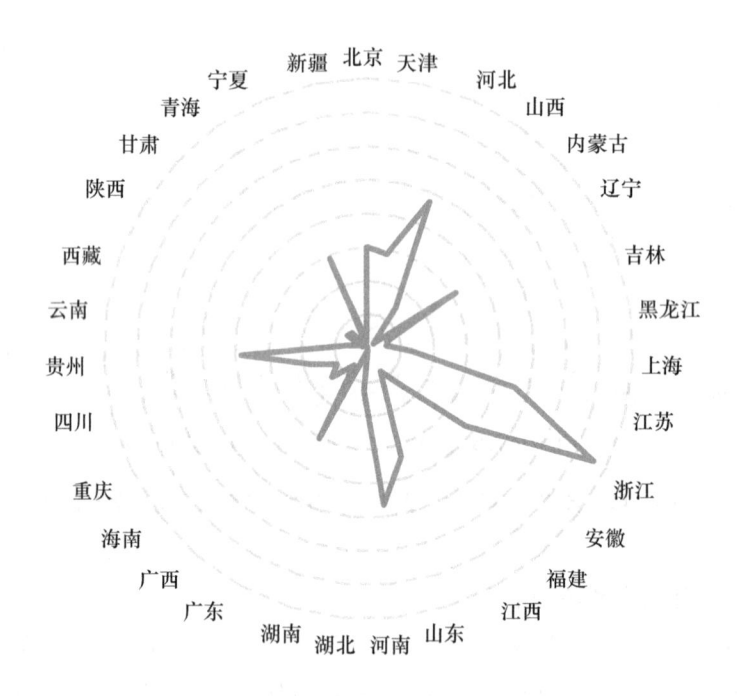

图3-13 各省（自治区、直辖市）国家级特色小镇地均综合商店或超市数量

第三节 中国特色小镇产业布局特征

产业是特色小镇发展的基础，新型城镇化区别于传统城镇化的重要特征之一就是产城互动、融合发展。对产业类型进行分类，便于分析各地区国家级特色小镇主导产业特征，不仅是对特色小镇研究内容的丰富与拓展，也利于地方政府实行宏观政策调控，为各小镇在历史属性和地域特性基础上选择培育类型提供参考方向。住建部将特色小镇划分为商贸流通型、产业发展型、农业服务型、旅游发展型、历史文化型、民族聚居型六种类型。根据公开资料，我们整理了第一批国家级特色小镇的产业分类，据此展开分析。

一 特色小镇产业类型划分

国家级特色小镇六大产业类型分布情况如图3-14所示，可以发现，旅游发展型、产业发展型和历史文化型特色小镇数量占据主导地位，占比分别达到29.13%、28.35%和18.90%，三种类型的特色小镇之和占整体的76.38%，表现出绝对优势，而商贸流通型与民族聚居型特色小镇占比最少，均仅为4.72%。商贸流通型特色小镇，一方面，多地处城市近郊，具有天然的区位优势，可以发展面向城市人群消费的农产品专业市场，充当城市的"菜篮子""米袋子"等角色；另一方面，还要求通达的交通条件，在充分挖掘当地农业资源的基础上，需要构建现代化农产品物流运输体系，打造面向产地型的农业流通枢纽港。在此基础上，可进一步发展生态农业、观光休闲农业和体验农业，融合特色小镇农家乐、田园游等旅游资源。对于产业发展型特色小镇而言，必须具备产业发展的基础与优势，特别是位于大城市附近且交通便利的特色小镇，是承接周边大城市产业转移的重要平台，具有吸引生产性服务业集中布局的比较优势。此外，对于旅游发展型与历史文化型特色小镇，历史脉络、文化内涵与旅游资源是特色小镇无比宝贵的优势。具体地看，旅游发展型特色小镇还可以根据特色小镇具体情况再细分为康养休闲类、历史文化类、自然风光类等类别。特别是近年来，在互联网快速发展的背景下，智慧旅游、智慧民宿、直播带货等新方式有力推动了部分旅游发展型特色小镇的发展，丰富了旅游业态，拓展了新型消费领域。

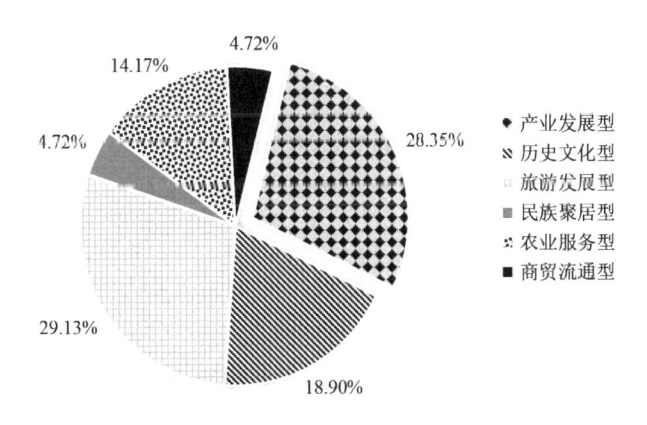

图3-14 国家级特色小镇产业类型占比

二　特色小镇产业空间分布特征

不同产业类型特色小镇在全国的空间分布具有显著的差异性，这与特色小镇资源禀赋、地理区位、交通设施、历史文化、建设导向等因素息息相关。

（一）旅游发展型

旅游发展型特色小镇在全国分布数量最多，遍地开花。如图3-15所示，全国67.74%的省（自治区、直辖市）均拥有一个以上的旅游发展型国家级特色小镇。总体而言，旅游发展型特色小镇呈现出东南多、西北少的特征。根据核密度图可以发现，旅游发展型特色小镇在全国范围内形成了三个较为明显的集聚区，分别是以长三角地区为核心的最高密度聚集区、以关中城市群为中心的次级聚集区，以及以辽宁为中心的次级集聚区。此外，还在新疆、云南与贵州交界处、黑龙江与内蒙古交界处形成了三处微型集聚区。东部地区的旅游发展型特色小镇具有地理位置优越、经济实力强大、旅游资源丰富的特征，经济水平总体也较高。相比于中西部地区，东部地区经济较为发达，也是国内旅游的主要客源地。因此，东部地区旅游发展型特色小镇不仅投资力度更大，市场空间也更为广阔。相比之下，中西部地区旅游发展型特色小镇更多依赖于自然资源、历史文化与政策支持。中部地区名山大川众多，是华夏文明的重要发祥地，形成了多元的历史、地域文化，是中华五千年文明的历史缩影。西部地区旅游资源丰富，自然景观别具一格，历史文化悠久而辉煌，兵马俑、莫高窟等一大批文化古迹中外闻名。但由于经济发展的局限性，中西部地区旅游发展型特色小镇前期配套设施建设较为薄弱。随着旅游大环境的发展，此类特色小镇也正不断加大经济投入，完善基础设施建设和旅游配套服务。

（二）产业发展型

产业发展型特色小镇总体数量仅次于旅游发展型特色小镇，但相比之下，它的空间分布更为集中，全国有近一半（45.16%）的省（自治区、直辖市）没有第一批产业发展型国家级特色小镇的分布。产业发展型国家级特色小镇集中分布于胡焕庸线东南部分，形成了以京津冀和长三角为核心的高密度聚集区。这也是辐射面积最大的核密度区，以及以

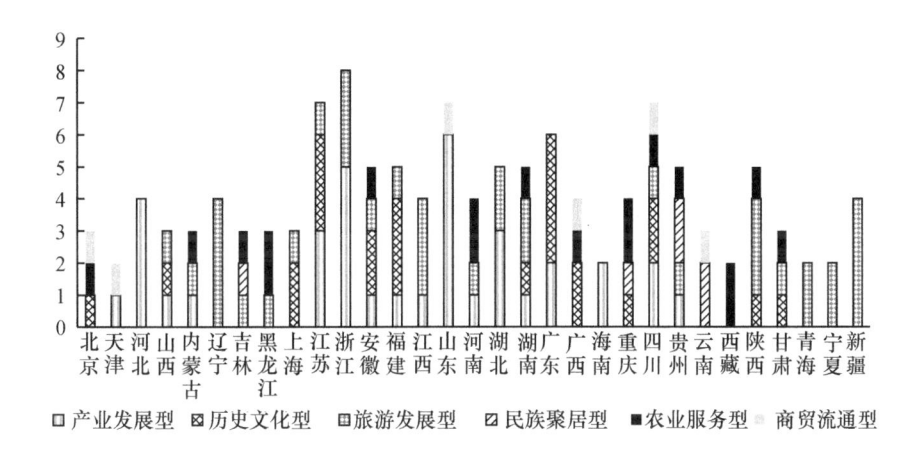

图 3-15　各省（自治区、直辖市）国家级特色小镇产业类型分布

湖北省为核心的次级密集区和以广东、四川为核心的次级聚集区。由此可见，产业发展型特色小镇核密度分布与长三角城市群、环渤海城市群、珠三角城市群、长江中游城市群和成渝城市群所在地拟合程度相当高。城市群正是经济发展和城镇化的主要载体，其经济、产业、人口集聚程度较高，是孕育和发展产业发展型特色小镇的重要区域。

（三）历史文化型

历史文化型特色小镇数量较多，主要分布于东部沿海地区和成渝地区，形成了以长三角城市群、广东省为中心的最高级集聚区，并辐射到福建省和江西省，同时形成了以四川省为核心，包含重庆市、贵州省和甘肃省的狭长的次级集聚区。历史文化的发掘对于特色小镇来说是不可或缺的。历史文化型特色小镇建设过程中需要发挥文化的先导性和引领性作用，通过充分挖掘历史文化资源来彰显地方文化内涵，形成历史文化型特色小镇的特色之源。这些集聚区地域特色鲜明，具有丰富的历史文化资源，拥有传统深厚的文化底蕴，形成了浓厚的文化氛围。在商业化和现代化不断发展的当下，我们要站在保护和传承历史文化的视角进一步推动历史文化型特色小镇的发展。

（四）农业服务型

农业服务型特色小镇虽然数量占比不高，但是其空间分布较为广泛。

农业服务型特色小镇沿"黑河—腾冲"线形成了以四川省和重庆市为中心的高密度集聚区，范围辐射至河南、湖南、贵州等多个地区，表现出连片集聚特征。除此之外，还在东北部地区形成了以吉林为中心的次级集聚区，以及在西藏西南地区形成了次级集聚区。农业服务型小镇往往在传统农业的基础上，结合绿色生态、美丽宜居、民俗文化等特征，使第一、二、三产业融合发展，比如发展现代农业、农产品精深加工业、农业观光旅游等，延长农业产业链。

(五) 商贸流通型

商贸流通型特色小镇总体数量较少，零散分布于京津冀城市群、成渝地区、云南省和广西壮族自治区等地。商贸流通型特色小镇多依靠其良好的区位条件，通过完备的基础设施以及优良的商贸流通布局来推动特色小镇发展。以青岛市胶州市李哥庄镇为例，其地处胶州市东北部，下辖9个社区和5个行政村。李哥庄镇里的假发产业占据全球高端假发市场40%以上的份额，在非裔高端假发市场中占比高达80%。其生产的各种运动帽、休闲帽等占据了全球六分之一的市场份额，其中全球近三分之一的棒球帽从这里诞生，它是"中国制帽之乡"。与此同时，李哥庄镇大力发展跨境贸易，建立的青岛上合跨境电商产业园是集跨境电商贸易、物流、金融于一体的一流产业园区，为企业提供集商务办公、仓储服务、产品展示、技术交流、生活配套、金融服务等多功能服务。未来，产业园将加速全镇假发、制帽、饰品等产业聚集，助力传统产业转型升级，打造国内一流的外贸和跨境电商产业带聚集示范区、跨境电商"枢纽仓"。

(六) 民族聚居型

民族聚居型特色小镇数量较少，主要分布于贵州、云南等少数民族风情资源较为丰富的地区。由核密度图也可以发现，民族聚居型特色小镇形成了以贵州、云南为核心的最高级集聚区，以及以吉林为核心的次级聚集区。民族地区具有丰富多彩、历史悠久的民族文化及风土人情，这是其他地区特色小镇所不具备的突出特征，也是民族聚居型特色小镇的独特优势所在。

第四节　特色小镇发展现存问题

根据特色小镇的自组织性特点，特色小镇一旦形成自我强化的演化机制，就会通过内部要素的整合实现自身结构的有序化自组织发展，进而不断影响和作用于区域经济系统。特色小镇的演化是小镇发展主体生存和发展过程中与小镇内外部环境自主发生相互作用的结果，主体之间通过竞争和合作，促使特色小镇演变成错综复杂而有序的网状集聚体，进而形成复杂的创新网络。[1] 特色小镇演化的目的也是最终走向成熟阶段的创新生态系统模式。但就目前来看，特色小镇在朝着这一目标发展演化的过程中仍然存在一系列问题，亟待改进和完善。

一　形成阶段：缺乏有效的政府制度供给

中国特色小镇的大规模发展源于政府的有效推动，全国绝大多数特色小镇是政企合作发展而来的。但由于中国特殊的政治体制和经济体制，特色小镇在发展过程中存在地方政府大包大揽、政府与市场边界模糊、市场机制扭曲的情况，直接导致特色小镇在行政管理中普遍存在的政企不分、政办不分、政社不分现象以及特色小镇内部管理体制僵化等问题。一些特色小镇在寻找特色产业时，存在以领导偏好替代市场规律的现象；在融资时，也暴露了以政府包揽替代市场化运作的问题。[2] 在特色小镇的发展过程中，政府主导作用应当体现为对特色小镇提供有效的制度与政策，但就目前来看，很多特色小镇以行政法规以及下达行政命令、指示、规定等的方式创建特色小镇，这违背了特色小镇创建的本质。政策推动下的特色小镇快速发展，一大批特色小镇项目拔地而起，庞大的特色小镇数量导致小镇同质化现象严重，特色小镇质量持续走低。

传统市场经济理论强调，当社会比较放任的时候，经济就会自然发展。在特色小镇创建中，要坚持市场主导，强调政府引导。政府引导是要在规划理念、创建目标、生态环境保护和资源节约利用等方面把关定

---

[1] 张敏：《创新生态系统视角下特色小镇演化研究》，博士学位论文，苏州大学，2018年。
[2] 《特色小镇要"特而强"》，《人民日报》2019年1月10日第18版。

向,运用标杆引导,制定共性评价标准,遴选成功典型实例示范,指导特色小镇建设实践。要通过相应政策实施来促使特色小镇内部各组织确信主动自由市场的潜在价值,也就是社会利用有目标的、高效的干预来增强市场效率,由此帮助特色小镇由形成阶段向成长阶段演化。

特色小镇真正的"特"在于城镇本身,要体现以人为本的人居环境,以及"产、城、人、文"深度融合的发展理念。但是,在实践过程中,部分地区仍以开发区、工业园区的传统思维来谋划特色小镇建设,对"产、城、人、文"融合与"三生空间"考虑不足,并未深入挖掘传统产业特色和人文地理环境,而寄望于商贸综合体等项目的新建或重新整合包装。不少房地产企业在寻求转型发展过程当中,以特色小镇建设为由,事实上是搞住宅小区建设和物理空间建设,注重房地产开发,忽略了配套设施建设,也并未对特色小镇的"产业、文化、旅游、社区功能"进行系统性的投资、运营。长此以往,可能存在特色小镇建设过程中形成新的房地产库存的隐患。

将特色小镇培育成为生态、生产、生活"三生"结合的居业协同体,必须以人为本,科学规划特色小镇的生产、生活、生态空间,增强生活服务功能,构建便捷"生活圈"、完善"服务圈"和繁荣"商业圈",促进产城人文融合发展,营造宜居宜业环境,提高集聚人口能力和人民群众获得感。同时,需要避免把特色小镇建成产业园区。很多地方园区发展难以为继的主要原因就在于欠缺生活公共设施与服务的配套。此外,要综合考虑特色小镇吸纳就业和常住人口规模,严控房地产开发,合理确定住宅用地比例,并结合所在市县商品住房库存消化周期确定供应时序。

二 成长阶段:产业协同支撑能力不足

在特色小镇的成长阶段,其主要发展路径是特色小镇"特色产业"的纵向协同。具体就是通过竞争协同,促进知识溢出,提高特色小镇竞争能力;通过文化协同和制度协同,增强特色小镇发展主体间的合作;注重特色小镇内、外部动力协同发展,增强特色小镇组织演化动力,促进特色小镇快速成长。在现实实践中,特色小镇产业横向发展与纵向发展往往是隔离的,呈现线性发展的状态。第一,特色产业的横向线性发展将特色小镇锁定在形成阶段。特色小镇的主导产业通常为产业链单一环节产业,这些产业的研发和产业配套能力有限,往往处于产业链的末端和产业发展的弱势地位,抗风险能力较弱,难以通过产业发展持续性地吸纳劳动力流入,普遍存在人口集聚规模不足、就业人口流动随产业周期性变化的潮汐现象。例如,旅游类特色小镇的旅游活动,大都聚焦在果蔬采摘、乡村观光、餐饮民宿等较为基本的活动,存在低端同质性旅游产品供给过剩而精品式产品供给不足的矛盾,难以满足消费者多样化、个性化、高品质的需求,也不利于产业的转型升级。第二,特色产业的纵向线性发展将特色小镇锁定在成长阶段,无法促使特色小镇向成熟阶段的创新生态系统模式转化。同时,特色产业的线性发展,一方面将生产锁定在"制造"环节,限制了创新的可能性空间;另一方面,产业链式的空间组织不利于要素的流动,特别是关于知识、数据、想法等的流动。这种线性的发展模式无法发挥特色小镇"源创新"的功能。综观世界,能够长盛不衰的特色小镇,必然能够集聚高端要素,充分整合人才资源、资金资源与文化资源,形成强有力的产业增长极和聚合点。

三 成熟阶段:缺乏持续的内部动力

在特色小镇的成熟阶段,构成小镇的内部组织之间形成了良好的协作关系,此时需要关注的就是如何保持这种良好关系的持续存在。但就现实来讲,特色小镇往往缺乏这种持续不断发展的内部动力。主要表现就是,在特色小镇的成熟时期已建立了一套基本的成文法律来规范各组织的所有权和了解各组织的市场行为。但是法律很难涵盖每一种情况,这就需要不成文的、掌控着主体主要行为动机的文化规则填补成文法律和成文合同没有覆盖的空白。特色小镇在这一阶段大多缺乏这种文化规则,缺少执行这些文化规则的行业组织,故难以维持特色小镇创新生态系统的健康持续发展,内部动力不足。我们经常强调,促进特色小镇健康发展,必须坚持发挥市场在资源配置中的决定性作用,坚持政府引导、企业主体、市场化运作的基本路径。但在发挥市场机制的过程中,与发达国家相比而言,中国现阶段行业组织的支撑性还比较弱,行业组织的力量发挥得还不够,而这类行业组织与社会组织实际上在特色小镇成熟阶段将发挥至关重要的作用。除此之外,特色小镇的建设与管理实际上并不只是政府和企业的责任，公共参与也是重要环节。现阶段，很多特色小镇从规划到建设再到运营，均未向公众公开相关信息，公众参与相当不充分，"自上而下""单向投入型"的运行特点突出。[①] 在实际操作过程中，政府民主协调的意识还不够，部分基层政府甚至对公众参与的重要性和必要性持怀疑态度，对公众的主体性地位缺乏明确的认识和定位，代民做主的管理方式仍普遍存在。长此以往，这些将成为特色小镇在成熟阶段持续健康发展的梗阻。

---

① 蔡梅兰：《公众参与视角下提升公共服务有效供给的对策》，《行政管理改革》2017 年第 9 期。

第四章

特色小镇演化的理论创新与实践思考

本章主要从创新生态视阈思考特色小镇的科学内涵，并通过理论创新与思考指导特色小镇健康发展。我们先从一个新的视角，即"行动—规则"的视角去思考空间的内涵，空间本质上就是个体行动以及个体行动协调的产物。特色小镇作为一种社会经济的空间组织，当然也是个体行动与行动协调的产物。本章借用哈耶克提出的市场对个体分散知识利用的理论观点，赋予特色小镇空间的内涵。空间节点或节点空间体现出高密度、高频率的个体行动及行动的协调，这种节点空间可以降低利用分散知识、默会知识、情景知识等成本，同时也有利于推动知识的分工与创造。空间与创新是紧密联系在一起的，创新生态系统本质上是空间创新生态系统。如果从创新生态系统的视阈看待特色小镇的发展和演变，赋予特色小镇创新生态系统的内涵，特色小镇本质上就是一个具有特色的空间创新生态系统。从这个层面来看，特色小镇超越了静态和外生的特点，被赋予了自组织动态的特征，发挥了个体行动及行动协调在特色小镇发展中的作用。在个体行动与行动协调中，知识的创造推动特色小镇产业发展和动态演变。特别重要的是，一般性的规则与制度在协调个体行动与行动协调中发挥重大的作用。特色小镇作为个体行动和行动协调的产物，决定了政府在特色小镇发展中的作用，政府对特色小镇发展的不合理干预是导致诸多特色小镇建设失败的重要原因。

第一节　人的行动与空间秩序

一　"行动—规则"的理论范式

奥地利学派重要代表人物米塞斯在《人的行动》一书中对人的行动进行了系统的理论探讨。他认为："经济学所处理的，是实在的行为。它的定理既不涉及理想的或完全的人，也不涉及荒唐无稽的'经济人'，也不涉及统计概念的'平均人'。每个人都有他的弱点和限度，自己的方式所生活、所作为、所行为，才是经济学的论题。"[①] 主流经济学以"理性人"的假说对人的行为做高度的简化，用事物之间的关系取代"人的行为"之间的关系。但米塞斯从人的行动先验性出发，以个人主义和主观主义的研究方法，建立了人的行动和企业家的理论，赋予经济学研究以动态的视角。在新古典经济学的理论模型中，没有企业家和个体行动的空间，他们都被简化为生产要素。奥派认为促使市场变化的力量来自企业家，企业家是市场均衡的破坏者。米塞斯从广义的角度阐释企业家精神，认为市场中的每个人都有企业家精神："企业家不是某一部分人才具有的特征，而是固有在人们的每一个行动和每一个行动者中的。企业家这个术语在'交换经济'中意味着：唯一地从固有在每个行动中的不确定性方面来看行动的人。"英国著名经济学家沙克尔用不同语言表达了同样的观点，他认为人的行为不是对外部给定环境的机械反映。和多数奥派经济学家一样，他认为企业家行动不应被纳入严格基于理性人的均衡框架进行分析的。[②] 根据米塞斯的行动学，脱离了人的心智，用外部因素来解释世界是不可想象的。米塞斯人的"行动理性"建立在先验论的基础上。奥派另一代表人物哈耶克提出了社会经济发展的自发秩序理论，反对建构的理性。[③] 自发秩序是他对斯密的市场秩序更具体化的阐释。哈耶克曾说："人不仅是一种追求目的的动物，而且在很大程度上也是一种

---

① [奥]弗里德利希·冯·哈耶克：《自由秩序原理》，邓正来译，生活·读书·新知三联书店1998年版。
② 朱海就：《真正的市场：行动与规则的视角》，上海三联书店2021年版。
③ [奥]弗里德利希·冯·哈耶克：《自由秩序原理》，邓正来译，生活·读书·新知三联书店1998年版。

遵循规则的动物。人之所以获得成功,并不是因为他知道他为什么应当遵守那些他实际上所遵守的规则,甚至更不是因为他有能力把所有这些规则形诸文字,而是因为他的思维和行动受着这样一些规则的调整——这些规则是在他生活期间的社会中经由一种选择过程而演化出来的,从而也是世世代代的经验的产物。"[1] 哈耶克认为人是"无知"的,但他并不否定"理性",而是认为人是"理性不及"。"理性不及"不同于"非理性"。他强调人的理性是在规则中习得的。他在《自由秩序》一书中提出,确保自发秩序得以产生的条件是自由、一般性规则与竞争,其中一般性规则居于中心地位。[2] 因此,哈耶克认为,人的理性是从规则中习得的,他的理论是一种"规则理性"。哈耶克的"规则理性"建立在经验主义的基础上。

　　无论是米塞斯"人的行动"理论还是哈耶克"自发秩序"的理论,都强调了动态的"市场过程"。这也是奥地利学派不同于主流经济学的重要特点。以"动态"代替"静态",以"过程"代替"均衡",这是奥派经济学与主流经济学的最大区别。拉赫曼认为,市场过程是奥派最核心的概念,市场过程观念会深化对市场的认识。市场过程是由一系列变化构成的。哈耶克还认为竞争是一个发现的"过程",而静态分析把市场这一最重要特征排除了。新古典经济学的均衡理论认为,市场达到均衡,非均衡的力量会消除,而奥地利市场过程理论认为在任何时刻,非均衡力量都不可能消除。奥派经济学家认为研究市场重要的不是分析某一状态,而是关心促使市场连续变化的力量以及产生这种力量的原因。因此,奥派理论非常重视时间,但它的时间观不同于牛顿的时间观,更多体现一种差异的时间观,带着个体体验变化的时间观,比如从时间维度分析利息和资本内涵,但却忽视了空间维度。时间变化代表了动态过程,但所有过程都应是时空的,没有空间过程如何会有时间过程?市场过程又如何能离开空间维度呢?个体行动和行动的协调怎么能离开空间维度呢?当然,哈耶克提出的个体知识、分散知识、情景知识、默会知识包括他

---

[1] 陆大道:《区域发展及其空间结构》,科学出版社1995年版。
[2] 陆大道:《论区域的最佳结构与最佳发展——提出"点—轴系统"和"T"型结构以来的回顾与再分析》,《地理学报》2001年第2期。

的扩展秩序等都具有空间维度，但他仍然没有将其上升为和时间一样重要的高度。如果赋予人的行动和行动协调以空间维度，就可以从人的行动视角赋予区域发展空间结构的本质内涵，即区域空间结构是个体行动和行动协调的产物。

中国奥派经济学家朱海就综合了米塞斯的"人的行动"理论和哈耶克"自发秩序"的理论，提出"行动—规则"的理论范式。他不仅仅是对两位奥派代表性人物理论的简单综合，而是看到二者理论的统一性和互补性，建立了一种更好地解释现实世界的理论范式。从"行动—规则"的视角去思考区域经济的空间结构理论，一方面，通过个人主义和主观主义的研究方法论，赋予区域经济发展空间结构和空间过程的主体性，揭示区域空间结构建立在微观个体行动和行动协调的基础上，为区域发展空间结构理论建立了重要的微观基础，赋予企业家在区域经济发展过程中具有重要的作用；另一方面，人的行动协调需要规则，从一般性规则的视角去思考区域经济发展的空间结构理论，赋予一般性规则在区域发展中的重要性。一般性规则，比如产权、价格、法律、制度等都是内生于个体行动和行动的协调，只有从演化的角度才能理解产权、价格等一般性规则的内涵，以及这些规则对于个体行动协调的重要性。个体行动只有遵循一般性规则才能形成自发的空间秩序，从"行动—规则—秩序"三位一体的角度才能深刻理解空间结构和空间过程的内涵。主流经济学提出"经济人"的假说，舍去了空间的差异性，扭曲了人的本质，把人设想为一个一切都安排好的、机械的"理性人"。伴随对理性人的假设，自然也舍去了空间差异性和动态的空间过程，留下一个时间和均质空间的概念，把复杂的经济问题变成一个求"最大化的问题"。把空间看成一个均质的、没有差异的空间，这种空间观就是牛顿的绝对空间观，它是与理性人的概念对应的，是与"均衡"概念对应的。但真实人的行动对应的是差异空间，以及差异空间相互作用的动态的空间过程。空间差异是一个综合的概念，既包含一种自然的差异性，也包含社会经济的差异性。社会经济差异性包含制度、规则、文化环境等差异性。制度与规则都是与具体空间联系在一起的，它是在具体空间中大量个体行动及协调长期演变的结果。因此，需要突破牛顿的绝对均质空间观，也就是突破主流经济学的理论范式，从"行动—规则"的视角去揭示区域经济的空间结构和动态空间过程的本质内涵。

二 "行动—规则"与空间秩序

奥派经济学家柯兹纳认为企业家的活动是驱使市场"趋向均衡",这是他的很著名的观点。他认为,在一个真实的市场中,由于"知识的局限性"和"非完全预期",人们在市场中容易"犯错",完全的协调不可能实现。我们可以把没有实现的协调比喻为"鸿沟",发现"鸿沟"也就是发现了"利润机会"。由于企业家的"警觉",他们不仅能发现错误,获得利润,而且能从错误中学习,纠正错误,缩小或减少鸿沟。均衡只是一种趋势,不可能实现,因为"鸿沟不可能完全消除"[①]。奥派市场过程的观点给我们以启发,这种市场过程也应该有空间维度。空间结构与空间过程的统一,空间过程本质上也是一种市场化的、非均衡的过程,这种过程是个体行动者和行动者行动的协调过程,空间过程是一个非均衡的过程。在这个非均衡的过程中,企业家发现机会和创造机会就成为推动空间过程的重要动力。如果从柯兹纳的角度去看区域发展空间格局的形成,空间格局就是企业家和个体行动与行动协调的产物,空间过程本质上就是个体的行动和行动的协调过程。

从"行动—规则"视角更加深刻地认识空间秩序形成的本质,我们就会得出它是自发演化所形成的,不是人为设计出来的,是大量微观个体行动者行动协调的社会劳动分工在空间上的投影。如果不能从"行动—规则"的角度看这个问题,就容易导致一种"致命自负",认为主观认识可以设计出一种空间秩序和格局,并据此指导实践。这样设计的空间格局因为没有建立在微观行动者的基础上,往往会违背市场经济发展的规律,必然是没有生命力的,是不可持续的,会带来巨大的损失。区域发展的空间秩序和空间过程应包含一种行动、规则和秩序三位一体的内涵,缺一不可。

综上所述,从"行动—规则"的视角去思考区域经济等问题,应有三方面的启示:第一,自下而上形成秩序的过程要高度强调市场主体的

[①] 陆大道:《论区域的最佳结构与最佳发展——提出"点—轴系统"和"T"型结构以来的回顾与再分析》,《地理学报》2001年第2期。

作用。在区域发展中，在很多情况下，我们忽视了主体特别是企业家的创造作用，只看到区域发展的宏观方面而忽视微观层面个体行动协调的诉求，违背了市场的规律。第二，要对主体行动者及行动协调所带来的空间秩序和空间格局给予尊重。大的空间秩序和空间格局是长期演化的结果，具有相当程度的稳定性，不宜人为去改变。第三，要深刻地认识到联系个体行动与秩序之间的一般规则的重要性。没有一个基于市场的一般性规则的协调，就不能有效地推动行动者的行动，以及由此协调形成的空间秩序和格局。没有一般性规则的支持，市场空间秩序的扩展就不可能形成。比如，区域一体化本质上就在于形成一体化的规则，只有一体化规则才有一体化市场。如果地方政府职能不能转型，都站在地方利益的基础上，就不可能形成基于一体化的市场规则。这种规则不能形成就会扭曲要素结构，进而扭曲个体的行动，不利于形成最佳的空间秩序与格局。

三 对分散知识利用和创造与空间增长极的形成

事物向某一核心集聚是不以人的意志为转移的客观规律。区域发展呈现出不平衡的规律，区域增长极对区域发展起到重要的作用。增长极具有极化效应和扩散效应，这是从空间过程来解释增长极的内涵。但增长极是如何形成的？为什么事物向某一点集聚？在集聚的过程中，可以有效地降低交易成本，在频繁的交易和交流过程中也形成一种分工学习效应，特别是在这种集聚成点的过程中形成一种规模报酬递增效应。克鲁格曼从规模报酬递增的角度解释了区域中心的形成，突破了主流经济学规模报酬递减理论的局限性，运用规模报酬递增的理论科学地揭示增长极不断演化。我们认为，从"行动—规则"的视角，以及哈耶克提出市场对分散知识利用和创造知识的角度，可以给增长极赋予更加深刻的解释。个体行动及行动协调所形成的社会分工的空间维度首先应该表现在空间集聚所形成的增长极上。哈耶克提出个体所拥有的知识具有分散性特点，认为只有市场才能有效地利用分散在个体身上的知识。社会分工本质上是知识的分工。因此，可以从对个体分散知识和默会知识、情景知识利用的角度思考增长极的产生和发展演化。要素在向点状集聚过程中形成社会分工，这有利于对个体分散知识、默会知识的运用和创造。

同时，增长极中的个体行动和行动协调的动态过程就是利用和创造信息与知识的过程等。在这个市场化的空间过程中，对于个体行动者而言，集聚更有利于自身的选择和行动；对于企业家来说，会发现更多潜在的机会。在行动者和行动协调博弈的过程中，一般性规则产生及其不断演化有利于个体的行动和协调。因此，在集聚过程中，一方面，有助于个体对分散知识的利用；另一方面，个体行动和行动协调会产生大量的默会知识、新知识、新机会等。这对于个体而言能更好地实现自己的目标和改变自身的处境，企业家能够通过这个过程把握机会以获取更多的利润。更为重要的是，空间集聚推动个体交易和交流的博弈，有利于一般性规则的形成以协调大量的个体行动。这些能更好地解释大量个体行动为什么会呈现点状集聚，事物为什么向核心集聚是不以人的意志为转移的客观规律。一旦集聚形成了增长极，就会通过规模报酬递增的效益不断强化，也会逐渐通过扩散效应等衍生新的增长极，进而形成一种空间体系。以上是通过"行动—规则"的视角对增长极的产生给出的合理解释。我们认为，个体行动和行动协调推动空间组织的形成，从对知识利用特别是知识创造的角度思考当前特色小镇的发展更具有重大意义。第一，要凸显特色小镇的空间主体性。我们很多关于特色小镇的研究忽视了主体，特别是忽视了企业家在特色小镇中的创造性。第二，体现了特色小镇发展中呈现出复杂的生态系统（创新生态系统）特征。在这个过程中，个体的创造性与整体的创造性相统一，即由单个主体到创新生态系统的演变，这个演变的过程也体现了规模报酬递增的效益。第三，在特色小镇的演变过程中，要看到无形的制度和规则的内生性，以及其动态的演变性。这对于个体特别是企业家的创造性以及分工所形成的整体网络都具有非常重要的意义。

第二节　创新生态系统视阈下特色小镇的科学内涵

以上从"行动—规则"的视角分析了空间节点或增长极的形成，特色小镇就是一种空间节点或者增长极。因此，从"行动—规则"视角去揭示创新生态系统和特色小镇的形成与演化就具有非常重要的意义。特色小镇作为一种空间组织形式，个体行动和行动协调推动特色小镇的演化，形成社会分工和知识分工的网络，并逐渐演化为较为复杂的创新生态系统。在演化过程中，它体现了人们对信息特别是默会知识的利用和创造，这种利用与创造是推动特色小镇演化的深层动力。特色小镇是基于自组织动态演化特色化的创新生态系统。在这个演化的生态系统中，表现出几个重要的特点：一是演化过程是对知识和信息利用与创造的过程，特色化只是一种外在的体现。二是特色小镇创新生态系统强调演化过程中的主体行动和创造性。政府对于经济发展的认识往往忽视了主体的重要性，特别是企业家在特色小镇的发展和演化中起到决定性作用。三是特色小镇作为一个动态演化的生命体系，拥有重要的整体共创价值，这种共创价值是基于特色小镇在主体协同过程中所形成的合作的规则体系和深层文化生态。因此，特色小镇从产业、空间、规则、文化等不同层面都体现着特色。这一特色不是静态的自然禀赋，更应该体现一种动态的创造。

一　特色小镇是一个演化的动态的生态体系

特色小镇包含着大量个体行动以及行动的协调，其形成是一个动态的演化，不是一个静态的空间容器。我们要赋予特色小镇动态的演化过程，从对个体拥有的分散知识、信息的利用与创造过程中去思考特色小镇的发展。特色小镇不是一个黑箱，不是一个机械体系，而是个体行动和行动协调所推动的生态体系。这里也可以使用生命体系，主要是为了凸显人类个体所组成的生态系统与自然生态系统的区别，自然界包含大量的动物与植物，它们都是无意识的，没有目的和手段，都是对环境被动的适应性，但人类可以是一种创造性的适应。组成特色小镇的大量个体都是有意识、有目的和有手段的，而不是像机器体系的组成部分不会思想，没有目的和手段。所以，从这个角度来看，特色小镇就是一个动态的生命体系。对于一个生命体系（创新生态系统）而言，其发展的根本动力来源于其内生动力，即来源于个体行动及其协调的推动。生命体系不是一个静态的机械体系，机械体系只会按照投入和产出的逻辑去思考，就会忽视大量经济主体的创造性，特别是大量个体行动及其协调所创造的信息与知识的动态过程。分析特色小镇相关文献就会发现，学界对特色小镇内涵的理解并没有抓住它的本质，特色小镇不是一个简单的空间形式或者容器空间，特色也不是一个天然的禀赋，而是演化出来的，也是企业家创造出来的。特色小镇是产业发展的一种空间组织形式，这个空间组织的本质是什么？仅用产城人文的组成要素难以表达它的内涵。如果从创新生态系统的视角来看特色小镇，人们可以更深刻地理解特色小镇是一个生态体系。这个生态体系演变的内生动力就是个体的行动和行动的协调，这种行动协调的一般规则是特色小镇动态演化的重要基础。因此，无论是从创新生态系统角度还是从"行动—规则"的角度去思考特色小镇，人们都可以抓住特色小镇和创新生态系统的本质。把一个复杂的、不确定性的、创造性的生态系统简化为机械性系统，误以为部分和部分的相加就等于特色小镇，这种观点具有机械性、片面性。很多地方政府认为可以打造一个特色小镇，就是把传统发展经济思想即"三驾马车"的理念运用到了特色小镇上，这必然导致失败的结局。在传统城镇化过程中所犯的错误在特色小镇发展中又有出现，比如特色小镇的房地产化、特色小镇的产业发展动力不足、特色小镇建设的同质化和创新不足，等等。这些都是从根本上违背了特色小镇是一个演化的生命体系的规律。政府作为体系中的一个组成部分忽视了特色小镇的形成本质，作为一个生态系统，它从根本上是不能被打造的，只有尊重大量个体的行动和行动的协调，尊重特色小镇发展的内生规则和秩序，才能够促进特色小镇的良性发展。

二 特色小镇作为一种空间组织体现着对内生知识和信息的利用与创造

特色小镇是个体行动和行动协调的产物，个体交流和交易的过程是一个利用信息和知识的过程，同时也是创造信息和知识的过程，对知识和信息的利用与创造是推动特色小镇不断发展和动态演化的内生动力。因此，对于特色小镇的发展，不仅要透过演化视角，还要在演化过程中突破物的层面来分析，要认识到特色小镇的演化是大量个体行动及协调中对分散知识、默会知识、情景知识和信息的利用和创造所推动的，在这个过程中包括了协调各主体之间的规则演化。个体行动和行动的协调所推动的社会分工网络由简单到复杂是一个动态的演化过程，这也是特色小镇创新生态系统的生成过程。在上文的分析过程中，第一，强调空间的本质就是个体行动与行动的协调,强调了空间过程中主体的作用。在传统经济学中,没有经济发展的主体概念,也没有企业家的概念,但熊彼特从企业家的精神特别是创造的精神分析了资本主义的周期性。这个分析代表了人类社会动态发展。人类经济体系不是一个机械的体系,企业家的创造性是人类经济体系最具决定性的力量。第二,在特色小镇这个生命体系中强调整体性,换言之,个体之间的协调所形成的分工秩序是人类经济体系演变的底层逻辑。第三,强调个体行动协调一般性规则的重要性。在特色小镇的演化过程中,我们要高度重视这三个方面。如果我们能够深入认识到要基于对内生知识和信息的利用与创造的角度去思考特色小镇,就能更加深刻地理解特色小镇特色的本质来源于内部的知识利用与创造。就像人的气质一样,不是基于他的外表,而是基于他内在的修养与创造。特色小镇不是一种天赋的自然特性,而是基于企业家等个体的创造性,以及企业家对小镇人文、自然等要素的利用。特别是进入信息和知识经济时代,特色小镇作为整体经济转型和创新的重要载体,决定了其个体行动和行动协调对知识利用与创造过程的重要性,对知识利用和创造的过程也是特色小镇特色品牌塑造的过程。

三 特色小镇发展重要的主体是企业家

熊彼特明确地区分了两种人类经济活动:一种是适应性经济行为或反应,另一种是创造性的经济行为或反应。熊彼特认为,创造性的经济行为从根本上是无法预测的,因而充满不确定性、突变或惊奇,它们才是改变和塑造一个经济体、一个产业和一个企业长期趋势和面貌的根本力量。创造性经济行为的发生依赖一些特殊个人的远见卓识和领导力量。正是他们的远见卓识和领导力量改变了人类社会和经济的面貌,让人类经济向更新、更好和更高层面不断迈进。没有那些特殊的个人远见卓识和领导能力,那些划时代的新经济、新产业和新企业就永远不会产生。熊彼特说:"创造性经济活动是整个人类经济发展历史长河中最具决定性的因素,没有所谓的任何历史决定论的信条能够阻挡这历史的真正决定性的力量。"[1] 这一段话暗示了特色小镇的创新发展要从企业家精神和企

---

[1] 向松祚:《新经济学》,中信出版社2020年版。

业家创新的角度去思考，要跳出政府打造特色小镇的思维框架。对成功的特色小镇进行分析，我们会发现企业家在特色小镇发展中的历史性贡献和作用，以及在特色小镇发展中所形成的创新性的精神文化。

2006年诺贝尔经济学奖得主、哥伦比亚大学的埃德蒙·费尔普斯教授数十年致力于研究创新和经济增长。他在专著《大繁荣》中将文化氛围或创新文化生态体系置于创新经济体系的核心，这在经济学传统里非常少见。迷恋实证经济学的学者往往认为文化"看不见、摸不着"，无法实证，难以成为任何重要经济现象的解释变量。然而，任何深入研究硅谷和其他创新活力中心的学者都会得出一个结论：一个充满活力和无限可能性的文化生态系统才是创新活力之源。[1] 今天无论是凯恩斯主义还是货币主义、新凯恩斯主义、理性预期学派和新古典学派，都无法为全球经济复苏和持久增长提供有用的思想。结合熊彼特企业家精神和企业家创新的理论观点与埃德蒙·费尔普斯"创新文化生态体系"的观点，我们发现，企业家精神和企业家的创新对社会经济发展具有极端重要性，但企业家精神和创新又不是无缘无故就有的，它需要一种创新的文化生态体系。因此，在研究特色小镇的时候，把特色小镇比喻为一个生命体系或创新生态系统时，我们必须看到物的背后人的因素，特别是创新和企业家精神以及企业家精神背后的文化生态。一些具有创新性观念的企业家自然就会形成创新思想，然后将创新思想化为创新性的行动，打造具有创新性的企业，这些创新性的企业集群就会形成创新性的产业。这无疑会形成市场差异化的竞争力。在发展比较好的特色小镇中，我们一定会看到一些具有创新文化和开拓精神的企业家集聚，也能够看到良好的创新文化生态体系。

四 特色小镇体现出一种共创价值的生命体系

从"行动—规则"的视角去思考特色小镇的演化，体现出一种共创价值的生态逻辑，以及一种竞争与合作的生态逻辑。这一点就是上一章谈到的创新生态系统理论所揭示的共创价值。这种逻辑基于个体行动与行动协调，在不断演化的过程中体现出个体理性与整体理性的统一、个

---

[1] 向松祚：《新经济学》，中信出版社2020年版。

体价值与群体价值的统一，是一种集体企业家精神的体现。这个过程需要一种长期演化才能突破个体理性和集体理性的悖论。正是从这个层面来讲，本书从创新生态系统的视阈分析特色小镇的演化机制，认为特色小镇就是一个创新生态系统。在阐述特色小镇发展的理论基础时，我们提到了复杂性理论、演化经济学理论、产业集群理论等。这些理论具有共性，超越了传统主流经济学理论，能够较为科学地理解特色小镇的发展及其科学的内涵。同时，在复杂性理论、演化经济理论、产业创新集群理论的基础上，又要超越这些理论，也就是赋予这些理论"行动—规则"的视角，体现了区域经济发展的主体性，尤其是强调企业家精神和创新在特色小镇演化中的重要性。此外，还要强调创新文化生态系统的重要性，即深层的一般性规则和文化基因的重要性。总之，从创新生态系统的角度思考特色小镇演化机制是本书研究的出发点和归宿。我们要认识到成功的特色小镇一定表现为一种创新生态系统，其发展一定来源于内生动力，同时对于外部环境的变化又具有弹性和柔性，具有创造的适应性。特色小镇无论从有形还是无形层面都体现着一种特色，这种特色来源于集体企业家的创造。

第三节 不确定性环境下特色小镇的适应性

上一节主要从"行动—规则"的视角对特色小镇的科学内涵展开思考，当然并不是对特色小镇进行科学的定义。特色小镇不是一个机械体系，而是一个动态演化的生态体系。既然是一个动态的生态体系，那么对于特色小镇最大的特点就是其动态的演化性。一个特色小镇停止了演化，就意味着它的衰落。创新生态系统视阈下特色小镇的演化，其根本在于提升特色小镇的创新力，使得特色小镇更加富有特色，以特色来提高小镇的竞争力。作为一个生命体，特色小镇的演化表现在两个方面：第一，就是特色小镇所面临的外部环境的不确定性增强；第二，就是面临不确定性的外部环境特色小镇的灵活性和创造性应对。这两个方面又是统一的。在当前的背景下，特色小镇存在具有合理性。从对特色小镇的布局、发展活力等进行分析，我们可以清楚地看到，特色小镇的整体分布与中国经济的布局是一致的，要在分布特征的基础上看到地理空间对特色小镇发展的重大作用。如果政府不顾客观条件打造特色小镇，就可能失败。研究特色小镇的演化以及适应性，就是在尊重特色小镇空间布局规律的基础上促进特色小镇健康发展。

一　特色小镇对不确定性环境的创造性适应

进入后工业化社会，传统工业化时代标准化、规模化、同质化的思维让位于个性化、小众化、差异化的逻辑，对于空间演变应该遵循这样的逻辑。特别是在不确定性的环境中，特色小镇以其本身在产业上的特色化以及小而专所带来的灵活性使其在不确定性环境下仍然具有强大的生命力，它的这种空间组织更适应信息时代发展的要求。我们不能因为当前很多特色小镇失败就否定特色小镇存在的合理性和其本身所具有的生命力，反而需要反思失败的特色小镇是否真的属于特色小镇，或者在这个过程中政府起到了什么样的作用？在信息化时代，特色小镇的适应性和柔性主要依靠它的特色，没有特色的小镇也就失去了生命力，而特色来源不是天赋而是创造，不是外生而是内生，不是建构而是演化。因此，我们必须深刻反思特色小镇的实践，在反思的基础上进行理论创新具有重大的现实意义。特色小镇的演化不是简单的适应型演化，而是一种面对不确定性环境的创造性适应。这也是在对特色小镇内涵的界定时我们所看到的。特色小镇是个体行动和行动协调的产物，企业家精神和创新对于特色小镇的演化起到极其重要的推动作用。特色小镇作为一个生态体系，它会根据环境的变化来调整其内在的结构以及个体的行动和行动的协调。

二　特色小镇演化重要的米源是创造力

以上提出特色小镇的灵魂就是特色。在当今的发展阶段，特色差异就是提高竞争力重要的体现，竞争的最高境界就是"无竞争"。特色不是天赋的，特色来源于个体的想象力和创造力，还来源于生态系统的协同力和竞争力。对于特色小镇来讲，它需要个体的创造力和生态系统协同力的高度统一。创新生态系统视阈下特色小镇的演化就是通过创新生态系统创建提升特色小镇的特色。对于特色小镇的理论创新，最根本的就是要突破只见宏观不见主体、只见物不见人、只见有不见无的传统思维，要从"行动—规则"的视角去凸显特色小镇发展的主体性,特别是要将创新与企业家精神置于特色小镇发展的中心。特色小镇的特色不是一个静态的自然、文化、空间等要素加总构成的,这些要素只能是静态的资产,能否将这些资产转化为资本,需要良好的法治环境。在这样的环境中,发挥企业家的创造力,将其转化为资本和产业,才能形成一种动态的特色。因此,这种特色的本质是企业家的创造力对要素资产的组织,并形成一种市场的竞争力。特色小镇的创新环境非常重要,良好的创新环境建设中,政府扮演的是服务角色。如果政府不遵守市场规则,对企业运营起到干扰的作用,破坏各种主体之间形成的创新环境,特别是干扰企业家在不确定性环境中对未来的正确研判,使得企业家不能很好地发挥企业家创新精神,这样的特色小镇即使在历史演变中形成了"特色",也将会失去特色和活力。特色小镇特色的形成,或者它的竞争力来源于企业家的创造力,以及个体行动及其协调,而企业家创造力和个体行动的协调又来源于法治化的创新环境,进而形成具有特色的产业体系,特色化的产业体系又形成创新生态系统。这个分析是从微观到宏观、由下到上的逻辑,但最终的竞争力体现在生态体系的竞争力上,差异化也表现为一种生态系统的差异化。如何理解特色小镇的特色?特色是灵魂,不是静态的,而是动态的。特色深入到了它的产业、它的创新生态系统,或者最后到特色的文化生态,等等。回顾失败的特色小镇,最可能就是没有灵魂,即没有形成具有特色的竞争力。因此,特色小镇的特色首先来源于多种主体,或者是一些卓越的企业家的创造性所形成的特色产业、特色产品、特色品牌、特色文化和特色生态。对特色小镇"特色"的理解,应当具有多元性,进而让特色在不同的层面表现出来。

三 一般性规则制度极大地提升特色小镇的适应性

从"行动—规则"视角去思考空间组织的内涵,个体行动的协调依靠的主要是一般性的规则。这种一般性规则不是政府刻意设计出来的,而是演化出来的。特色小镇作为一个大量个体行动和行动协调的空间组织,它之所以不断地发展和演化,其中一个很重要的内生变量就是个体之间协调的一般性规则的存在,比如基于合作和竞争的市场规则、价格、专利、私有产权等。这些规则能够激励个体的创造力,并且在个体之间形成协同共创价值等。因此，没有这种一般性规则的存在，就难以有特色小镇特色的存在，特色小镇就很难适应环境的变化。特色小镇从外部呈现出一种特色，但支撑其发展的深层制度则体现为一种一般性规则的建立。一般性规则与政府的政策不同，朱海就教授根据这个区别划分了两种经济学：一种经济学把人视为真实的人，他是有目的的，能够行动，能够选择，能够发挥自己的才能去追求自己的目标，由此经济政策（改革）的目标应该是纠正阻碍他选择的制度，扩大个体选择的范围；另一种经济学是没有把人视为真实的人，而是视为"理性人"或"经济人"，他不是行动主体，他的行动是"被决定"的，这样个体的效用被认为可以由独立于他的目的或选择的事物（如政策）所决定，"价值"就不再被视为与个体的选择相关的概念，而是被认为可以用统计数据或整体目标来表示它。这就为从统计数值出发，实现整体目标的政策提供了"依据"。现在，很多地方的特色小镇变成了一种运动式、"一窝蜂"式发展的特色小镇，对特色小镇的考核也是把其指标化和定量化，从整体指标的角度衡量特色小镇的发展，根本没有看到特色小镇真实主体的存在。从以上分析可以看到，特色小镇发展最根本的在于其内生性，很多看不见的东西比如创造性的文化生态是根本没有办法指标化的。如果把特色小镇过于指标化，就会使特色小镇作为一个创新型生态体系的特点不再明显。

四 特色小镇演化具有不确定性

既然特色小镇是一个生态体系而不是机械体系，那么其发展和演化就带有一种不确定性。从大环境来看，世界的发展也具有不确定性。从国内来讲，毫无疑问，它已经从廉价要素支撑的发展阶段进入了创新驱动的阶段。特色小镇的提出不是空穴来风，它是从浙江长期以来的块状经济和特色经济中总结出来的一种发展模式，发展特色小镇的目的也在于进入新的历史发展阶段，要依靠特色小镇进行转型和创新。很多地方领导没有清晰地认识到这一点，更没有认识到特色小镇的本质内涵，仍然按照传统的"三驾马车"发展逻辑去思考和发展特色小镇，认为特色小镇就要按照政府指定的方向发展。这是对特色小镇内涵的极大误解。如果从生态体系的层面去理解特色小镇，需要从一个简单的层面进入特色小镇的本质。特色小镇是个生态体系，从个体行动和规则的角度谈到特色小镇本质凸显了"无"的东西之重要性，即对分散知识和信息以及对默会知识的利用和创造，以及特色小镇内个体行动和协调的制度规则之重要性，这些东西是根本看不到的，而且也无法清晰地量化和掌握，但却是小镇演化最重要的软性基础。如果从这个"无"的角度来看，政府就根本无法左右特色小镇的演化方向。特色小镇以创新为己任，环境的不确定性决定了个体行动和行动协调的不确定性。例如企业家在不确定性的环境中对未来的研判等，就决定了特色小镇必须突破确定性的规划范畴去规划未来。特色小镇的内涵决定了特色小镇演变方向的不确定性，正是因为特色小镇面临着环境的不确定性，它更要强调个体行动和行动协调的重要性，强调企业家精神和创新在特色小镇动态演变中的重要性，以及在协调个体行动中一般性规则的重要性。

第四节 "行动—规则"视角下对特色小镇实践的思考

本节主要是在对特色小镇内涵解读及其演化适应性的基础上，对这些年中国特色小镇实践进行理性思考，主要包括对成功的特色小镇的经验分析，以及对失败的特色小镇的教训分析，并提出特色小镇健康发展的一般规律。以上分析都是基于前面提出的"行动—规则"的视角，失败的特色小镇一定是违背了"行动—规则"的基本理论规律。除此之外，特色小镇空间布局具有极端的重要性，中国经济发展的空间布局基本框定了特色小镇的分布和发展活力。很多政府违背了特色小镇的空间分布规律，这也是一些特色小镇失败的重要原因。本节既是对上一章特色小镇问题的深化，也是对于后面章节在"行动—规则"理论创新基础上进一步深化实践的必然要求，起到承上启下的作用。

一 "行动—规则"视角下特色小镇成功的原因分析

特色小镇是在创新驱动发展的时代背景下，为服务特色新兴产业而诞生的全新空间载体，是个体行动和行动协调的创新生态的自组织系统。这个自组织系统能够健康发展，往往需要深厚的产业基础、灵活的市场机制、政府的科学引导与对小镇的精神认同。

第一，成功的特色小镇必须有积淀深厚的特色产业。综观当前特色小镇的发展情况，浙江省、广东省、江苏省等特色小镇发展态势良好，与这些地区具有深厚的产业积淀是分不开的。浙江省民营经济发达，形成了众多块状产业、特色产业，百亿规模的"块状经济"产业集群达300多个。这些块状特色产业虽说规模不大，但是其市场占有率较高，例如诸暨袜业、上虞伞业等。众多生产要素集中在一个块状区域，通过产业间的融合、产业内的融合、产业发展与城镇空间布局之间的融合，实现产业发展和城市建设并驾齐驱，进而形成特色小镇。① 江苏、广东等省份也具有此项天然优势，例如佛山陶瓷、深圳 IT、南通家纺和泰州医药等。这些产业集群是特色小镇发展的动力源泉，产业集群背后是企业家对利润的追求，以及大量微观个体行动和行动协调的产物，即各种不同个体之间的分工与合作。在这个密集的产业分工中，事实形成了对个体分散知识的利用，以及在产业集群中创造新知识和形成大量看不见、摸不着的默会知识。

第二，必须有灵活的市场机制和一般性的规则。特色小镇在建设发展过程中要充分发挥市场在资源配置中的决定性作用。其发展如果只是靠政府提供资源而缺乏市场基础，那么特色小镇的发展必定不会持续与长久。灵活的市场机制是特色小镇的活力因子，在发展中要充分发挥企业和企业家的主体作用，坚持政府引导。浙江乌镇被誉为"特色小镇蛋糕上的红樱桃"，是资本运作的成功案例。这种以市场为主体的灵活市场机制，使得无论是镇内原住民还是游客，"都能在传统的外观中，享受到现代化的生活"。一般性规则内生于大量个体的行动和行动的协调，以及相互交易和交流的过程中。因此，灵活的市场机制和一般性的规则是特色小镇产业集群存在的重要制度基础。凡是成功的市场机制无一不是依靠市场机制，同时一般性规则在协调大量个体行动之间的分工上发挥着重要的作用。凡是失败的特色小镇，我们很难在其中看到一般性规则所发挥的作用，特别是政府会干扰市场发挥作用。

第三，必须有政府的科学引导与政策支持。适度科学的政府扶持能

---

① 苏斯彬、张旭亮：《浙江特色小镇在新型城镇化中的实践模式探析》，《宏观经济管理》2016 年第 10 期。

够有效激发特色小镇的建设活力。政府在特色小镇规划与培育的科学引导作用更多应当体现在前期规划与后期动态监管作用的发挥上：在小镇规划初期可根据当地社会经济发展规划与国土空间规划对方案的科学性、可行性进行研究论证；在特色小镇发展后期应当及时跟进小镇发展情况，对小镇进行定期评估。在政策支持方面，政府应当更多关注小镇在发展中遇到的切实困难，如投融资问题，并给予积极的政策解决方案。以浙江省为例，浙江省在特色小镇发展上出台了多项政策，旨在推动"产、城、人、文"融合，着重解决空间资源瓶颈、产业转型升级和如何推进新型城镇化问题。浙江省政府对于特色小镇的管理目前已形成了一套完整的管理办法、申报奖励制度，对于完成目标的特色小镇，给予用地指标奖励和财政收入返还，优先申报国家和省里的改革试点。不过，政府引导虽然很重要，但政府不能越俎代庖，不能代替市场的主体作用。总之，在特色小镇发展中，政府需要深化"放管服"改革：放就是要放出市场的活力，管就是要管出市场的公平，服就是要服务出市场的效率。

第四，认同特色小镇精神是非常重要的。在当今城市化进程快速推进、城市建设千篇一律缺乏内涵、城市治理简单粗放、各种城市病蔓延丛生的背景下，特色小镇凭借独有的风貌和文化特点，在产业与文化传承中独树一帜。国家四部委联合发布了《关于规范推进特色小镇和特色小城镇建设的若干意见》，其中提出要注重打造特色鲜明、三生融合的特色小镇。这一方面说明特色的文化能够赋予小镇这一人群共同体以独特的认同感或内在的灵魂，另一方面说明摊大饼式的单纯复制已经越来越满足不了逐渐差异化的人群的差异性需求。[①] 特色小镇内独特的文化和资源禀赋是历史发展的结晶，是当前差异化人群在差异性需求背景下的共同精神追求。正是这种独一无二的文化核心竞争力，才使得特色小镇拥有了源源不断的生命力。对于特色小镇，我们不能简单地从物的层面去认识，要上升到精神和价值层面。小镇的人文内涵和创新环境是个体行动和行动协调的产物，反过来这些精神财富又反作用于个体行动。

成功的特色小镇在产业上一定表现为特色，特色内生于产业发展，

---

① 周晓虹：《产业转型与文化再造：特色小镇的创建路径》，《南京社会科学》2017年第4期。

如果再深化分析，特色就是企业家的创造，是大量个体行动和行动协调的产物，不是一种自然禀赋。同时，特色小镇应该体现一种有形的产业产品的特色，而这种特色又来源于一种文化生态系统的特色。总之，成功的特色小镇一定是一个创新生态系统，处于动态的演化过程中。

二 "行动—规则"视角下特色小镇失败的原因分析

我们在看到一些特色小镇推动了经济增长的同时，也应注意到有相当数量的特色小镇发展难以为继，造成了大量的资源浪费，为经济社会发展带来了负面影响。从"行动—规则"的视角去分析特色小镇的失败原因，最根本的就在于特色小镇没有形成一种个体行动和行动协调的自组织系统，同时缺少一般性的市场规则，没有充分地协调好个体行动，未能形成具有特色的产业分工和产业集群，让特色小镇缺失了发展的动力源泉。

第一，缺乏"产、城、人、文"深度融合的发展理念。特色小镇的产业定位影响着其核心竞争力与可持续发展能力，没有产业支撑的小镇缺乏发展动能，无法支撑后续经济发展。江苏省常州市杨桥古镇有着1000多年的历史，文化生态保存完好，但是由于发展初期产业定位不明确，没有相应的江南水乡文化宣传，缺乏旅游文创产业支撑，服务业配套设施不完善，产业与小镇的融合几乎没有交互。实际上，在特色小镇发展过程中，没有业态支撑的小镇数量相对较少，多数小镇的发展是以单一业态为主，特别是房地产业的过度发展使得特色小镇成为房地产商争取优惠政策、获取廉价土地的不当获利工具，最终沦为没有产业生态与文化特色的冰冷房地产项目。房地产企业的利润需求催生特色小镇"房地产化"现象，特色小镇居民的居住需求也内在驱动了房地产开发需求，进一步推动特色小镇建设的"房地产化"[①]，最终与"产、城、人、文"四位一体发展理念相违背。特色小镇房地产化从根本上就违背了特色小镇是一个自组织系统的原则，违背了特色小镇的根基在于具有特色竞争力的产业集群，最终失去了发展的动力源泉。

---

① 王大为、李媛：《特色小镇发展的典型问题与可持续推进策略》，《经济纵横》2019年第8期。

第二，缺乏价值导向清晰的管理模式。在特色小镇培育经营过程中，创新思维是推动小镇形成独特竞争优势的重要因素。浙江省梦想小镇通过创新发展理念，将当地传统的"粮仓文化"与"创业即生活"理念相结合，打造了生产、生活、生态融为一体的公共创业文化。反观一些特色小镇，价值导向不清晰，小镇的培育建设缺乏向心力，各类市场主体开展不当竞争，运行机制僵化。位于西安市蓝田县的白鹿原民俗文化村是集生态旅游和民俗体验于一体的文旅类特色小镇，由民俗文化体验区、万乐山主题商业区、欢乐农场区和度假酒店区四部分构成。该景区自然生态与文化氛围良好，但是旅游开发能力落后，民俗体验项目粗糙，景区顶着民俗文化与自然生态之名却找不到清晰的价值导向，使得其主营业务为小吃。由于最初价值导向不清晰，景区内四大板块无法统一价值追求，出现了割裂现象，互相利用不当手段竞争客源，急于瓜分"白鹿原"这个公共文化的品牌价值。在运营管理过程中，经营模式五花八门，经营主体专业性不强且经常变更，导致入驻商户和投资方出现利益争端以及投资方与当地村民出现土地争端问题。该特色小镇最终于2020年发布公告实施拆除。这充分说明在这个过程中政府对小镇建设规划的混乱与监督管理的缺失，导致小镇产业特色价值导向不清晰，从而缺少产业支撑，让特色小镇失去了动力之源。

第三，缺乏深挖文化底蕴的规划设计。文化是特色小镇的核心与灵魂，历史人文内涵是特色小镇"特色"的重要资源基础，是成长和发展的根基。当前大部分特色小镇正在渐渐失去特色，加之缺乏因地制宜的专业性规划，城镇建设缺少地域特色和文化传承，导致出现建筑风格千篇一律、同质化严重的问题。[①] 陕西省作为历史文化名省，悠久的历史孕育了鲜明而具有特色的文化标签，但是大量的文旅特色小镇仍然面临着同质化的问题。和仙坊民俗文化村和咸阳东黄小镇便是这类问题的代表。这两个特色小镇"民俗村"发展模式同质化严重，以民俗文化体验为名，景区内建筑是大同小异的门楼和假山，易令游客产生审美疲劳。同时，小镇文化品位不高，没有深度挖掘当地人文特色，也使得文旅类特色小镇失去旅游竞争力。陕西省将军山古镇以关公文化作为其精神主线，但

---

① 曾江、慈锋：《新型城镇化背景下特色小镇建设》，《宏观经济管理》2016年第12期。

是在景区打造过程中这一文化特色始终浮于表面，没有深度挖掘关公精神的内涵，缺乏文化创意，也是特色小镇不具有特色和灵魂的重要原因。特色小镇的"产、城、人、文"中，最核心的要素是人，是人的创造力塑造了特色小镇的特色，同质化与缺乏特色正是没有创造性的表现，这也充分说明人的行动和行动协调是打造小镇特色过程中不可或缺的要素。历史文化资源必须通过制度创新，将其转变成为发展的文化资本，否则只能是一种静态的文化资源，难以形成特色小镇发展的内生动力，也难以转变成为小镇的特色。

第四，缺乏集约化的发展策略。良好的环境是特色小镇景观旅游、实现居住功能的前提条件。但是多数特色小镇基础设施简陋、旅游景观粗制滥造、房地产项目烂尾问题严重，这与特色小镇的"三生"理念相违背。常德德国小镇投资近12亿人民币，但是由于该小镇的交通压力过大及区域内设施配套不完善，客流一直较少。旅游景观的粗制滥造与杂乱无章多体现在民俗文化小镇中，如和仙坊民俗文化村，景观设计粗糙、品位低、施工劣，看起来"山寨味儿"十足。集约化发展是特色小镇注重内涵式经济增长的表现形式。例如，杭州市特色小镇占地面积不足1%，聚集了15%的高新技术产业和40%以上的人才；深圳坂田创投小镇在仅有1.39平方千米区域内，聚集企业超600家，其中15%是创新创业团队，中小型的创新企业占40%，涉及人工智能、生物医药等高端产业。[①] 绿色集约的经济发展方式带来了全方位和可持续的发展。多数特色小镇在规划发展过程中对集约发展理念认识不足，占地面积与投资产出不成正比。在某种程度上，特色小镇是先进生产力的空间载体，它是集约化的代名词，创新在某种程度上就是在有限的空间上创新要素高浓度、高密度的投入过程，特色小镇空间应该体现"高密度、高效率、节约型、现代化"的特征，特色小镇发展应该体现着强大的集聚效应。

失败的特色小镇归根结底是其无特色，没有形成个体行动和行动协调的创新生态系统，无法形成特色产业发展的动力源泉。一些所谓的特色小镇缺失基本的"人文内涵"和"生态特色"，却想利用优惠政策，认

---

① 朱俊晨、戴湘、冯金军：《城市创新功能单元视角下的特色小镇建设管理路径优化——基于深圳创新型特色小镇的实证分析》，《现代城市研究》2020年第9期。

为可以通过政府打造特色小镇，事实上打造出来的是"伪特色小镇"，最后难逃失败的命运。还有一类小镇具有"人文内涵"和"生态特色"的要素，虽可能具有塑造成为特色小镇的潜质，但是政府没有创造好的环境，没有提出特色小镇科学的战略定位和价值导向，没有很好地发挥市场的作用，缺少了企业家的创新精神，个体行动者的创造力也无法被激发。这样的特色小镇自然是缺乏活力的。

三　特色小镇发展的理性思考

(一) 在尊重规律的基础上，坚持特色小镇理性发展

第一，特色小镇要坚持理性发展。就全国而言，各地区由于经济发展阶段各不相同，其发展特色小镇的条件和能力也不尽相同，在打造特色小镇、仿照浙江模式的同时应按照经济规律办事，实事求是、量力而行，严控数量、提高质量，避免超越发展阶段和实际能力，一哄而上创建过多特色小镇，在发展难以为继后又一哄而散。特别是部分中西部地区应一切从实际出发，准确评估其现阶段发展特色小镇的能力与条件，走"少而精"的特色小镇发展道路，避免盲目跟风、急于求成。

第二，因地制宜、突出特色，防止千镇一面。中国地域特色鲜明，产业发展潜力巨大，各地区优势产业的门类和空间分布各不相同，应结合产业特色和区位特点发展特色小镇，避免脱离实际照搬照抄。从各个省级行政区来看，在发展特色小镇的同时可借鉴参照浙江省建设特色小镇的理念与方法，但是要因地制宜，尊重当地发展条件。从类型看，东部地区可以以先进制造类和数字经济类小镇为主，重点发展高端制造类和现代服务类特色小镇；中西部和东北部地区可结合当地条件，在农业基础好、自然风光优美的地区发展田园类特色小镇，在历史文化悠久的地区发展文旅类特色小镇等，不要同质化地盲目追求高大上的产业，要结合自身条件与实际情况量力而行。

第三，企业主体、市场运作，防止政府大包大揽。各地区发展特色小镇应遵循市场在资源配置中的决定作用，要以企业投入为主，坚持市场化运作。政府应当充分发挥引导和政策支持作用，其有效投资作为辅助，特别要避免投资主体缺失的地区由政府大包大揽投资建设。对于具有市场活力、民营企业发达的地区，如浙江省、江苏省和广东省等，其

投资运营主体的选择可进行多样化探索，既可以选择民营企业建设为主体，也可探索企业与民间资本共建模式，引导大中小微企业联动发展。对于其他地区，在建设特色小镇的过程中，可鼓励央企、地方国企和大中型民企独立或牵头发展特色小镇，实行全生命周期的投资建设运营管理，探索可持续的投融资模式和盈利模式，建立以工商资本及金融资本为主、政府有效精准投资为辅的投融资模式，培育一批特色小镇投资运营优质企业。

第四，统一管理、奖优惩劣、防止政出多门。特色小镇是新生事物，其发展既要正向激励，也要监管约束。就全国而言，既应建立底线约束机制，严格节约集约利用土地，严守生态保护红线，严防地方政府债务风险，严控房地产化倾向，严守安全生产底线，持续开展纠偏纠错；也应建立激励引导机制，有关部门要组织制定特色小镇发展导则，加大中央预算内投资的支持力度，建立政府、银行和企业的长效对接机制，引导培育示范性的精品特色小镇。

（二）在实践反思的基础上，要建立科学理论体系

特色小镇要实现健康发展，政府在实践中要尊重规律，但是我们认为特色小镇的理论创新远远滞后于特色小镇的实践，没有科学的理论就难以有科学的实践。特色不是要素叠加，而是在个体行动和行动协调中塑造并演化而来，反过来小镇特色又通过路径依赖成为特色小镇进一步演化的动力背景。特色小镇的人文环境和创新环境是被个体行动所塑造的，反过来这种人文和创新环境也为个体的发展注入一种行动的精神元素和活力，二者形成一种良性互动的关系。在失败的特色小镇中存在着"政府可以打造出特色"的认识误区，这就违背了特色是个体行动和行动协调演化的产物。特色小镇不仅仅是物质化的存在，它同时也是精神化的存在，包含着特色小镇创新环境、协调行动的一般规则、人文内涵、默会知识，甚至还有小镇认同的精神价值和信仰。政府可以起到引导作用，确定小镇发展的战略定位和价值导向，打造出特色小镇的硬件设施，但不可能打造出表现在精神和文化甚至信仰层面的特色。本章主要是基于"行动—规则"的视角揭示了特色小镇的科学内涵，以及特色小镇对不确定性环境的适应性，我们还需要进一步深化特色小镇的演化机制和动力基础。

第五章

创新生态系统视阈下特色小镇的演化过程

　　特色小镇是以企业为主体、市场化运作、政府引导与支持相结合的创新创业空间。创新生态系统理论强调的是创新主体与创新环境之间的互动关系，其结构呈现复杂性的网络状。因此，创新生态系统视角下的特色小镇结构，即由发展主体与发展环境交互作用所形成的网络状结构（见图5－1）。特色小镇的发展主体是企业，决定企业发展的企业主/企业家通过实施要素新组合的创新行动，在与其他参与主体的协调行动及发展环境的动态交互中不断激发小镇创造力和竞争活力，建立了特色小镇

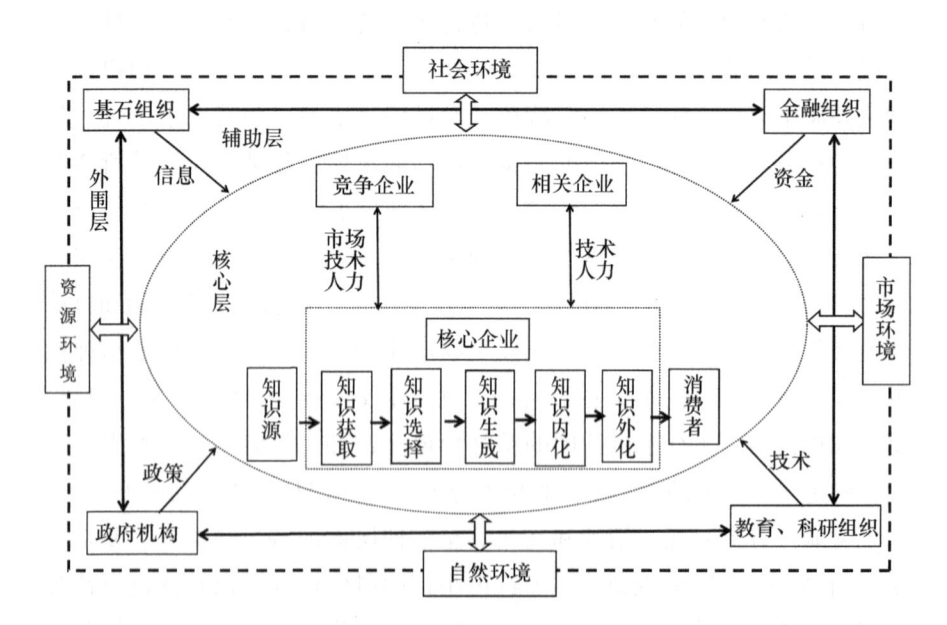

图5－1　创新生态系统视角下特色小镇结构

发展的一般性规则。因而，我们从"行动—规则"视角来分析创新生态系统视阈下特色小镇的演化过程。

第一节　创新生态系统视阈下特色小镇演化的形成

一　创新生态系统视阈下特色小镇演化形成的要素

（一）核心创新单元的形成：主导企业

从组成结构来说，创新生态系统视阈下的特色小镇由创新共生单元组成，而在这些种类繁多的共生单元之中，核心创新单元扮演着至关重要的角色。核心创新单元即特色小镇的主导企业，在特色小镇活动开展、资源分配等问题上发挥着主导的作用。不过，核心创新单元的形成也是一个复杂的过程，其过程极具艰难性，也带有一定的随机性，是基于消费者需求，通过自身核心创新能力并结合新环境产生的。

（二）创新主体的行动：企业家精神

创新活动是由企业家内在的特殊品质所驱动的，建立个人王国、对胜利的渴望、创造的喜悦、坚强的意志共同构成了企业家精神。[①] 企业家往往是少数率先敢于在原有均衡循环渠道中实施要素新组合并将系统由低质量循环推向高质量发展的人，这些开拓者的本质特征就是企业家精神。特色小镇强调发挥企业主体作用，把企业作为特色小镇建设主力军，具有企业家精神的企业家凭借敏锐的先机洞察力和灵敏的直觉判断，在特色小镇的演化过程中率先打破既定均衡，提高流转其中的原有生产要素边际生产力，对特色小镇系统实施"干扰"，推动特色小镇系统不断进入更高级别的状态，最终实现特色小镇系统的迭代升级，完成演化过程。

（三）生态位的形成：各主体的竞争行为和主动选择的行动

创新生态系统视阈下特色小镇的演化过程中，生态位是各主体所占据的特定位置，是对特色小镇系统中各类资源利用以及对环境适应的总和。但与自然生态环境中生态位不同的地方在于，由于特色小镇系统具有较为明显的人为因素，是具有主观能动性的系统，因此处于该系统中的生态位多是由特色小镇参与主体的竞争行为和主动选择的行动共同决

[①]　[奥] 约瑟夫·熊彼特：《经济发展理论》，何畏、易家洋等译，商务印书馆2020年版。

定的。

一般来说，特色小镇的各参与主体，包括企业、政府机构、金融、教育、科研组织等，会综合自身的创新能力、特色小镇系统对各参与主体的分工以及对创新的具体要求，在特色小镇系统中寻找属于自身的生态位，然后在特色小镇的具体运行过程中，依据创新环境的特色以及活动目的，获得相应的生态位。由于各参与主体能力的差异化，它在演化过程中的分工也不尽相同，由此带来对资源需求、获取与利用上的不同，进而造成在特色小镇演化中占据不同的活动空间和活动时间，最终形成不同的生态位，从而为一般性规则的建立奠定基础。

（四）创新平台的形成：信息资源等交互平台

在创新生态系统视阈下特色小镇的演化过程中，平台是由核心创新单元——主导企业构建和控制的，此平台主要用于信息资源等的交互。在平台形成之初，核心创新单元会向市场低价或是免费提供一些创新技术或创新产品，以此来吸引合作伙伴和创新资源，其中便会有一些外部单元与核心创新单元建立较为紧密的交互关系。在此之后，各主体将信息及资源汇集并实现共享，进行优势互补和资源的最优配置，以促进信息资源的有效利用。在这个过程中，平台也慢慢地由一个雏形发展成为成熟、稳定的交互平台。

二 创新生态系统视阈下特色小镇演化形成的关系媒介

在特色小镇的演化过程中，作为"流动的链接"的关系媒介显得尤为重要。关系媒介就如生物生态系统中的花粉传播者蜜蜂等动物一般，扮演着中央支持枢纽的作用。它们和特色小镇系统中的其他部分产生有价值的互动，把不同的系统链接起来制造出更大、更连续的系统。

（一）内生媒介：相关主体的资源互补性

在自然界的生物共生演化系统中，初期的共生关系带有极大的随机性，新物种的发展进化完全是被动受自然选择机制的作用，而对于创新生态系统视阈下的特色小镇来说，其演化过程中包含着各参与主体主动的判断和选择行为。在特色小镇演化过程中，共生能量表现为小镇主导企业产品效益的增加、科研机构科研技术的增加、消费者需求的满足以及政府的职能落实。不过，由于这种行为的自主判断和选择行为，它势必会造成共生能量的分配不均衡。特别是对于一个具有核心主导企业的特色小镇而言，在共生能量分配时，会存在一个"分配系数"，如有些主体分配的共生能量多，有些因为与核心企业连接较弱，因而分配到的共生能量就少。创新能量的分配不均又反向刺激了特色小镇对于发展的需求。因此，参与主体之间需要通过资源互补完成共生演化，而各主体在此过程中需要不断接触，多样的接触方式以及接触机制触发了共生界面的产生，共生界面的形成稳固了参与主体间物质、资源以及信息的传递通道。通道一旦形成惯例，就会根植于各参与主体的潜意识之中，形成一定的规则，而不需频繁有意识地重新建构。当特色小镇演化时，行动均会自动产生。

（二）外生媒介：外部需求与配套环境

1. 外部需求

在经济学中，市场需求是人们愿意或能够在一定时间内，以一定价格购买的商品或服务的数量，可见在一定时期内的消费者需求总和凑成了整个市场需求。当特色小镇各参与主体观察并意识到一种全新的消费者需求出现，必定会想方设法满足这种需求。当一种需求出现却得不到满足时，必然会形成市场的空缺（也就是说，特色小镇出现生态位空缺），使潜在产品的价格相应上升。这意味着如果先行创新并且获取成功的话，可以获得潜在的超额利润，也可以让"先行者"抢占市场的空缺从而占据先锋优势。规则、制度和文化的形成过程就是促进个体行动协调的过程。

2. 配套环境

新技术的演化无法在真空中进行，它必须吸收各种各样的资源，需要资金、合作伙伴、供应商和顾客创新合作的网络，只有如此，才能成功演化。[1] 创新技术的快速发展得益于丰富的外部环境，这些案例表明，创新的产生以及发展是一个需要资源持续增加的过程，配套环境对创新

---

[1] Moore J. F., *The Death of Competition: Leadership and Strategy in the Age of Business Ecosystems*, New York: HarperBusiness, 1996, pp. 123 – 125.

的发展具有重要的作用。[①] 特色小镇的演化过程也是类似，资源的增加不可能完全由核心单元即主导企业提供，还需要大量与之有共生关系的共生单元作为支撑，包括互补企业的技术、科研机构的科研支撑以及政府提供的相关政策环境和制度环境。这些外部资源的聚合促成了资源使用者与提供者之间共生关系形成的外部条件。

第二节　创新生态系统视阈下特色小镇演化的运行

一　创新生态系统视阈下特色小镇演化运行的要素

学者普遍认为创新生态系统的演化运行由创新群落与创新环境两部分构成，这两个要素相互影响、相互作用，影响着创新生态系统的动态演化及规律。其中，创新群落是内生基础，创新环境是外部条件。创新生态系统视角下的特色小镇是一个复杂适应系统，其具体运行是在复杂社会环境之中开展的，需要类似于创新群落的内生性驱动因素与类似于创新环境的外源性驱动因素的交互过程来推动特色小镇演化的运行。

（一）外源性驱动因素

创新生态系统的创新环境是影响其演化的"非生物成分"因素，它由经济环境、技术环境、人文环境和基础设施等要素构成。特色小镇大多自发形成在资源禀赋较好的地区，究其原因是这些区域能够提供良好的市场、政策、人才、信息技术、制度等环境基础。这些因素还表现出一种有序性或规律性，但这种有序性并不是由任何个体设计的，不是被"建构"的，而是被"发现"的，可以促进个体行动协调。综合来说，创新生态系统视角下特色小镇演化的外源性动力因素主要来自经济、政府政策、环境资源等。

1. 经济因素

克尔·斯宾塞认为，城镇化与经济增长之间没有因果关系，但是密切相关。特色小镇作为城镇化进程的新发展阶段，和经济发展之间的关

---

① Adner R., Kapoor R., "Value Creation in Innovation Ecosystems: How the Structure of Technological Interdependence Affects Firm Performance in New Technology Generations", *Strategic Management Journal*, Vol. 31, No. 3, 2010, pp. 306 – 308.

系非常密切。一般来说，特色小镇的演化发展是以较强的整体经济实力为基础的。以浙江省特色小镇为例，特色小镇之所以在浙江省率先兴起，究其原因是当地经济基础雄厚，产业基础优良。另外，特色小镇作为一种新型空间组织形式，具有文化、经济、社会教育、产业融合和驱动创新等特点和功能，能够极大地推动经济转型。尤其是特色小镇的开放度与对外合作程度，影响着特色小镇带动周边区域发展的能力，对促进相关区域经济发展非常重要。一般来说，特色小镇的发展，会吸引相关中小企业入驻和发展一些特色产业。这不仅会帮助当地居民解决就业问题，还可以产生更多的税收。并且，特色小镇对于经济发展的作用还体现为能够吸引新经济在当地落户，有效地改善了当地的投资环境和投资品质，产生长期的经济效益。

2. 环境资源因素

环境资源是指特色小镇所具有的历史人文积累和自然资源禀赋，包括区位环境、生态环境、人文环境、文化资源和旅游资源等要素。自然资源主要由地形地貌、气候、水体、动植物等自然地理要素组成。地表上各个地域的自然条件存在着明显的差异，使得各地区各种自然要素有着不同组合，这种自然要素在各地区不同的组合方式构成了千变万化的景象和环境。中国许多特色小镇就是依托当地丰富的资源而逐渐形成的。另外，习近平总书记在党的二十大报告中强调："必须牢固树立和践行绿水青山就是金山银山的理念，站在人与自然和谐共生的高度谋划发展。"也就是说，发展不应该是牺牲生态环境为代价，相反，发展的前提是要保护好生态环境。特色小镇的重要特点之一是生态环境优美，绿色发展作为指导方略必然影响特色小镇的发展，也体现了自然环境资源对特色小镇演化发展的重要性；人文资源是人类社会活动的产物，人文资源是人类所创造的物质财富和精神财富，主要包括民族风情、历史古迹、乡风民俗以及饮食文化、地方特产等方面，具有高度的思想性、艺术性和鲜明的民族性、时代性，要比自然资源更具强烈的吸引力和感染力，在特色小镇形成与演化过程中占有很重要的地位。许多发达国家的特色小镇具有深厚的人文根脉，区域的基因与文化元素。像达沃斯小镇，从施瓦布在达沃斯创建世界经济论坛到现在接近50年的时间内，许多文化、民俗得以沉淀，并逐步与周围的景观相融合，形成了小镇新的"特色"。

因此，特色小镇的演化离不开人文环境的支持。总的来说，环境资源的丰富程度对特色小镇的演化产生多重作用。

3. 政府政策

由于包含"乡村振兴""创新创业""精准扶贫""产业转移""政企融合"等重要战略意义，特色小镇在国家政策方面获得了大力的支持与倾斜。住建部也明确提出，"会有一些宏观政策的支持"。政府在特色小镇发展中的推动作用表现在因地制宜营造适合特色小镇发展的政策环境，包括有效的监管环境、公平而透明的竞争与合作环境。政府也可以通过完善公共基础设施、为特色小镇发展提供全方位服务等措施来推动特色小镇的发展。另外，特色小镇在发展演化中，也主要由政府出台特色小镇的用地政策，保障特色小镇的发展。

4. 空间组织形式改变

区域发展的过程中，某一地域空间由于创新要素的集聚，优先形成了一种具有强连接性的创新结构。这种区域创新协同的综合体在"互联网+"时代对区域内生发展起到越来越重要的作用，可以把其称为创新节点。创新相对于其他方面更要求一种扁平化的网络组织环境，更接近于网络的形态。网络效应也体现着一种主体的互动与协作性，体现着一种内生的演变性和协同性，这种内生的协同性和演变性恰是区域可持续发展重要的动力所在。网络能够反映"流的空间"（信息流、物质流等流动与交换的空间）的本质，"节点"则反映区域在网络中所处的位置。将二者结合形成"点—网"系统，就成为信息化时代区域发展的有效空间组织形式。更为重要的是，空间内创新要素的集聚会推动个体之间的交流，以及由交流所带来的创造知识以及将知识化为生产力的动态性，有利于一般性规则的形成以协调大量的个体行动。它也清楚地揭示了在信息化时代知识空间的生成性，以及知识空间随着交流网络的演变性。特色小镇是基于内生的创新思维，面对要素快速集聚与流动而提出的新型空间组织形式，这种空间组织形式的改变必然将有力地促进特色小镇的演化。

除上述因素以外，创新生态系统、"互联网+"、供给侧结构性改革等也深刻影响特色小镇的演化。城镇创新生态系统建设是大中小城市与小城镇互促共进的城镇化，对特色小镇的演化起着外部驱动力的作用；

"互联网+"作为一种新的经济形态,其对特色小镇演化的影响主要体现在特色小镇要素配置方面,可以促进提升经济的创新力和生产力。国家实施的供给侧结构性改革战略,对于经济可持续发展起到了良好的促进作用,对特色小镇演化的影响也起到了改革的驱动作用。

(二) 内生性驱动因素

创新生态系统中的创新群落是其演化发展过程中的"生物成分"因素,它由创新驱动因素、创新扩展因素、创新协调因素等组成。[①] 创新驱动因素主要来自企业的科技创新,科技创新是整个系统的发动机,创新扩展因素主要来自金融机构的资本,创新协调因素来自以人为主体的人力资本。特色小镇演化的最终目的是形成可持续健康发展的创新生态系统。结合上述分析,一般认为创新生态系统视角下特色小镇演化的内生性动力因素有资金、人才和技术等。但影响创新生态系统及特色小镇演化的内生性驱动因素多种多样,限于篇幅,仅介绍以下几种。

1. 人才因素

西奥多·舒尔茨(Theodore Schultz)在一个题为"人力资本投资"的演说中指出人力资本是当今促进国民经济增长的主要原因,认为"人口质量和知识投资在很大程度上决定了人类未来的前程","在影响经济发展诸因素中,人的因素是最关键的,经济发展主要取决于人的质量的提高,而不是自然资源的丰瘠或资本的多寡"。[②] 人才是显性知识与隐性知识的拥有者,知识是进入新时代促进区域发展的关键。当某一区域形成了良好的人才生态,会吸引更多富有生产技能和经验的人才向这个区域流动,该区域就形成了以人才为核心的经济增长极。浙江梦想小镇就是一个典型,它是在未来科技城的基础上发展起来的。未来科技城素有重视人才的传统,梦想小镇也以人才为核心,将人才视为特色小镇发展的重要驱动力,积极吸引人才,努力留住人才,同时不忘储备人才,培养各层次、各专业所需要的人才,使小镇获得"以人为本"促进发展的核心竞争力。具体来说,梦想小镇采取了以下措施来培养和引进人才:

[①] 陆燕春、赵红、吴晨曦:《创新范式变革下区域创新生态系统影响因素研究》,《企业经济》2016年第3期。

[②] [美]舒尔茨·T.W.:《人力资本投资:教育和研究的作用》,商务印书馆1990年版。

一是推进"精英人才"的建设。梦想小镇所在地毗邻阿里巴巴总部,使其能承接龙头企业人才溢出获得地缘优势。小镇附近有许多各类高校,高校的学生成为特色小镇人才的重要储备力量。梦想小镇的组委会也积极与专业机构、龙头企业、高校寻求合作,打造从行业风向标到创业后备军的纵向人才梯队。二是推进"草根创客"人才的建设。梦想小镇从搭建创业平台、完善服务体系着手,在较短的时间内吸引了众多的创业人才在此集聚。这不仅包括不少阿里系、海归系、浙大系、浙商系为代表的"新四军"的创业人才,还包括那些充满热情和理想的"草根创客"的涌入。这样可以大幅扩大创业群体的宽度,使得创业群体具有多样性特点,同时也可以吸引不同专业、不同背景的创新创业人才实现小镇多样性的发展特点。在一系列人才政策下,到目前,梦想小镇已经集聚了超过2000人的创业团队,也因为人才得到了较好的发展,辐射周边地区的能力越来越强。

2. 资金因素

资金是特色小镇保持可持续发展的动力。财政性资金对地方特色小镇建设具有重要引导作用。2016年7月,国家发改委、住房城乡建设部和财政部三部联合下发了《关于开展特色小镇培育工作的通知》,对特色小镇建设给予两项支持政策:一是支持符合条件的特色小镇建设项目申请专项建设基金,二是中央财政对工作开展较好的特色小镇给予适当奖励。其中,专项建设基金极大地解决了特色小镇融资不足问题,同时降低了融资成本。除了中央财政外,地方政府也纷纷发布政策对特色小镇给予财政支持。地方对特色小镇的财政支持主要体现在财政返还、优惠税收、优先土地供给、专项资金支持、奖金补助等方面。2018年10月,云南省政府发布《云南省人民政府关于加快推进全省特色小镇创建工作的指导意见》,加大特色小镇政策支持力度,从2018年到2020年,对评选出的15个成效显著特色小镇,每个将给予1.5亿元以奖代补资金支持。在浙江省2016年对特色小镇的考核中,宁波奉化滨海养生小镇被降格,根本原因是该地没有与主投资方成功签订投资协议,导致没有相应的固定资产投资和特色产业投资。资金在推动特色小镇演化中的作用不言而喻。要想充分发挥资本运营对特色小镇经济增长的推动作用,特色小镇就必须重视并利用好金融资本的杠杆作用。正面典型是玉皇山南基金小镇，该小镇在文化创意产业园的基础上，不断吸引投资公司，最终确立以金融资本为主要产业，很好地发挥了金融资本撬动产业转型升级、推动实体经济发展的作用。

3. 科技因素

创新生态系统理论视角下特色小镇主要通过技术创新来促进经济的发展及自身的演化。特色小镇如果没有科技投入，就难以有科技型企业带动和高端人才集聚，也无法实现其创业创新产业发展平台的功能。在特色小镇发展过程中，技术创新主要依托其"特色产业"，"特色产业"的科技创新需要通过建立长效的创新机制和激励机制来实现。科技创新带给特色小镇生产和发展各个层面的巨大推动力，主要体现为特色小镇的"特色产业"需要科技创新促进产业的转型升级，即"特色产业"应在引进先进技术的基础上消化吸收并加以研究、改进和创新，建立属于自己的技术体系。同时，也使得产业集聚程度、产业竞争能力、产业带动能力与产业效益成为特色小镇演化发展的内生性动力因素。典型的例子是浙江云栖小镇。云栖小镇是一个典型的科技型小镇，它的主导产业是"云生态"，依靠的科技支撑来自阿里巴巴公司、转塘科技经济园区。在这两大平台的大力支持下，它不断进行技术创新，构建了"共生、共荣、共享"的产业生态体系。

除此以外，在创新生态系统视角下特色小镇的演化运行中，同样进行着系统内部各要素之间、内部和外部环境之间的信息交流。不过，系统运行过程中的信息交互又具有其特别之处。由于不同参与主体交互的双向性，它们之间的信息交互也往往是双向的，既有从此方到彼方的信息传递，也有彼方到此方的信息反馈。在信息化时代，特色小镇所能获取的信息量是巨大的，信息在空间和时间上存在着更大的不均匀性和差异性，因此需要更多的信道来强化系统的信息传递功能，以保证系统内部创新信息的正常有效交互。由此可见，在特色小镇的演化运行中，信息的流动至关重要，它有效连接了不同功能和特性的创新要素，在个体的行动协调过程中起到关键作用。

二 创新生态系统视阈下特色小镇演化运行的模式

一般而言，创新生态系统演化过程中，创新单元之间显现的模式可归为两类：第一类以随机为主，即创新单元之间关系的产生有着很大的随机性；第二类为选择性的运行模式，即创新单元之间关系的产生是创新单元的有意识选择。创新生态系统视阈下特色小镇在运行中亦呈现此模式。

(一) 随机为主模式

在随机性为主的模式中，特色小镇演化的过程遵循的是随机变异、选择、保留三个阶段。变异阶段，特色小镇各参与主体会进行协调沟通，建立协作关系和初步的共生单元间的信任。选择阶段指的是特色小镇各参与主体之间协作关系建立之后，各方就会对合作问题进行商讨，对经营策略进行协调，各方的合作条件需要一致，此阶段是对变异的筛选过程，筛选过程同时会受到系统内共生环境影响。通过选择后，各方就会建立起基于利益的信任，而当各方合作机会不断增加或预期合作收益增加时，建立的合作信任会不断被加深，此时变异也会被保留下来。通过随机变异、选择和保留三个步骤，特色小镇各主体之间的行动协调得以形成一般性规则。

(二) 选择为主模式

由于特色小镇自适应的运转，特色小镇各共生单元新关系的建立会被不断推动。在这种选择为主的共生模式中，演化的过程遵循的是搜寻、评价、引入。搜寻是指存在一个筛选的过程，根据与现有特色小镇系统整体性目标是否一致来选择合适的参与主体。评价是指特色小镇会根据自己的发展需求，决定是否建立新关系。特色小镇会选择与系统整体性目标一致的创新单元，然后对创新单元进行评估。评估条件包括软条件（组织文化与组织能力等）与硬条件（资源与技术等）的匹配程度。引入是指特色小镇会根据上述条件对参与主体进行评价选择，确定合作的对象。双方就合作问题进行商讨，在目标一致性的基础上，双方可进行策略调整，以达到相互协调。当达成合作意向之后，由于文化、实力等都较为相近，合作更容易开展。因为之前新成员选择的确定性，新关系的建立更为容易成功，双方关系更有效率，更容易形成稳定的网络关系。

第三节 创新生态系统视阈下特色小镇演化的生命周期

创新生态系统视阈下特色小镇的本质是一个自下而上的过程，这就是个体行动和选择的结果。我们可以看到不同主体行动和选择之间的不断协调这个动态过程，这也是小镇规则、制度和文化的形成过程。规则、制度和文化的形成过程就是促进个体行动协调的过程，这与"行动—规则"视角下特色小镇的创新理论是完全一致的，也是特色小镇演化最深层的本质。

一 形成期：政府引导的自然演化

在形成阶段，特色小镇处于创建时期，便利的区位条件、充足的资源供应或较大的市场需求等要素的流入效应，促进了特色小镇的萌芽。其构成要素一般表现为"零碎"的物理集聚阶段，要素集聚的主要动因来自分享集聚的外部经济性。此时，特色小镇的塑造需借助政府推动，虽然企业、各相关机构参与到特色小镇的创建领域之中，但这些成员组织表现出较强的分散性和无序性，还未形成行动的协调，合作关系较为脆弱和随机，市场的作用难以获得充分发挥，环境优势表现不明显，其他的各利益相关者还处于发展之中，发展能力有待完善。此时，特色小镇主要由追赶竞争作用和合作外溢作用驱动发展，环境根植作用几乎为零。在此阶段，作为特色小镇产业载体的诸多同类企业开始进行横向集聚，并逐步进入分工、合作与竞争阶段，且随着企业的发展，竞争会变得愈加激烈，甚至出现恶性竞争。为避免两败俱伤的情况出现，在系统的自组织性和发展主体的能动性下，企业通常会调整合作机制，努力寻求共生。但此时紧密的协作网络尚未形成，追赶竞争作用的正效应向负方向转化，合作外溢作用的正向效应提升缓慢，通常会出现负效应，合作风险较大。同时，在此阶段，基石组织、金融机构、教育和科研组织亦开始运作，小镇成员组织间共栖、互利关系获得发展，需借助政府政策进行积极引导，并通过各种方式进行投资与建设。此阶段，特色小镇的组织结构相对比较灵活，模仿、形成和发展是这一时期特色小镇的重要特征,产业集聚呈现为横向集聚形式,特色小镇处于一种以政府为主的自然演化状态。

二 成长期:市场与政府共同推动的创新替代

在成长阶段,特色小镇已有的资源禀赋通过乘数效应的作用转化为知识、技术的流入效应,特色小镇由之前的政府单独推动发展逐渐转为由市场多元主体共同推动的发展。政府、企业、相关利益者之间的联系,因受制于市场机制的影响而加强,均能获得不断发展,进而推动特色小镇的实力增强和转型升级。此时,追赶竞争作用开始发挥正效应,即随着特色小镇发展主体间联系的日益增强,内部资源、信息、知识的传递频繁。同时,由于集聚规模的不断扩大,特色小镇吸引产业链上的上下游企业进行纵向集聚,形成以一个或多个企业为主的核心企业。核心企业之间及配套组织之间由竞争转为学习性追赶,企业的主导作用发挥明显,合作外溢的正向作用更加明显,此时,一些新型组织比如风险投资公司等不断涌现。但随着协作的深入,企业及配套组织的技术依赖、信息不对称等问题开始显现,进而出现合作外溢的负效应,但这种负效应可以借助良好的治理机制来减少或消除。此时,小镇发展的整体环境不断优化,环境根植作用逐渐明显,外部的资源、软硬要素不断向特色小镇系统内流动,小镇不断成长,其物理边界和虚拟边界开始扩展,特色小镇的经济带动效应逐渐明显,形成了对系统外部区域的拓展效应。特色小镇开始逐步走向动态平衡,内部的自组织性以及调节性也非常强。虽然小镇会时常受到外部扰动的影响,但其正处于旺盛的生命期,通常能积极感应外部扰动的正效应推动,抵制负效应的影响,从而实现更高一级的新平衡。在这一阶段,特色小镇吸引了大量的优秀人才与企业集聚,产业转型升级速度加快,新产品、新技术不断出现,区域经济增长速度加快,带动了小镇居民及周边人民生活水平的改善与提高,小镇内部的规则、制度和文化开始形成。此阶段,特色小镇的产业集聚表现为纵向集聚的形式,特色小镇处于市场与政府共同推动的创新替代状态。

三 成熟期:市场主导的创新生态系统

在成熟阶段,由于前期积累的资源和能量的集中爆发,特色小镇系统日趋壮大和稳定，内部各组织陆续完成了产生→外溢→持续的过程，基础设施、政策、体制等日趋完善，内外部环境大幅度优化，环境根植作用极化到最大。特色产业的产业链由于资源的充分流动得以完整形成，形成了产业链上横向、纵向企业与相关产业组织间的网络集聚状态，特色小镇的产业化水平和商品化水平与社会需求趋于协调。各企业与配套组织各自逐渐占据了不同的生态位，这种生态位稳定而又区别于其他主体的生态位，因此，主体间的追赶竞争作用呈现正向效应，在技术、产业、研发等方面形成了稳定而紧密的协作网络，也基于共同的利益准则和认知形成了长期的信任关系，建立了认可度较强的治理机制，主体间稳定的竞合共生关系得以实现，合作外溢作用的正向效应推动着整个系统的发展。特色小镇的发展能力不断提高，内部增长节点不断变化，并以此为基础不断产生新的经济效益，创新生态系统逐步确立。特色小镇的产业、产品和服务陆续走向标准化，而无论是小镇内部的企业数量，还是从业人员均逐步处于"稳定"态势，特色小镇的规模扩张速度逐步达到最大化，产业发展处于"峰值"，表现出极强的市场竞争力，整个特色小镇的能量及效应达到最大，对外部区域的拓延与带动效应最为明显。在此阶段，市场在组织调整以及配置资源领域的作用不断凸显，陆续取代了政府的作用，市场作用逐渐占据主导地位，创新生态系统的建立被视为此阶段实现特色小镇整体功能的核心，而且此阶段的特色小镇稳定性也最强。但在此阶段弹性发生下滑，小镇因而容易受到外部扰动。如果此时小镇的自组织调节能力不能促使小镇找到新的增长点，特色小镇有可能逐渐打破系统的平衡走向衰落。

但要注意的是，上述特色小镇演化的三个阶段并不是完全独立的状态，相互之间也会出现交叉与重叠的现象。

四 变革期：湮灭模式或迭代的创新生态系统

特色小镇成熟以后，会逐渐向两个方向演化：正向更迭、渐渐获得优化升级或者反向更替、逐步趋于衰落。对于部分特色小镇，在发展的过程中，其成长的速度逐渐减慢，原有的产业特色和产业竞争力降低，小镇发展的环境逐渐恶化，出现衰落迹象。此时，"拥塞效应"将会逐步凸显，对特色小镇内部的企业和配套组织形成极大的负面影响，导致激烈的恶性竞争，原有的网络结构变得不稳定，合作外溢的正向效应逐渐减弱，负向效应增强，企业转向减少生产规模和成本，产业链开始断裂，产业集聚形式逐渐瓦解；环境的恶化又导致外部要素的流入率降低，内部企业和配套组织技术逐步趋同，互补性减弱，部分企业、机构和组织开始向外流动，特色小镇的拓延和带动效应变得不明显。此时部分特色小镇会走向衰亡；部分特色小镇会克服负面的影响，配合外部扰动作用的正向推动，重新孕育新市场，创造新产业和新需求，从而进入新的发展期，形成更高级的生态系统。还有某些具有同等资源的区域由于政府的优惠政策会吸引企业的投资和入驻，出现特色小镇转移现象。

综上，从创新生态系统理论视角来看，特色小镇的演化是一个自发却又受到理性调节的动态过程，从建构下的秩序走向自发秩序。在"政府主导+市场驱动"阶段，特色小镇还处于低级阶段，主要是进行充分的制度化的信息交流，为以后更多的合作提供基础。在"市场主导+政府驱动"阶段，特色小镇进入良性发展阶段，系统更加稳定，为避免政府的不适当干扰，就需要加强政府协调，让市场充分发挥作用。在"市场主导+制度驱动"阶段，特色小镇已成熟，进入最高级阶段，但发展到一定阶段之后，也会陷入"消极锁定"的困境，此时就必须通过政府的主导进行规划和信息交流，强化"路径创造"。

第六章

创新生态系统视阈下特色小镇的演化机制

创新生态系统可以分解为何以生成以及如何生成的过程，并在这个过程中形成对内维护稳定有序的生存机制和对外寻求创新扩散的发展机制。生存是发展的基础，演化主要指的是发展的过程。特色小镇的演化机制是指推动特色小镇形成、正向发展、自我演进的动力系统及作用原则。具体来讲，就是指特色小镇所在的区域环境下，各主体、内外环境、要素、资源等相互协调和相互制约形成的促进特色小镇可持续发展、演进甚至衰退的动力作用原理或体系。结合创新生态系统演化的机制，我们可以归纳创新生态系统视阈下特色小镇演化的机制是在特色小镇自组织演化的不同生命周期通过不同的作用机理、动力因素形成的不同演化动力机制，同时包含了特色小镇演化的逻辑机制和治理机制，促成了特色小镇运行规则的形成。

第一节 创新生态系统视阈下特色小镇演化的作用机理

创新生态系统理论指导下的特色小镇是在一定的时空范围内，由各种资本、企业、技术、人才等生产要素和创新要素复合组成的动态、开放的创新创业发展平台，它强调内部各要素之间的协同作用，以及资源的有效配置、组合和共享。当能够产生协同作用的各种要素聚集叠加在一定的区域空间里并达到一定规模，此时各要素就会在系统内部相互作用、相互碰撞，并随着时空的发展产生不同的效应。因此，创新生态系统视角下特色小镇演化的作用机理就体现为：在一定的时空范围，区域内集聚的诸多资源要素间通过动态联系和作用，引发区域资源的优化配置及组织关系的格局演变,促成参与主体的行动协调。在这个过程中,各种非线性作用机理叠加,使得特色小镇内部结构逐渐由低级向高级演化。因此,本章借鉴创新生态系统理论,分析促进特色小镇演化的各种作用过程,来探析特色小镇演化的作用机理。

一 企业主导作用

创新生态系统与特色小镇生命系统都是以企业作为主体。特色小镇核心企业的主导作用主要体现在知识溢出的过程中,核心企业作为特色产业的载体,从内外部的知识源头获取知识,然后依据自身的需要对知识进行选择,从而生成具有本企业鲜明特征的知识,完成知识内化的过程,在企业发展的过程中又逐渐将这种知识加以外化,形成对外的企业文化与承担的社会责任。核心企业的主导作用越强,特色小镇运行的市场化状态就越强,对特色小镇的发展效果就越好,反之亦然。但是如果企业主导作用过强,就容易形成企业对某区域的垄断,反而不利于产业的集聚。因此,企业主导作用要加以相关的政府监管和政策修正,才会真正主导特色小镇的形成与发展。

二 追赶竞争作用

通常来说,特色小镇内部的不同主体所掌握的资源及资源的深度、广度之间存在着差距,这种差距使得落后成员不断学习、模仿先进成员,在技术、知识及先进的思想方面进行吸收与创新,产生成员间追赶竞争的作用。当特色小镇各组织成员的内部资源积累差距较小时,组织内的生态位相类似,成员间容易相互干涉,引起资源利用的竞争,甚至是恶性竞争。此时,追赶竞争作用给特色小镇各主体带来负效应,降低了发展主体的增长速度,而且内部资源积累的差距越小,生态位越相似,追赶竞争产生的副作用就越大。当各组织成员的内部资源积累差距较大时,由于各组织成员共同处于特色小镇内部,地理距离上相互接近,相互之间也比较了解,又由于差距较大,学习借鉴的空间也就较大,在保持竞争优势思想的驱使下,后进者会进行学习性的竞争,产生正向的追赶效应。并且,落后成员与先进成员的差距越大,追赶学习的动力就越大,小镇内部成员组织的能力提升也越快;当各组织成员的内部资源积累差距过大时,成员间的关系更多地表现为学习效应,成员组织间的竞争几乎不存在，而且随着这种差距增大，落后者对先进者的学习模仿就越困难，效率和效益也会降低。同样，将视角转向特色小镇的外部，小镇与小镇之间的关系同样适用于这种追赶竞争效应。

三 合作外溢作用

特色小镇的发展主体无法拥有发展所需的全部知识、技能和资源，总是存在能力缺口。能力缺口的存在，使得其自身吸附周围其他组织的知识和资源，与其他组织形成协作关系。不同组织间合作的可能性和默契度越大，所产生的效益就越大。但随着主体间协作的开展，会产生合作风险。合作风险是合作吸引力之外的副作用，它主要表现为合作过程中的信息不对称风险、专用性资产投资风险、资源流失风险等。合作风险与合作引力相伴而生，往往会随着协作关系的深入而凸显。当特色小镇的发展主体之间形成了共生关系时，合作风险会弱化，因此，小镇成员间的协作过程是合作吸引作用与合作风险作用动态博弈的过程，它们共同构成了合作外溢效应。当合作吸引作用远大于合作风险作用时，合作外溢作用为正效应，协作效应明显，小镇成员之间形成较强的稳定共生进化关系；当合作吸引作用远小于合作风险作用时，协作风险会完全抵消协作收益，这时效益为负值，合作外溢作用也为负效应，小镇成员之间无法形成共生关系；当合作吸引作用与合作风险作用大小相当时，协作风险恰好抵消了协作收益，合作外溢的效应接近零，此时共生关系微弱或不稳定。在实际发展的过程中，特色小镇所寻求的"政府引导、市场运作、企业主体、社会参与"发展模式，就需要政府、市场、企业、相关利益者之间进行协作，利用正向的合作外溢作用，形成稳定的共生进化关系。健康发展的特色小镇一定表现为不同主体之间正向的合作外溢作用。

四 环境根植作用

创新生态系统理论指导下的特色小镇强调产业与环境之间的相互作用，许多学者认为"产业特色+环境特色"可以打造特色小镇的"生命力"。沈迟认为，即使是同样的行业，如果结合不同的环境，如产业特色结合当地的人文特色或空间特色，就会产生独特性，发展成为特色小镇。[1] 因

---

[1] 沈迟：《特色小镇不在于"打造"在于"培育"》，《小城镇建设》2017年第4期。

此，特色小镇的演化还需要环境根植作用的存在。它表现为特色小镇的发展需要根植在拥有技术、资本、人才和文化的人文环境、制度环境和空间环境中，良好的环境会对各种要素产生吸附力和影响力，它作用于环境中的知识、信息流动和创新交流，作用于特色小镇发展的全过程。一方面，体现为内部企业主体与内部环境间的相互影响和促进，使得特色小镇内部具有更强的势能和生命力；另一方面，体现为特色小镇和外部环境相互作用，拓宽特色小镇的虚拟组织边界，向更宽的范围拓展，产生更强的影响力。比如在浙江省特色小镇发展过程中，一些地区就是由于具备良好的市场化制度环境，使得特色小镇能够独立主动应对外部环境变化和干扰的同时，与周边特色小镇协同生成"特色小镇群"。在实际发展过程中，环境根植作用在随着环境内部资源积累而增大到一定程度时，不会再持续性地无限增长，而是保持原作用或是以一种非常微弱的速度增长。这主要因为在环境给予特色小镇发展的足够能量后，特色小镇在依赖原有环境的基础上，向更广阔的空间拓展以寻求更好的发展。

五　外部扰动作用

特色小镇作为一个开放性的系统，其发展受到外部扰动作用的影响，主要表现为外部经济环境的变化、颠覆性的技术革命，以及外部的竞争挤压等。外部扰动作用对特色小镇的影响效果在短期内难以判断，但会对整个区域及内部组织产生大的冲击和扰动，从而可能会促进特色小镇适应性或颠覆性的变革演化。以瑞士的朗根塔尔小镇为例，20世纪60年代，由于瑞士产业结构的调整，许多纺织品公司不得不削减产量，朗根塔尔小镇也陷入了发展低潮。但由于小镇企业及时进行了内部变革，将发展重点放在市场和产品创新上，小镇很快度过了危机，并发展成为全球纺织品企业总部中心，发展也进入另一个高潮。再比如美国的格林威治小镇，在发展过程中，由于政府出台了相关税收优惠政策，很快吸引了大量对冲基金企业的进入，从而助推格林威治小镇的发展也进入了新阶段。

特色小镇内部组织间的追赶竞争作用、企业主导作用、合作外溢作用、组织与环境间的环境根植作用和来自系统外部的扰动作用共同构成了创新生态系统理论下特色小镇演化的作用模型（见图6-1），它推动着特色小镇作为一个系统由初级阶段向高级阶段发展演化。

第六章　创新生态系统视阈下特色小镇的演化机制　123

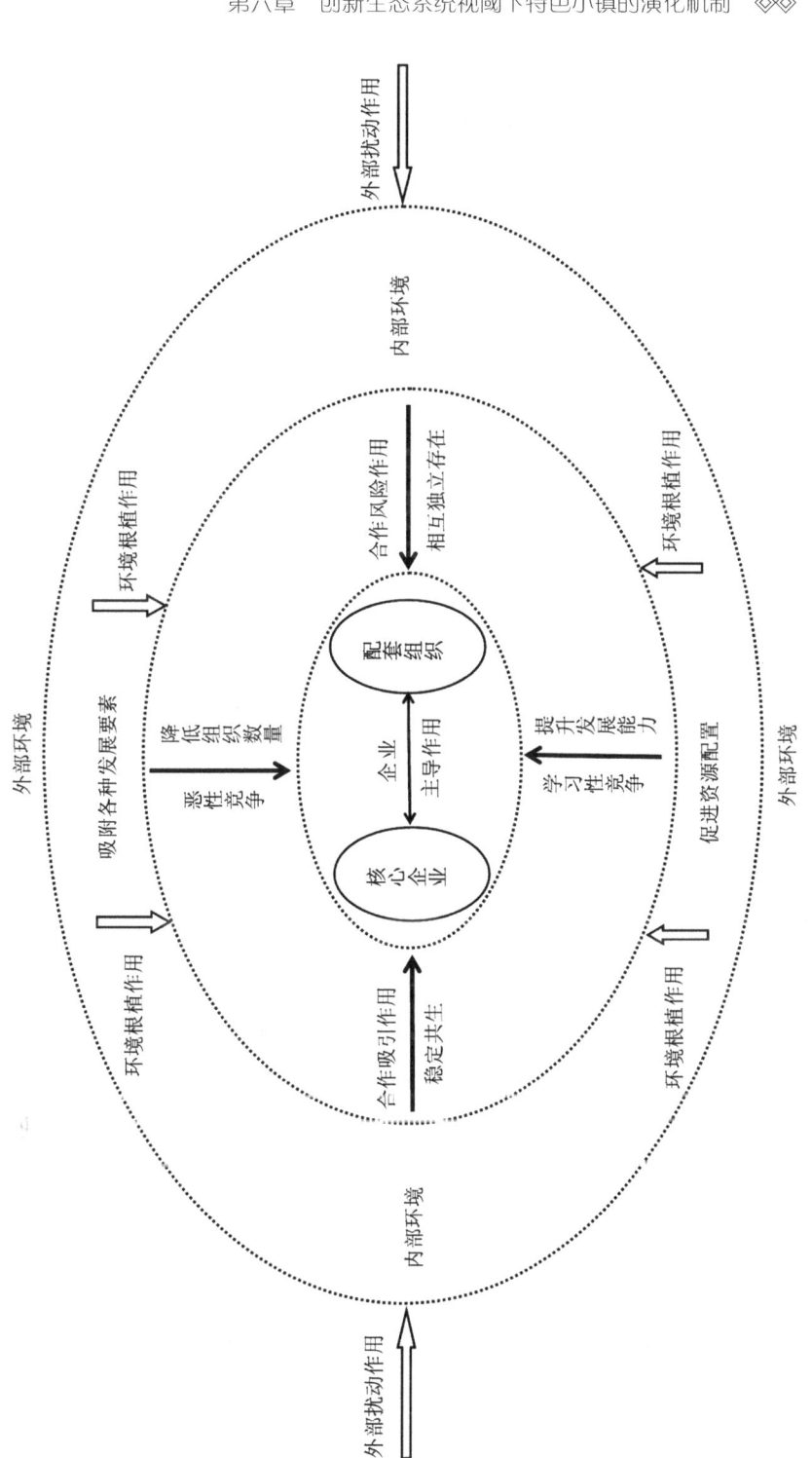

图6—1　创新生态系统视阈下特色小镇演化的作用模型

第二节　创新生态系统视阈下特色小镇演化的动力机制

一　创新生态系统视阈下特色小镇演化的动力因素

创新单元以及媒介的具备为创新生态系统视阈下特色小镇演化的形成奠定了基础，而创新生态系统视阈下特色小镇演化的过程中，表面上是创新单元创新行为非线性地叠加，实质上是创新能量、物质以及信息在创新生态平台上的流动以及交互。每个创新单元具有内在复杂的内部机制，特色小镇系统整体的功能和能力并不是创新单元能力简单叠加而成的功能集和能力集，也不是各个创新单元之间通过协商就可以确定的，而是从低层次的质变带动高层次质变从而实现系统整体质变的过程。这是一种既连贯又有新质产生的渐进向上的过程，这一过程离不开主导企业的竞合、其他主体的配合和政府政策的支持。

（一）驱动力因素：主导企业的竞合

特色小镇的演化不是自发的，需要有一定的驱动力来牵引和推动。驱动力运用一定的方式充分调动了特色小镇系统内各主体的积极性、能动性与创造性，使得特色小镇积极、健康地演化。在创新生态系统视阈下特色小镇的演化过程中，这种驱动力来自特色小镇主导企业间的竞争与合作。原因如下：首先，特色小镇主导企业都需要提升自身的核心创新能力，但任何一个企业所拥有的资源都是有限的，企业不可能拥有绝对的优势，资源的难以模仿性、不可交易性以及异质性形成了各个企业的核心竞争力。创新生态系统视阈下特色小镇演化中的创新活动是一个互相影响、互相连接的创造价值的过程，这也导致特色小镇主导企业所创造的价值与企业所拥有的资源优势是密不可分的，企业需要将主要精力集中在具有核心竞争力的领域上。由于特色小镇系统内主导企业之间的资源禀赋、创新能力、创新技术等具有较高的差异性，企业为了创造更大的价值，获得更多的利润，自然而然地就会联合在一起进行资源整合以达到优势互补。特色小镇系统中的企业通过联合与协作，围绕共同目标，充分依靠现有的创新资源与创新能力整合企业各自的创新优势，取长补短，从而获得新的资源与能力，如资金、设备、技术以及信息等，进而产生 1+1>2 的协同效果。

其次,特色小镇系统内的企业都需要通过竞争与合作实现规模效应以及满足规模经济的需求。通过竞争与合作,企业在原有规模上实现了规模经济,从而降低了创新过程中的单位成本并实现了单位收益的提高。另外,通过竞争与合作,特色小镇系统中创新主体的优势在创新链中的不同环节得以释放,放大了规模经济效益,提高了创新链上各个环节的效率。

(二)稳固力因素:科研机构等中介机构的协作

当科研机构等中介机构从独立的个体转变成创新生态系统视阈下特色小镇演化过程中不可或缺的创新利益相关者时,有必要以新的视角界定科研机构等中介机构与特色小镇主导企业之间的关系。一般来说,科研机构等中介机构和特色小镇主导企业各司其职、职能分割的情况必须转变。当然,两者从空间以及时间维度上考虑具有本质上的区别:一是空间上(与市场的距离)有所区别。对特色小镇主导企业而言,商业盈利是生存的第一步,而商业利润来源于市场,所以特色小镇主导企业会积极面向市场,感知市场的变化和预测未来的发展;科研机构等中介机构,由于其首要任务是科研工作或者起到关系连接的作用而不是商业盈利,因此相比于特色小镇主导企业是较为远离市场的。二是时间上(与技术的距离)有所区别。科学技术细分后是无穷无尽的,但总体而言可归为两类:竞争技术和共性技术。前者是可以直接转换为产品,用于市场竞争;后者属于基础科学,尚不能直接转换为创新产品。特色小镇主导企业对于竞争技术是强烈渴望的,因为可以直接用于市场中的差异化竞争,但却不会配置过多的资源在共性技术上。竞争技术属于已开发状态,共性技术属于未开发状态,两者的重要性在时间轴上也具有先后关系。

由此可见,特色小镇主导企业与科研机构等中介机构在时间与空间上具有互补的作用。科研机构等中介机构应该充当特色小镇主导企业在演化过程中的基础知识互补者,缓冲企业空间与时间上扩张带来的压力,而这种中介作用的发挥可以从以下两点入手:一是主动与特色小镇主导企业开展合作。合作性较高的科研机构等中介机构往往能够与特色小镇企业建立各种联系,开展多项合作,探索各种创新模式,得到企业的认可。对于科研机构等中介机构和特色小镇主导企业来说,双方需要协调不同价值取向的文化张力,关系治理就变得更加重要。重视关系治理的科研机构等中介机构更容易得到主导企业的认可,促使双方的资源共享和知识交流更加深入与广泛。二是积极推动科研成果转化。实际上,科研机构等中介机构作为特色小镇演化过程中的共生单元也需要通过竞争向系统输出创新价值,越能传递价值的科研机构等中介机构越能收获高的声望(声望可以吸引优秀的科研人员以及获取更多的科研项目等)。具体地说,特色小镇主导企业是通过不断创新来满足消费者变化的需求,然后某些时候,企业的创新能力不能满足消费者的需求时,特色小镇主导企业会将这种刺激传递给科研机构等中介机构。这时候,科研机构等中介机构作为中介主体,需要通过竞争将基础科研成果作为价值承载物传递给特色小镇主导企业用于科研成果转换。越是能够快速协同企业攻克科研难关的科研机构,其生态位职能就越重要。

(三) 助推力因素:政府政策的支持

基于权变理论,特色小镇内在环境与外在环境的匹配程度越高,可获取资源的能力越高,创新的能力就越强,创新生态系统视阈下特色小镇的演化就越具有自主性,而这种外在环境的构建是政府的社会责任之一。中国政府在以往各类社会活动中扮演的是"父类"的角色——控制与强力处罚。在这种高压环境下,创新效果不显著,甚至某种程度上创新的积极性被抑制了,甚至特色小镇的演化也处于停滞状态。随着社会形势的变化,公共服务管理问题的认知程度逐渐加深,"母类"政府角色的调节作用被更多地倡导。调节并不是干预,也不是控制,而是可以体现为一种赋能。政府职能的落地实施为创新生态系统视阈下特色小镇的演化做好服务工作,而这种作用体现在特色小镇演化的全周期中,包括:(1) 政府可以通过建立良好的财政、税收政策鼓励特色小镇良性健康地自主演化;同时,构建健康的金融生态环境,为特色小镇核心企业插上"飞翔的翅膀",让特色小镇具备更多的社会融资渠道。(2) 在信息化社会,特色小镇的演化是一个长周期和辐射范围广的过程,对政府而言,建立一个全国性的信息反馈与共享平台是其应该提供的基本公共服务。这个共享平台囊括特色小镇的声誉数据(包括失信行为以及某些必须强制披露的信息),这样可以使得特色小镇故意营造的信息不对称环境被迫

第六章 创新生态系统视阈下特色小镇的演化机制 127

消失，促进市场有序以及健康地发展。

二 创新生态系统视阈下特色小镇演化的动力机制

在特色小镇形成、发展、成熟、衰退/蜕变的过程中，起到影响作用的各种因子具有不同的作用力和结合方式。在形成阶段，政府引导、硬件环境、资源共享、市场机制、相关产业发展以及人力资源和社会资本等因素相互作用，产生资源的集聚效应，推动形成特色小镇。在成长阶段，经济发展、产业政策、市场需求、社会资本、创新能力、人力资本、资金资本等因素交互作用产生增值效应，促进特色小镇发展。在成熟阶段，充分具备了特色小镇成长条件后，小镇继续拓展新的发展领域，带动周边区域发展，实现原有资源的增值，形成创新生态系统。在退化阶段，由于竞争力过强导致特色小镇产生路径依赖等风险，只有通过创新才能保持特色小镇的可持续发展。因此，特色小镇演化过程具有复杂适应性特征。在特色小镇自组织演化的不同生命周期阶段，通过不同的作用机理，它形成了不同的演化动力机制。前面章节提到，基于创新生态系统理论的特色小镇演化过程主要体现为特色小镇作为一个系统在中观与微观层面的演化规律，主要体现为产业集聚形式的演化过程、内部组织成员间行动协调的演化过程，而特色小镇内部组织成员间行动的协调又影响着特色小镇产业集聚形式的变化。因此，特色小镇演化的动力机制主要来自产业集聚的推动机制。

（一）形成期：企业衍生机制

特色小镇的核心竞争力在于嵌入特定区域及其历史人文背景下的产业。产业的载体是企业，企业数量的多少决定了产业集聚程度的大小，特色小镇是在产业集聚的基础上形成的。因此，企业衍生机制是特色小镇形成阶段的动力机制。

企业衍生机制是指特色小镇内部承担产业集聚功能的核心企业带动产业链上横向、纵向企业发展的过程和作用机理。企业衍生可以分为裂变、孵化、分蘖和分工四种形式。企业衍生的过程促进了特色小镇内部企业数量的增加，企业数量的增加又促进了企业集聚规模的增大，集聚带来的吸聚效应会吸引更多的企业和人才向特色小镇集聚。此时，企业大多以获取集聚外部规模效益为主，形成外部效应。由于外部经济作用，企业生产成本下降，促进企业衍生，产业集聚效应进一步扩大。企业衍生的形成和发展过程，可以凭借社会网络等各种联系获取相关信息，引发知识溢出效应。像高新技术型特色小镇内部企业的衍生过程基本上就是企业之间模仿、学习与改进的过程。企业的研发人员通过产品的研发与生产，实现创新知识的增值，又通过产品的流通，使得创新知识实现显性化。企业本身的知识同样会在企业集聚的过程中向整个产业内形成知识溢出，从而推动整个特色小镇特色产业的技术更新和升级。

（二）成长期：竞争与合作机制

随着特色小镇的发展，小镇特色产业的集聚效应形成了区域性的产业优势，进一步促进了企业的横向集聚。企业的集聚使得企业的同质化程度加剧，企业间的竞争逐渐激烈。同时，特色小镇的产业也需要相关产业的支撑，于是产生了上下游企业之间的合作关系。因此，竞争与合作机制是特色小镇成长阶段的动力机制。

竞争与合作机制是指特色小镇发展主体之间关系交互的过程和作用机理，以及特色小镇企业之间关系交互的过程和作用机理。特色小镇发展主体在合作的过程中，基于社会网络的信任机制，实现了知识的流动。由于主体间知识结构存在差异以及合作过程中存在沟通，于是逐渐形成了知识溢出效应。具体表现为：首先，大学、科研机构的研发产生了隐性知识，隐性知识通过基石组织的作用，向核心企业溢出，转化为显性知识。特色小镇的核心企业与相关企业以及支持性企业间的合作，可以通过相互的知识学习过程来促进制度创新、管理创新以及具有市场价值的技术创新等，从而产生协同创新效应。协同创新表现为多种形式，例如特色小镇作为创新创业的平台就是一种协同创新。其次，特色小镇产业集聚过程中，企业间的竞争可以增强自身竞争力，发展主体之间的竞争可以推动特色小镇制度环境、市场环境等的优化，促进特色小镇的快速成长。

（三）成熟期：协同与创新机制

特色小镇发展到一定的阶段，内部的各主体以及企业做到了明确的分工，形成了分工协同；此时，特色小镇各发展主体以及企业之间形成了良好的协作关系，开始共享区域特色文化资源并在这个过程中形成了资源协同；再加上此阶段市场为主的运作模式，形成了市场协同；特色小镇的内外部发展需要遵循良好的制度，由此形成了制度协同；特色小镇发展主体在协同发展过程中，形成了指导小镇发展主体行为的价值体系，实现了文化协同；小镇特色产业的竞争优势促使形成竞争协同；小镇形成与成长阶段动力机制产生的知识溢出效应和学习机制促进了创新的示范效应产生，形成创新协同；特色小镇的内涵要求特色小镇必须被置于特定的区域文化环境中，于是特色小镇又与区域经济实现了协同发展。同时，特色小镇内部企业之间通过创新知识、市场信息和制造技术的传递与积累，形成了创新的推动力，产业集聚达到了最大化，促进了特色小镇整体的持续发展。基于创新生态系统理论的特色小镇，其本质内涵是"创新"，促进创新的效应更加明显。一方面，特色小镇这一空间组织形式为人与人之间的直接交流创造了良好的氛围，能够为"创新"人才提供更多的交流机会，促进知识溢出而助推创新。首先，在特色小镇发展过程中，不断地积累人力资本和知识资本，为创新提供源动力。因此，协同与创新机制有利于特色小镇形成动态、有序的协同创新网络，在这个过程中形成良好的学习机制，促进知识的溢出。其次，特色小镇一般建立在区域环境资源比较集中的地区，有利于小镇与区域自然环境的协同创新。另一方面，由于特色产业根植于区域文化背景下，特色产业的发展过程也激励着社会文化的发展，形成特色小镇与社会文化环境的协同创新。

（四）变革期：更新与迭代机制

特色小镇在衰退或者蜕变阶段，产业集聚逐渐瓦解，企业破产或纷纷迁出特色小镇。特色小镇为了保持可持续发展的能力，就需要进行产业的更新迭代，因此，更新与迭代机制是特色小镇衰退或蜕变阶段的动力机制。更新与迭代机制是指特色小镇内部核心企业更新和迭代的过程与作用机理，以及特色小镇发展主体更新和迭代的过程与作用机理。首先，特色小镇的核心企业由于竞争的加剧，逐渐丧失了核心企业的地位，不断被其他同类企业所替代，产生了知识更替效应。其次，特色小镇的发展主体随着促发作用效果的不断减弱，不断被外部组织、机构侵入小镇内部，形成新的发展主体，产生外部效应。

第三节　创新生态系统视阈下特色小镇演化的逻辑机制

特色小镇演化的动力源自内部发展主体和外部环境两个方面。政府、市场、相关利益者之间不断博弈成为特色小镇演化的关键。在这个过程中，存在着一定的逻辑性过程，进而构建了相应的作用机制，这些机制解释了特色小镇演化的逻辑性。逻辑性机制更多地将特色小镇作为一个整体，并将其置于宏观的区域发展过程中。其中，遗传机制解释了特色小镇内部结构演变的合理性，而变异机制、衍生机制、选择机制均描述了特色小镇在宏观大环境下为何不断演化。

一　遗传机制

遗传机制是指特色小镇内部的新旧组织（例如核心企业）性状存在相似性的过程和作用机理。当特色小镇的核心企业处于初步阶段时，它们缺乏发展所需的大量资金及技术，那么在短期内倾向于沿用特色小镇原本就具有的成果和资源。特色小镇遗传机制的存在取决于特色小镇已有的成果以及政策环境、市场环境、文化环境等。当特色小镇保持静止或稳定发展的状态时，小镇发展主体会倾向于保持现状。如果特色小镇受到某种强大的作用力冲击，这种静止或稳定发展的状态将被打破。这种作用力的大小取决于特色小镇的规模大小，特色小镇规模越大，遗传机制的作用也越大，其保持现状的能力也越强。

二　变异机制

变异机制是特色小镇发展主体之间、发展主体与发展环境之间相互作用的一种主动积极的演化机制。变异机制作用于特色小镇，使其产生多样化和突发性的变化。变异机制的推动力来自特色小镇的外部环境或内部主体，推动力越大，特色小镇发展的加速度就越大。这种推动力迫使特色小镇打破原有平衡，去寻找全新的市场空间，进而引发突破性的发展。在突破性发展的作用下，特色小镇内的各发展主体不断地相互适应，循环往复，最终提升了特色小镇的整体水平和发展能力。

三 衍生机制

衍生机制是指在要素、资源、信息、能量等的集聚和发展中,特色小镇对新物质(要素、资源、技术等)进行吸收、消化和改造,实现小镇发展能力增长的过程和作用机理。通过衍生机制,特色小镇对区域的带动效应得到充分体现,价值实现最大化。在特色小镇的内部同样也存在衍生机制:核心企业通过衍生会产生产业的集聚效应,为特色小镇提供产业支撑。衍生机制的产生主要来自政府的推动作用。政府通过为特色小镇提供物质支撑、政策支持,优化了特色小镇发展的软环境,促进特色小镇升级。

四 选择机制

选择机制即适者生存、不适者被淘汰的作用规律。选择机制可以解决复杂的资源配置问题,传播"好的"变异,抑制"差的"变异。[①] 在特色小镇发展过程中,能否经受住考验,成功存在并可持续发展,取决于消费者对特色小镇的青睐或抵制。根据消费者的偏好选择,特色小镇应该迅速做出反应并调整发展战略,进而影响整个特色小镇的演化,使特色小镇发展处于有利地位。

第四节 创新生态系统视阈下特色小镇演化的治理机制

创新生态视阈下的特色小镇作为创新发展的平台,可以凭借优势产业促进区域发展,优化交通,改善居民生活环境,从而实现小镇的多功能聚集效应。随着特色小镇的演化,其治理内容日趋多元化,也逐渐探索组建由政府、企业、居民、社会组织共同构成的治理委员会,建立自我运行、自我监督、融合开放的治理机制。

---

① 罗国锋、林笑宜:《创新生态系统的演化及其动力机制》,《学术交流》2015 年第 8 期。

一 利益协同机制

从协同治理理论来看，协同合作的前提是要完善利益表达机制。只有各主体明确职责，才能有效避免协同治理过程中主体因角色定位模糊而影响小镇治理效果。特色小镇协同过程是在完善的体制机制下各主体以有效的方式共同参与治理，这种治理方式必须遵循"政府负责、社会协调、公众参与、法治保障"的逻辑思维，其中的关键是要处理好政府、市场、社会和公众之间的关系，形成多元协同的现代治理。政府、企业和居民是特色小镇治理中不可忽视的主体。新公共服务理论指出，政府在公共事务管理中的作用是掌舵而不是划桨。政府不能包揽一切，也做不到兼顾各方，需要明确多元主体的具体职责，通过完善体制机制吸引企业和居民参与小镇治理，各司其职，实现良好协同效果。中国经济快速发展中，社会治理结构不断优化，利益主体多元化的出现，引发了一系列新的社会矛盾。对于特色小镇建设而言，多元主体的参与带来多元化的利益冲突，制度是促进多元主体协同作用的基石，要在有效的制度安排下，整合政府、企业、居民利益诉求，建立小镇利益共同体，深化行政体制改革，建立有效的小镇制衡机制。在发展特色小镇中，各参与者有着各自的利益。为避免各行其是，影响协同效果，就要深化行政体制改革，完善特色小镇管理体制，建立有效的制度。企业在特色小镇治理中是主要的经营者，发挥着市场机制作用，负责创造并提升产品价值，通过与当地居民形成利益联结，共享收益，也共同承担风险。双方为追求利益最大化而建立的利益纽带是小镇建设培育发展产业的最大动力。在这一过程中，政府应发挥服务功能，统揽全局，负责小镇发展的主要规划，积极配合，辅助各项合作。国内江浙地区的特色小镇按照政府主导、企业主体、市场化运作的模式，为企业创造有利条件，避免政府干涉过多。

二 组织保障机制

特色小镇建设要结合实际，积极推进乡镇政府职能转变，强化政府公共服务功能，着力补齐基本公共服务"短板"。政府在特色小镇的治理中，首先是制定规则，要根据中央和地方的有关政策，制定符合市场规律的特色小镇规章,并能够根据小镇和相关产业发展的变化做好政策更新。这需要与相关主体或第三方咨询机构进行有效的沟通,准确把握趋势变化。其次是维护规则,要严格落实政府的监管责任,对破坏小镇产业环境、自然生态或品牌声誉的主体根据有关法律法规给予处理,不能因为一时的投资收益而忽视规则破坏导致的长期后果。最后是投入资源,不只是土地、资金等硬性资源,也包括宣传推广效应、招商效应等软性资源。特色小镇的建设耗力耗时,除了政府应该扮演好引导者角色来统领全局,更应该招商引资,合理引导具有一定规模的企业加入特色小镇建设过程中,合理布局、科学规划,赋予入驻小镇的企业足够的自由度,破除企业在发展过程中的各种制度性障碍,保障组织发展的科学性。同时,还要明确企业的权利和职责,处理好省级政府、地方政府与小镇企业之间的关系,通过"一方统筹、多方联动"的方式,实现上下互通,由上向下传达政策,由下向上反映问题,进而促进特色小镇健康良性发展。

三 监督管理机制

完善相关协同治理机制,需要加强监管,吸引企业和居民参与协同治理,将企业和居民的需求转化为促进小镇建设的动力,营造和谐的协同氛围。特色小镇的监管制度,主要在于负责前期规划和监督作用两个方面。一方面,要明确小镇具体建设标准,对于进驻企业采取优惠政策,通过支持企业发展增进共识,促进合作开发,增加相关资源的有效供给。例如,青田石雕小镇通过特许经营方式,按照小镇前期建设规划,要求企业等开发主体的各类项目建设符合标准,既有效解决房地产开发暗箱操作的弊端,也避免小镇政府买卖土地。另一方面,严格把控特色小镇建设各个环节,如控制高污染、高耗能企业入驻,对破坏生态环境的行为及时制止,对一些产业薄弱且长期不见效的要督促整改。从企业角度看,特色小镇的投资、建设和运营由专业市场主体实施,既满足企业共享资源的需求,也缓解了政府一家独大的状况。同时,政府应通过与市场主体的合作,充分发挥各自的优势,实现二者的有效互补,达成各方的有效监督。完善的监管制度也应充分考量居民意见,居民对政府公共事务建言献策,保障了后续参与小镇治理时自身诉求的合理表达。唯有居民行为主动，形成公约，塑造参与小镇治理事务的价值认同，才能自觉为实现特色小镇有效治理提供助力。

创新生态系统视阈下特色小镇不同发展阶段的治理主体、治理机制也不尽相同。在形成期，特色小镇的治理主体为政府，政府在创新要素集聚中将发挥关键主导作用。在成长期，特色小镇的治理主体侧重发挥的是非公共部门的治理作用，强调协同治理，采取市场化的治理手段，突出其他主体的治理机能，政府职能逐渐转为服务型。在成熟期，特色小镇的治理主体主要为创新网络中的核心企业，完成网络中所有资源及潜能的分配与集成，促进网络整体价值的最大化。在变革期，政府渐渐退出主导地位，治理主体趋向多元化，主要为核心企业及其他创新主体。特色小镇演化的治理机制是四个阶段所必不可少的，但每个阶段机制的侧重点不同。

以上从不同层面分析了创新生态系统视阈下特色小镇的演化机制。从根本上讲，特色小镇的演化机制包括内部不同主体之间的协同机制，以及特色小镇与外部环境之间的协同机制，这种协同机制最终体现为特色小镇演化的动力。内部的协同表现为不同企业之间，以及与外部的政府、大学、科研机构、大学等之间协同关系的建立。因此，特色小镇的演化呈现为内部网络协同与外部网络协同的叠加与共生，以内外动力相互作用促进特色小镇的不断发展和演化。

第五节　创新生态系统视阈下特色小镇演化的一般路径

特色小镇的形成与发展离不开特色产业的集聚与创新。作为特色小镇的发展支柱，特色产业与其关联产业的协同发展有利于带动区域内政府、科研机构、商会等互动合作。特色小镇的生命周期有形成期、成长期、成熟期与变革期四个阶段。在不同的生命周期，特色小镇所遵循的发展路径亦有不同。在网络演化的整体逻辑之下，随着生命周期的演进，特色小镇内网络对创新绩效的激励效应逐步加强，分别利用地理邻近、认知邻近与技术邻近演化形成经济网络、社会网络与创新网络。当特色小镇的创新网络逐步实现从稀疏到密集的演化与扩散，最终达成相对稳定形态，便形成了创新生态系统。需要注意的是，根据一般动态均衡理论，创新网络的演化是一种"远离均衡"的过程，其稳定属于暂时性的稳定，只有重视小镇网络的弹性结构建设，增强其面对不确定外部环境时的创造性应对能力，才能够摆脱路径依赖，体现创新生态系统的无限可能。在变革期，由于网络的封闭性与邻近悖论的存在，创新网络将随演化时间的延长变得越来越密集。① 直至由于过度密集对特色小镇的创新绩效与知识溢出产生负面影响，该阶段小镇需从创新源泉出发，焕活网络创新力，通过建立新节点、解散旧节点以及与区域外节点建立联系等举措进行重组，使特色小镇创新生态系统良性健康发展。

一 特色小镇形成期的发展路径：经济网络构建

在特色小镇的形成期，政府先行发力，根据特色小镇的地理及资源禀赋引导其集聚相关产业、人才要素，构建经济网络的主要节点；再通过推动特色小镇主体间的地理邻近助力企业分工，形成网络节点间的纵向联结；进而在产业集聚下催生出多元的关联产业，拓展经济网络覆盖面，提升经济网络节点间的联结密度，最终实现特色小镇经济网络的构建。②。

（一）通过资源集聚构建网络节点

特色小镇的形成阶段是人才、资金、文化等多种资源汇聚整合的阶段。通过整合与利用各种资源，特色小镇各主体能够发挥基本功能，构建经济网络节点，提高区域凝聚力。

1. 通过集聚人才与资本要素，推动网络节点形成

作为新型城镇化下地方政府的一项重要创新实践，特色小镇的发展从人的需求出发，贯彻"以人为本"的核心理念，其发展离不开人（特别是企业家）的力量。熊彼特指出："企业家是创新的灵魂。"在以创新为核的特色小镇内，企业家充当了特色小镇网络演化中最具创新效能、最具灵活性的节点，故而要打造特色小镇的网络节点，尤其需注重人才的引入与集聚。在域内已有产业对人才的吸引与需求之外，政府为特色

---

① 安虎森、季赛卫：《演化经济地理学理论研究进展》，《学习与实践》2014年第7期。
② 张敏：《创新生态系统视角下特色小镇演化研究》，博士学位论文，苏州大学，2018年。

小镇"招安"人才，还需从个体的多元需求入手。首先，通过打造宜居小镇生态圈吸引人才入驻。一方面，特色小镇充分利用自身的地理环境优势，培育绿色、优美的生态环境，优化小镇景观，以风景吸引人才；另一方面，当地政府积极参与，通过提供医疗、教育等公共服务，完善小镇及周边地区的交通道路网络、电信网络等基础设施留住人才。其次，打通人才之间的交流渠道，促进新思维与新方法的产生。特色小镇中的人才在与小镇外部交流互动以及小镇内部各类主题人才的交互中促进了显性与隐性知识的流通，为特色小镇内企业提供了活力，为特色产业的打造提供了新鲜血液。

除了人才之外，特色产业的发展同样离不开资金的运转与支持。政府、企业家、第三方机构的投资将为特色小镇的发展提供更大平台，助推特色小镇内企业节点进行商业、知识的互动，为经济网络的运转提供燃料。

2. 通过文化集聚为网络节点注入特色

特色小镇区别于一般工业园区的一大特点是其对文化的重视。良性价值导向下催生出的充满活力的文化生态系统是滋养企业家精神的关键，也是特色小镇创新的动力源泉。在区域文化的加持下，小镇的网络节点将更具特色和竞争力。不同于资金、人才等资源，文化属于隐性资源，它的形成伴随着人的高层次需求。第一，特色小镇通过挖掘梳理区域历史并总结凝练，提取小镇的文化特点。文化无形，但随着历史发展会留下有形的文化资源与文化景观，在特色小镇内形成当地独特的建筑、工艺、自然景观。这些有形文化资源与百姓的文化习俗一起构成了特色小镇的独特风格，为小镇内部主体提供了特色。如苏州的苏绣小镇是依托吴文化与刺绣文化形成的，其特色产业围绕遗产苏绣这一非物质文化；西双版纳的勐仑镇根据当地的独特自然景观打造了热带雨林小镇，利用自然与文化资源带动了小镇的文创及科普产业。第二，特色小镇对文化资源的利用应当具有定向性、整体性。这需要政府的带头引导，整体规划，为特色小镇的特色文化提供明确方向，为高强度网络节点的构建提供道路。

区域间各类资源的集聚为企业、科研机构、商会等的构建提供了必要条件。这些经济网络的基本节点进一步创造了节点间交互与节点外交互的需求，为经济网络的扩散与演化提供了基本动力。

(二) 通过企业集聚形成纵向垂直网络

在企业节点出现之后，由于对利润的追求以及交流的需求，企业往往选择在地理上形成集聚。地理邻近的出现催化了企业间职能的细化与生产的专业化分工。在特色小镇形成初期，特色产业或是由若干大型企业承担，或是由多个中小型企业集中承担，二者皆能推动生产与服务的集中化生产，进而实现集群内企业进一步的分工细化。企业之间的地理邻近，一方面使同类型企业竞争加剧，企业内部的分工进一步细化，衍生出一系列"小而特"的子公司，提高生产效率；另一方面，分工的出现使特色小镇内的产业链进一步完善，同时催生出对一系列专业化服务机构的需求，加速、匹配企业间的经济合作。这些节点的出现不仅提升了经济网络的密集度，还使复杂网络演化下节点的交互更加顺畅有序。在这样的分工合作下，特色小镇的企业间基本形成了纵向垂直联系，实现了全产业链发展。在该阶段，节点的强度也呈差异化分布。单一承包一个生产环节的中小企业与其他企业的经济联系较为有限，是经济网络中的非核心节点；大企业由于其生产承包环节相对丰富，形成了与其他节点交互频繁的高强度节点，也就是经济网络中的核心节点。一部分大企业还会跨域区域界限与特色小镇外的企业进行交互。

(三) 通过产业集聚形成经济网络

由于集约用地的特性与"产、城、人、文"四位一体的建设目标，特色小镇的特色产业与多种产业存在关联节点，且这些关联产业之中不仅包含与产业间的经济互动相关的产业，还包含满足区域内其他主体需求的服务行业，如为个人和企业提供贷款与资金的金融业，为完善小镇基础设施引入的交通业、物流业、房地产业，为小镇游客与居民提供舒适体验的旅游业、餐饮业等一众服务业，等等。为构建一个更加完善、覆盖面更广的经济网络，特色产业需与其他关联产业建立链条，通过产业之间的关联合作与资源互动，使经济网络进一步扩散。具体就是，通过特色产业带动、商业合作，引入多种类型的产业节点，将原有经济网络向外延伸，最终通过节点的进一步互动拓展产业链条，实现第一、二、三产业融合发展，提升特色产业的附加值。① 例如，诸暨大唐镇在发展传统袜业的基础上引入体育生态，通过与体育赛事、体育表演等的合作开发了运动袜业务，为大唐袜业今后发展提供了更多的空间。苏州震泽镇在发展传统丝绸业的基础上，通过与法国专家设计师合作，开发小镇内纺织业的时尚性，也为丝绸文化注入了新的个性化活力。与国际接轨的尝试增加了震泽丝绸的品牌附加值，带动了特色小镇内时尚产业、设计产业的发展。在形成阶段，特色小镇的经济网络由大企业担任的核心节点以及中小企业担任的非核心节点构成，该阶段节点之间的联系大都局限于商业联系，与外界的交互主要由核心节点承担（见图6-2）。

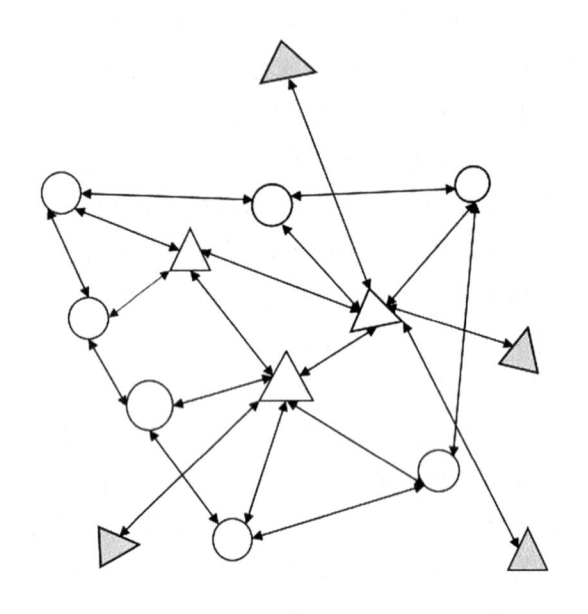

节点类型：
△ 大企业　　○ 中小企业　　▲ 特色小镇外企业

图 6-2　特色小镇经济网络构建

---

① 余雷、胡汉辉、吉敏：《战略性新兴产业集群网络发展阶段与实现路径研究》，《科技进步与对策》2013年第8期。

二 特色小镇成长期的发展路径：社会网络构建

在特色小镇的成长阶段，小镇网络结构对创新绩效的刺激作用增强，市场调配逐渐成为推进小镇发展的主动力，此时的主要发展路径为推进小镇主体之间的认知邻近，发展目标是构建特色小镇社会网络。此时小镇内经济网络已形成，然而单纯的商业网络对区域创新绩效的刺激并不显著。[①] 要构建创新网络推动特色小镇的知识溢出，需要进一步提高小镇各主体之间的认知邻近。比如，通过企业之间的竞合交互激发知识溢出，提高已有经济网络对新方法与新技术的接近程度；通过文化熏陶引导特色小镇行为主体的行为秩序，使网络节点的类型多元化，从企业扩散到机构或个人，构建横向水平网络；通过制度协调整体规范监督个体的行为，使社会网络顺畅运行。

（一）通过形成良好的竞合关系促进知识溢出

在特色小镇的成长阶段，同类企业为获取竞争优势，激发个体的创新意识，并在向外或向内接触中形成知识溢出，为新技术、新产品的诞生提供了良好的氛围。第一，特色小镇内部，与特色产业相关的同类型企业通过竞争与合作，形成协同效应，提升创新水平。特色小镇内已有产业集群创新水平的提升会影响创业者创新企业的区位选择，高水平的企业集群将吸引一批新企业进入特色小镇，共同集聚竞合。第二，特色小镇内的企业通过与外部优质同类企业的竞争互动，提升了自身的认知维度。高维度认知邻近与低维度地理邻近组合的企业间互动将比单一维度邻近下的企业互动更具创新刺激性，也同时避免了多维高邻近企业互动时会发生的"邻近悖论"。比如拥有全球毛纺基地之称的江阴时尚小镇，小镇内纺织企业通过竞争交互寻求自身竞争优势，两大龙头企业海澜集团、阳光集团品牌效应显著，行业内话语权增强，并在竞争中催生创新需求，创新投入增强，带领特色产业关联产业增加。在竞争中，时尚小镇拓展了产业链，实现纺织、花卉、马术等行业的协同发展。

---

① N. Mental, "The Detection of Disease Clustering and a Generalized Regression Approach", *Cancer Research*, No. 27, 1967, pp. 209–220.

(二) 通过文化熏陶构建横向水平网络

特色小镇构建社会关系网络,需要一套指导小镇内各主体行为秩序的价值导向,而通过统一的文化熏陶培养小镇内各类主体的认知邻近,将从心理层面激励与约束小镇的个体行为。精神认同与共同遵守的行为规范也形成了特色小镇的区域文化,又进一步形成系统的特色小镇文化生态体系。在特色小镇文化生态体系的滋养下,它激发了跨类型的网络节点协同互动。认知邻近不仅存在于参与特色产业及其关联产业发展的经济网络节点之中,还通过统一的价值导向与文化认同扩散到区域内微观个体与科教机构等主体之中,形成社会网络节点下的横向水平网络。小镇内企业、居民、政府、服务机构等在小镇文化生态体系的熏陶下达成共识,交流更加流畅,沟通互动更加频繁,小镇网络跨越了商业互动维度,扩展至企业外其他主体,提高了特色小镇的整体协调性。相对于经济网络,认知邻近刺激下形成的社会网络不仅拥有更密集的网络节点与更广的网络覆盖面,其网络演化的复杂性与封闭性也更强。封闭性一方面是网络形成的重要驱动力,行动者间更易通过第三方的介绍建立联系,且会随着时间的推移使该地区内网络密集度逐渐增加;另一方面,封闭性会提高小镇的进入壁垒,过度的认知邻近将带来"邻近悖论",对小镇社会网络的开放性带来负面影响。这需要小镇加强多维度邻近的融合,遵循弹性原则和柔性原则编织网络,提高其开放性与对外部环境的适应性,在相应阶段进行网络的升级重组。

(三) 通过制度协调规范社会网络

在社会网络中,网络节点不局限于企业等经济组织,节点间的联系也不局限于商业互动,这就意味着原先的专业化服务组织并不足以支配当前网络的顺畅运行。节点类型的丰富化与节点需求的多元化使社会网络需要一个主体来承担监管与引导的职责,规避风险,使网络顺畅运行,这是特色小镇政府的主要功能。政府在特色小镇发展运行中起到引导与监督的作用,通过建立制度来规范小镇内其他主体的行为,并在复杂的个人行为中引导建立行动规则与秩序,促进个体行动的协调与一般性规则的形成。值得注意的是,政府需看清自身定位,对市场"让贤",引导而非干预个体行为,颁布的政策制度必须与特色小镇的整体经营管理制度相适应,促进社会公众的参与度,实现主体间的协调发展。居民在制度协调中也占据重要地位，特色小镇内的人才不仅是创新的源泉，更是制度规则的监督者。在居民的监督与参与下，特色小镇社会关系网络将更加协调有序。

三 特色小镇成熟期的发展路径：创新网络构建

在特色小镇的成熟阶段，其主要发展路径为节点间的知识交互与溢出，发展目标为构建创新网络，从而形成创新生态系统。具体就是，以特色产业为载体，通过多类型主体协同构建高强度创新网络节点与强创新网络关系，助推特色小镇创新网络的形成；通过网络节点与区域外部环境的协同，为创新网络演化提供充满活力的土壤；通过重组区域空间结构，提升特色小镇的弹性与开放性，形成特色小镇创新生态系统。

（一）通过节点间跨类型多维创新形成创新网络

在特色小镇成长期，随着社会网络的构建，特色小镇内节点基本实现了纵向垂直与横向水平的网格化联系，不同类型节点间兼具以商业互动为主的显性联系与以知识交流为主的隐性联系。已有研究表明，高地理邻近与高组织邻近组合（如特色小镇内的企业）的高—高节点之间的互动将激发更大的经济效益，而高—低组合多维邻近节点（如特色小镇内部企业与外部同类型企业、特色小镇内企业与政府或科研机构）的互动相对而言会更大程度上激发网络的创新绩效。[1] 为更高效地刺激特色小镇的创新绩效，需更大程度地增加高—低组合多维邻近节点的互动联系，促进小镇企业、政府、金融机构、科研组织多方参与协同创新。具体而言，企业作为特色小镇的主体与创新网络的基本节点承担特色产业的发展运行，政府制定相应政策引导监督节点交互，金融机构为创新网络的构建提供资金燃料，科研机构发挥学习研究技能为特色小镇提供技术创新。因此，需要建立"三螺旋"的特色产业综合创新发展模式来实现创新网络的构建。[2]

特色小镇内的创新活动并非单纯的技术创新，而是要构建显著刺激

---

[1] N. Mental, "The Detection of Disease Clustering and a Reneralized regression Approach", *Cancer Research*, No. 27, 1967, pp. 209–220.

[2] 张敏：《创新生态系统视角下特色小镇演化研究》，博士学位论文，苏州大学，2018年。

网络创新绩效的多方节点强关系，催生新产品与新方法。这需从产业成本分析入手。由"制造成本+交易成本+创新成本"构成的产业成本降低，能使节点产生更多动力以推进产业的创新：第一，加大技术创新投入，提高创新效率，降低产品出错率，间接降低制造成本。第二，企业与政府配合互动。一方面，企业发挥创新主体作用；另一方面，政府制定相匹配的技术创新制度，实现制度创新，降低交易成本。第三，作为技术创新与制度创新的平台与个体行为实现一般性规则的载体，特色小镇的产业创新需重视市场需求，进一步降低创新成本。由技术创新、制度创新和市场需求构成的"创新三螺旋"互促融合，构成了创新的"三螺旋"，也高效地激发了创新绩效，实现了特色小镇网络关系由整体偏弱到强弱结合的突破，形成了能够实现知识溢出的创新网络（见图6-3）。

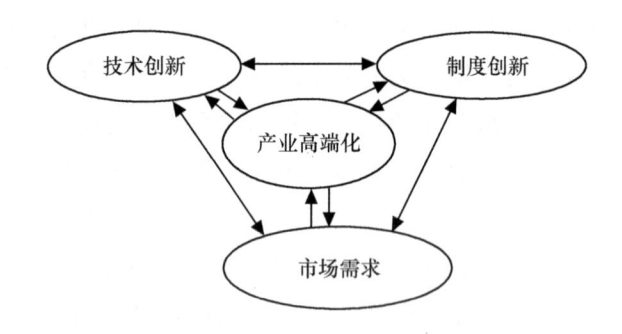

图6-3　"三螺旋"的综合创新模式

（二）通过外部环境配套升级促进创新生态系统形成

特色小镇中不仅存在主体间的竞争与合作，小镇主体与外部环境的互动交流同样不可忽视。同样，创新网络的构建不仅需要节点之间的创新互动，还需要一个能够与创新节点协同融合的网络底色。这也是创新网络演化发展的稳定剂，将为后续创新生态系统的形成提供软环境。特色小镇的外部环境包括文化环境、生态环境、政策环境、市场（交易）环境等。首先，一定的区域文化环境是特色产业发展的底色与竞争力，而特定的文化氛围不仅能够优化已有网络节点的创新强度，还能够吸引更多个体进入特色小镇，扩展新的创新网络节点。可以说，一个充满活力的创新文化生态系统是特色小镇的创新活力之源。其次，特色小镇内主体的行动秩序与一般性规则都需要在市场机制下形成，良好的市场环境与规则能够实现特色小镇各主体间行动的协调。特色小镇顺应市场环境，还能够进一步延伸产业链。再次，特色小镇将生态优美作为建设发展的标准之一，不仅为小镇个体提供了宜居的环境，增强了小镇的人才吸引力，还为网络节点创新创设了氛围。最后，完善的产业制度与政策环境是特色小镇创新网络演化的重要保障。政策环境与创新网络配套演化发展，能引导与保障创新技术成果的有序、可持续输出。

（三）通过空间结构重组形成创新生态系统

就创新生态系统的本质而言，其本身就是一种空间模式。创新生态系统的构建，离不开区域空间结构重组的推动。[1][2] 由创新网络升级为创新生态系统，既是资源配置优化、小镇创新空间格局升级的过程，也是创新网络提高协调性、实现一般动态均衡的过程。除已有网络空间外，特色小镇需建设知识空间、众创空间等新型创新空间。创新网络的演化构建，使特色小镇各主体间具有高强度的网络联系，网络节点间的多维邻近性又使特色小镇内部知识、信息的流动性增强，实现显性与隐性资源的共享。在此基础上建设新型创新空间，第一，需要提高特色小镇的空间分散性。相比于经济网络，创新网络具有非均衡性。由于"马太效应"，节点间联结边数、节点强度都存在较大差异，小镇内的龙头企业拥有较强的知识基础与研究资源，因而具有更强的动力去搜寻外部知识。若干高强度节点的集中会抑制创新网络对小镇创新绩效的激励，提高特色小镇的空间分散性，因此，要加强知识基础强的节点与知识基础弱的节点之间的交流，将特色小镇原有的集中化、规模化空间形态转变为分散化、个性化的空间形态，提升特色小镇的弹性与柔性，使其增强对外部环境不确定性的应对能力。第二，要提高特色小镇的开放性。创新网

---

[1] 冯晓兵：《中国特色小镇网络关注时空演化特征研究》，《云南地理环境研究》2021年第3期。

[2] 刘凤朝、马荣康、姜楠：《区域创新网络结构、绩效及演化研究综述》，《管理学报》2013年第1期。

络的封闭性,一方面能加强特色小镇内部主体之间的交流,另一方面也会随着网络关系的过度密集使特色小镇出现"区域锁定"现象。因此,特色小镇各主体不仅需要内部的交流互动,还需增强与小镇外部主体的交流,提高开放性,打造创新空间。在原有的创新网络演进氛围下,只有改善特色小镇主体互动的均衡多元性,提高区域整体开放性,才能实现空间重组,建设新型创新空间,进而形成创新生态系统。

四 特色小镇变革期的发展路径:创新网络重组

当特色小镇内协同创新网络演化到一定阶段,由于网络的封闭性与邻近悖论,特色小镇内网络关系会变得过度密集,危害集群内集体的互动学习,迎来特色小镇的变革期。该阶段的主要发展路径为创新网络的重组,主要发展目标是形成充满活力与无限可能的特色小镇创新生态系统。具体就是,实现特色小镇"特色产业"更新,激发新的创新机制;通过创新机制与相关机制的协同,构建具有活力的创新生态系统。

(一)更新特色产业激发创新机制

在特色小镇的变革期,创新网络对创新绩效的激励作用在"邻近悖论"与网络封闭性的影响下减弱,此时就需寻找新的创新切口,通过创新行动推进特色产业更新或升级。企业作为特色产业的主要载体,也是特色小镇激发创新机制、实现蜕变的关键主体。特色产业的更新主要分为以下三个方面:第一,产业空间更新。依托互联网技术将特色小镇的创新空间从有限的物理空间拓展至无限的网络空间,空间的拓展与延伸将为特色小镇带来更多的服务与资源,也能够拓宽企业获取外部知识的渠道,以供给拉动产业更新。同时,特色小镇现有主体借助互联网能够给特色小镇构建更大的宣传与发展平台,取得更广阔的发展空间,以需求推动特色产业更新。第二,企业节点更新。一方面,现有企业节点需拓宽产业链,更新产品,通过与外部的交流和特色小镇内部企业家精神的激发与培育实现产业更新;另一方面,在政府、科研机构、高校等的引导下,推动新的企业节点进入特色小镇,在新、老企业节点的竞争中实现创造性破坏,催生出产业发展的新方向。第三,配套服务的更新。以更新特色产业为目的催生出的产业平台升级、企业创新需求升级等现象，使特色小镇对金融服务机构、企业家培训机构等的需求协同升级，相关服务的配套更新也为特色产业更新降低风险，为特色小镇提供附加价值。在此三方面更新下，特色小镇升级了企业的创新机制，更大限度激发了企业家精神，在更新特色产业的过程中焕活了网络的创新激励作用，增强了创新生态系统的活力。

（二）多机制协同焕活创新生态系统

构建具有创新活力的创新生态系统，需在实现特色产业更新之后，催生新一轮创新产出，使小镇创新生态系统在波浪式演进下达成动态平衡，始终保持相应的活力。在多机制协同下，特色小镇多类型主体协同互动，使小镇发展充满内生动力。具体而言：第一，构建创新节点间配套服务组织的形成机制。创新节点的配套服务组织通过促进特色小镇发展主体的内部交流与发展主体和外部环境的交流刺激创新，实现创新生态系统升级。配套服务组织并非特色小镇天生自带，它的形成需要多方助力，在适当的激励机制与一定量的需求推动下形成为创新节点交互或行动提供服务的配套组织，增加与升级特色小镇的创新媒介。经历过成熟期的特色小镇，对于创新媒介生成的刺激不囿于以税收减免、补贴拨款和贷款优惠为主的财政政策提供的物质激励，而是需要通过激发超理性创新动机（超理性创新动机是指对自身名利不敏感的创新主体在非功利性动机之外的，能够对创造经济价值产生新型参与回报的动机）突破现有情形创造更高价值，从而实现创新生态系统的升级。第二，构建交流激励机制。构建交流激励机制的目的是进一步构建创新横向网络，主要路径是降低特色小镇个体间人际交往的成本。个体间的正式与非正式交流需要一套隐性的一般性行动规则，而文化是打破个体间交流壁垒的利器。交流激励机制下区域文化进一步发展，与当前特色小镇的发展方向和发展阶段相配套，并在个体交流的行为协调下升级高级创新生态系统的运转效率。第三，构建关系化与内化机制。在行动—规则视角下，特色小镇本质上是人的行为的产物，小镇发展主体间在交流中构建关系连接，形成关系化机制。特色小镇的关系化机制融合了群体间的交往动力、社会网络、资源配套以及道德伦理等因素，在根本上将升级型创新生态系统的实现路径规范在人类关系的框架中。在关系化机制的运作下，特色小镇的内在自身需求得到满足，但相应的伦理道德危机需要依靠内化机制加以解决。内化机制的整合将特色小镇的发展动力内生化，激励小镇主体探索满足自身发展需求的路径，探寻资源有限性与需求多样性矛盾的解决出路，激励特色小镇的创新生态系统向更高级的形态演进。

第 七 章

案例分析

创新生态系统是一个由各种实体、组织和机构相互作用和相互依存形成的复杂关系网络,其功能目标是实现技术开发和创新。[1] 参与者包括构成参与生态系统的机构实体,如大学、资金、设备、设施等这类的物质资源,以及如学生、教职员工、行业研究人员、行业代表等这类的人力资本,还包括商业公司、风险资本家、产学研机构等。[2] 在上述章节对创新生态系统概念论述、理论梳理的基础上,本章节结合数字经济类特色小镇案例、制造类特色小镇案例和文旅类特色小镇案例,分析其创新生态系统的演化特征,并以"行动—规则"视角思考小镇创新生态系统的演化,进一步论证在特色小镇发展的实践中演化出自身创新生态系统的重要性,以及如何利用好优势产业的地区根植性和小镇主体企业家的创造性,实现特色小镇的可持续发展。

第一节　数字经济类特色小镇案例分析

数字经济类特色小镇的发展可以追溯到20世纪80年代,随着信息技术的快速发展和数字化转型,它成为当时的主题。2018年,中国数字经济综合指数达到0.718,位居世界第二,成为全球最大的网络经济体和数字经济体。数字经济类特色小镇在这一大背景下应运而生。随着数字经

---

[1] Jackson D. J., *What Is an Innovation Ecosystem?* National Science Foundation, Arlington, V. A., 2011.

[2] Zhao W., Zou Y., "Creating a Makerspace in a Characteristic Town: The Case of Dream Town in Hangzhou", *Habitat International*, Vol. 114, 2021.

济的快速发展，特色小镇作为推进地方经济发展的有力手段，越来越受到政府和企业的重视。数字经济类特色小镇的发展，不仅仅是为了推进数字产业化和产业数字化，更是为了促进数字经济与实体经济的深度融合，实现经济高质量发展的目标。但在实际发展过程中，数字经济类特色小镇存在集聚不足、规划不合理等问题。创新生态系统能否指导数字经济类小镇的发展，本小节将通过对两个数字经济类特色小镇案例的分析，探讨发展较为成功小镇的演化模式和归总发展欠佳小镇的问题，剖析实践中数字经济类小镇创新生态系统的演化方式，以期对前文的理论研究进行实践验证。

一 概念内涵

近年来，数字经济呈现蓬勃发展的态势，逐渐成为推动生产力发展和生产关系变革的重要途径。数字经济类特色小镇是指以数字经济为主导产业，以产业集聚、人才聚集、科技创新、生态环保、文化传承等综合功能为特色的城镇形态。数字经济类特色小镇具有产业升级、就业增加、人口流入、城镇化进程加速等多方面的积极影响，可以有效助力产业数字化转型升级。同时，数字经济小镇能够推动产业融合，创造具有新的价值和增长点的经济形态。

数字经济类特色小镇以互联网时代的云技术为工具，扩大了小镇的创造力，以驱动市场的发展。数字类特色小镇的产业侧重于互联网与大数据、高新技术研发、软件应用、企业孵化等。数字类特色小镇相比其他类型小镇对产业的技术要求更高，更依赖于创新赋能。对于数字经济类特色小镇而言，除了实物层面集聚带来的规模效应，通过互联网的新连接产生新技术组合的数量大幅增加，即虚拟层面要素流集聚带来的规模效应，改变了空间的组合形态。当创新体系和能力集团中的参与者彼此之间足够紧密和频繁地互动时，新的技术可能性才能带来经济增长。这种正反馈的形成，逐步演化出数字经济类特色小镇特有的创新生态系统，助力数字经济类特色小镇的可持续发展。

二 数字经济类小镇案例分析

（一）成功案例：余杭梦想小镇

1. 案例背景

余杭梦想小镇是一个集创新创业、科技研发、休闲娱乐、文化展示于一体的现代化产业园区，坐落于杭州未来科技城的中心位置。该特色小镇有良好的区位优势，其距离杭州萧山国际机场约 30 千米，交通便捷。小镇占地面积为 3 平方千米，规划总投资超过 50 亿元，投资规模巨大，如图 7-1 所示。该小镇的主要产业领域包括人工智能、云计算、大数据、物联网、智能硬件、虚拟现实等高新技术产业以及文化创意产业等。该小镇在不断发展壮大，成为浙江省特色小镇的重要组成部分。小镇中，有众多创新型企业和创业者，他们在不断地进行尝试和创新，推动着余杭梦想小镇的发展。余杭梦想小镇以"创新、创业、创意、创享"为核心价值观，致力于打造全球领先的高科技产业孵化器，为创业者提供优秀的资源、平台和服务。

图 7-1 余杭梦想小镇

2016年，小镇与杭州市政府联合成立了"杭州市创新创业服务中心"，为创业者提供更加专业、更加全面的服务。2017年，小镇成立了自己的孵化器——"梦想小镇孵化器"，为初创企业提供孵化加速、投融资等全方位服务。2018年，小镇又成立了"梦想小镇科技创新中心"，将科技创新与产业融合，助力企业实现快速发展。2020年，小镇营收突破10亿元，入驻企业总数超过700家，其中有30多家"独角兽"企业。2023年，小镇孵化的杭州玖城网络科技有限公司、杭州西顾视频科技有限公司、启智元慧（杭州）科技有限公司、浙江康旭科技有限公司被评为杭州市2023年度第一批创新型中小企业。小镇还获得了众多荣誉，如"杭州市科技型中小企业创新创业基地""杭州市众创空间服务品牌""浙江省双创示范基地"等。

余杭梦想小镇是一座历史悠久、人文底蕴深厚的小镇，拥有仓前老街、四无粮仓、章太炎故居以及脍炙人口的羊锅村等众多文化遗产。这些历史建筑和文化遗产的存在不仅为小镇注入了独特的历史文化氛围，也为形成创业和创新环境提供了良好的基础条件。小镇还积极推进"科技+产业+城市"一体化发展模式，推动高科技产业与城市发展相融合，促进产业创新和协同发展。余杭梦想小镇吸引了一大批具有创新思维和勇于尝试的企业家与初创企业。这些人在城市的创新创业环境中积极从事各种创新活动，是小镇产业发展和企业创新背后的原动力。余杭梦想小镇会积极推出"双创周""智投·未来"和读书会等活动，鼓励创新创业者和初创企业展示他们的创新成果和项目，以这种方式进行小镇人才的交流，从而开发更多的创新资源和营造良好的创新氛围。截至2023年4月，余杭梦想小镇集聚了3042个创业项目，26552名创业人才。小镇获得百万元以上融资的创新项目多达272个，融资总额达157.02亿元。[①]

2. 余杭梦想小镇创新生态系统演化动因

余杭梦想小镇作为创新创业的一种空间载体，需要充分利用现有互联网产业、数字产业等优势产业的积淀，逐步演化为具有自身特色的创新生态系统。这种顺其自然的演化，加之政府政策的良序引导、灵活的

---

① 窦皓：《浙江杭州：梦想小镇九年集聚创业项目3000个》，人民日报客户端浙江频道，2024年3月29日。

市场机制、创新创业的主体活力与具有"破坏性"创造力的企业家精神，会进一步加速小镇创新生态系统的成熟和可持续发展。

（1）余杭梦想小镇创新生态系统演化的内在动因

一是驱动力因素，即各个主体的异质性与企业间的竞合，包括整个平台主体的多元化和核心创新单元的异质性。对于余杭梦想小镇来说，它相当于为初创企业搭建了一个平台，这个平台集政府、企业、高校科研机构、中介机构、创业者等众多主体于一体，以实现各个创新生态系统的参与者达到共赢状态。各个主体各司其职，政府为各个初创企业提供了良好的政务服务、税务减免和部分项目的财政补贴，尽职于一个服务的角色，尽力地不去干预市场。初创企业也是余杭梦想小镇的核心创新单元，它们之间的认知异质性、目标异质性和个体异质性会带来不同的火花碰撞。与此同时，余杭梦想小镇中创新主体各自的利益主张高度相关时会促成他们成为合作关系，这些利益主体之间的合作关系对于余杭梦想小镇创新生态系统的演化又起到了稳固成效的作用。这些看似趋同，同为初创企业，本质却又多元化的创新单元之间的合作与竞争，符合米塞斯和哈耶克所认为的市场经济发展要求，即去中心化的自组织系统，通过竞争和创新来实现资源的最优配置和社会福利的最大化。这同样也是促进余杭梦想小镇可持续发展的原动力。

二是小镇所在地环境的"根植性"，具体表现在其所处环境的产业基础、人力资本、机构资源分布和地区的创业文化。其一，余杭梦想小镇的创业公司大多与互联网相关，而杭州作为中国数字经济发展的重要城市之一，互联网信息产业的基础非常雄厚。[①] 例如，阿里巴巴、网易、华为、字节跳动等一系列知名互联网企业都在杭州设立了重要的业务部门和研发中心。其二，余杭梦想小镇有着优秀的人才队伍。余杭梦想小镇作为一个创客空间，最重要的主体便是企业家和创业群体。以回归系、浙大系、阿里系、浙商系为代表的创业"新四军"是小镇人才的中坚力量。[②] 截至2023年4月，余杭梦想小镇吸引了23691名创业人才。截至

---

① Argyriou I., *The Smart City of Hangzhou, China: The Case of Dream Town Internet Village*, Smart City Emergence, Elsevier, 2019, pp. 195–218.

② 刘娟：《全球独角兽发展态势及杭州经验》，《杭州科技》2018年第2期。

2019年，超过2500名海外人才聚集在余杭梦想小镇及其周边地区，其中包括具有丰富企业家经验的科学家和专业人士、浙江大学的毕业学生和从阿里巴巴辞去工作自己创业的职工。除此之外，当地政府提出了一项名为"浙江商人回归"的战略，试图吸引商人回到浙江进行创业活动。[①]

其三，余杭梦想小镇的机构资源分布。余杭梦想小镇所处的区域有许多大学和研究机构，包括浙江大学和杭州师范大学。这些大学和研究机构已成为知识创造的重要来源，有助于加强知识交流网络构建，并在扩大学术界和工业界的合作方面发挥了关键作用。除此之外，余杭梦想小镇依托核心企业阿里巴巴，可以拥有丰富的产业资源和实现源源不断的人才补给。根据奥地利学派重要代表人物柯兹纳提出的"创新者第一"理念，即在市场中最终决定成功的不是资源数量，而是创新能力，在余杭梦想小镇中，阿里巴巴巨大的创业精神和创造力是驱动余杭梦想小镇发展的关键因素之一。

三是稳固力因素，即余杭梦想小镇的精神认同。小镇的精神认同能够促进人们创新创业的热情。这种创业精神和创新意识。是小镇精神认同的核心，它让小镇的人们在创业创新的道路上越走越坚定。在余杭梦想小镇中，人们对于小镇的发展充满了热情和信仰，形成了共同的精神认同。这种精神认同包括但不限于对创新创业的热情、对未来的信仰，以及对共同价值观的认同。这种精神认同的形成，不仅加强了小镇内部的凝聚力，有助于小镇面对挑战和困难时保持积极向上的态度，还可以激发小镇的积极性和创造力，吸引更多的人才和资本涌入，促进小镇整体发展。

（2）余杭梦想小镇创新生态系统演化的外在动因

它也是小镇创新生态系统演化的助推力因素，包括当地政府政策的支持、资金的支持和服务的供给。一是政府政策的引导和支持。成功的创新生态系统不仅需要一个精心设计的物理空间，还需要有利的制度和政策。余杭梦想小镇是中央和地方政府多个机构和政策之间复杂作用的结果。杭州市余杭区政府对于余杭梦想小镇的发展给予了充分的重视，

[①] Zhao W., Zou Y., "Creating a Makerspace in a Characteristic Town: The Case of Dream Town in Hangzhou", *Habitat International*, Vol. 114, 2021.

杭州市政府为小镇提供了优惠的税收政策，例如企业所得税减免、人才购房补贴、创业贷款补贴等。这些税收优惠政策有效地降低了创业企业的运营成本，促进了小镇发展。二是综合服务体系。余杭梦想小镇能够提供专业度高、成本价低的服务，打造互联网业务的创业生态圈。该服务包括传统项目，如公司注册、银行贷款、共享办公空间、法律、税务、会计和专利信息服务。除此之外，余杭梦想小镇还建立了云计算服务系统，这是一个基于云计算和大数据技术的开放平台。这些服务不仅降低了初创公司的成本，还解决了初创公司繁杂琐碎的运营问题，允许公司管理者将时间投入关键的研发活动中。

3. 余杭梦想小镇创新生态系统的演化过程

根据之前章节的分析，特色小镇创新生态系统的演化一般分为四个阶段，分别为形成期、成长期、成熟期、变革期。由于余杭梦想小镇启动至今不到七年，根据国外一些成熟的数字经济类特色小镇经验，创新生态系统从形成到转化阶段至少需要几十年的时间，因此本节重点分析余杭梦想小镇的形成期和成长期两个阶段，后文将在此节分析的基础上，对余杭梦想小镇未来发展路径做出分析。

首先，余杭梦想小镇的形成阶段，即政府引导的自然演化阶段。余杭梦想小镇旨在成为培养互联网创业公司的创客空间，其诞生是区域禀赋和地方政府解决自身经济危机相结合的结果。由于浙江民营经济主要依赖基于低成本劳动力生产的较低附加值的产品，长期以来，创新不足阻碍了其产业的进一步发展。鉴于此，浙江试图摆脱以往传统工业发展方式，其中一项措施便是启动特色小镇建设计划，依托特色小镇丰富的产业资源促进经济升级，余杭梦想小镇便是浙江省第一个特色小镇。近年来，杭州大力推动创新创业城市的发展。作为全球电子商务巨头阿里巴巴的所在地，杭州被认为是中国最重要的电子商务产业中心城市。此外，杭州拥有全国先进的数据和信息基础设施，预计互联网产业可以激发新的经济模式，创造新的驱动力。在余杭梦想小镇诞生之前，杭州西部就已经成立了许多创业公司。因此，当地政府在该地区规划了余杭梦想小镇，旨在提高初创企业的集中度，使其成为互联网企业的枢纽。总的来看，在余杭梦想小镇形成之初，优越的人才和机构资源禀赋、雄厚的经济基础为小镇形成与发展提供了能量积累。在互联网浪潮的进程中，余杭梦想小镇抓住时机，通过政府的有力引导、核心企业的强力带动和创新环境的氛围营造，创新生态系统逐步显露雏形。但此时小镇还处于起步阶段，基础设施还不完善，创新主体数量不足，创新生态系统的建设也不稳固。

其次，余杭梦想小镇的成长阶段，即市场与政府共同推动的创新替代阶段。在成长阶段，余杭梦想小镇的规模和影响力不断扩大，吸引了越来越多的企业、创业者、投资者等加入进来。小镇也不断推出各种政策和项目，为企业提供更多的支持和服务。梦想小镇还为创客设立了众筹书吧、创客集市和咖啡店等供大家交流和休闲的场所。这些公共活动空间提供了共享办公、创客交流、创业咨询、展示推广等服务，极大地提升了小镇的创新活力和竞争力，为小镇的产业生态系统提供了非常好的支撑。在前期的积累阶段，余杭梦想小镇吸引了越来越多的企业和人才，形成了初步的生态系统。在这个基础上，余杭梦想小镇开始进入生态优化期，主要是通过进一步完善生态系统内部的各个要素，强化生态系统内部的协同效应。在这一阶段，余杭梦想小镇逐步深化了对创新创业的理解，不仅注重孵化初创企业，更注重引进已有企业，打造优质的产业链和生态链。一方面，余杭梦想小镇加大了对高端人才和优质项目的引进力度，形成了以创新和创业为核心的产业生态圈，吸引了阿里巴巴、海康威视、蚂蚁金服、航天信息等大型企业进驻。同时，余杭梦想小镇还积极推动产业融合，形成了互联网金融、智能硬件、智能制造、文创、休闲旅游等产业链条。另一方面，余杭梦想小镇加强了对企业创业服务和孵化服务的优化，打造了"小镇+孵化器+加速器"的创新生态服务平台，通过创新创业大赛、投融资峰会、专题论坛等活动，吸引了大量的投资机构和风投基金进入，进一步推动了生态系统的发展。

4. 余杭梦想小镇发展路径

余杭梦想小镇作为特色小镇建设计划的先驱，代表了地方政府利用特色小镇追求产业创新和升级时所能实现的一种空间成果。在其内在驱动因素和外在助推力因素的协同作用下，余杭梦想小镇目前演化仍处于成长期，即市场与政府共同推动的创新替代。余杭梦想小镇该如何平稳度过其成长期，顺利走向成熟期，避免走向衰退期，达到在目前创新生态系统基础上的再度革新，是余杭梦想小镇亟须解决的问题。

首先，政府和市场必须发挥各自的作用，助力余杭梦想小镇创新生态系统的演化和变革。在余杭梦想小镇的发展中，政府起到了很大的引导作用，政府具有土地、人才和金融等资源的整合能力。在人力资本方面，余杭梦想小镇需要创造一个"引得进、留得住"的人才驱动型的产业发展环境。这需要政府和企业共同合作，打造有利于吸引和留住人才的环境。政府可以提供优厚的政策和福利，例如税收优惠、住房补贴、子女教育等，以吸引高素质人才前来发展。企业则应该提供具有吸引力的薪酬待遇、良好的职业发展平台以及优秀的工作环境和文化氛围，以留住优秀人才。此外，余杭梦想小镇还可以与高校和研究机构合作，共同培养和吸引人才，提供创新创业的机会和平台。在资金支持方面，政府可以采取一系列措施，如设立风险投资基金、引导金融机构提供贷款和融资支持、设立股权交易市场等，为创新企业提供资金支持和开拓融资渠道。政府还应该加强知识产权保护，为企业提供法律保障，以吸引更多的资本进入创新产业领域。

其次，保障余杭梦想小镇周边区域要素供给，提供良好的创新环境。余杭梦想小镇面临许多限制，进而限制本地初创企业的创新能力。例如，政府在余杭梦想小镇投入了大量资金，这种资金来源导致附近房价迅速上涨。余杭梦想小镇最初被规划为一个创业和日常生活功能融为一体的空间，以便创业人才能够在同一城镇生活和工作，反过来又可以在居民之间实现健康工作与生活平衡。然而，飙升的房价远远阻碍了企业家在城镇内或周边地区的生活。自2015年以来，余杭梦想小镇周围的房价从每平方米8000元上涨到4万元，涨幅达到5倍。在余杭梦想小镇上班的职工，不得不住在很远的地方，浪费大量时间上下班。随着租金的增加，许多原始居民选择将房屋出租给其他人，并为自己租用余杭梦想小镇以外更便宜的房屋，以赚取租金利润。面对这种情况，当地政府需要进行有力控制，保证余杭梦想小镇的区域要素供给，提供良好的创新环境。

最后，为了促进余杭梦想小镇的发展，需要着手打造它的品牌形象，并以高站位的战略来支持它的革新进程。其一，充分利用品牌影响力，为余杭梦想小镇创造一个独一无二的品牌形象，使其成为标志性的名片。随着特色小镇数量的不断增加，竞争也变得日益激烈，同质化现象随之加剧。因此，塑造和维护小镇品牌形象的重要性越来越为特色小镇所重视。对于余杭梦想小镇而言，需要善用品牌影响力，打造出一个独一无二的品牌形象，以使其在众多特色小镇中脱颖而出。其二，建立专业的品牌团队，负责余杭梦想小镇品牌的整体规划和管理。该团队应该有市场营销和品牌管理方面的专业人才，制定营销策略，确保品牌的持续发展和传播。余杭梦想小镇要在市场上打响品牌，需要制定一系列的营销策略，包括线上和线下的宣传和推广。还可以采用互联网、社交媒体、公关、展览、论坛等多种形式，将品牌推广给目标受众。其三，加强企业文化建设。对于余杭梦想小镇来说，建立健全的企业文化是关键所在。企业应该重视核心价值观，如创新、开放、包容、合作等。这不仅可以增强企业的凝聚力和吸引力，还有助于构建品牌的文化基础。其四，打破小镇地域限制，拓展余杭梦想小镇的发展视野，实现区域化、全国化甚至全球化的战略定位。在这一过程中，应树立"互联网+"的产业创新思维，利用大数据、云计算等新技术，集成产业链、投资链、创新链和服务链，建立一个全方位的创新网络，实现小镇内各类活动的互动融合。也就是说，梦想小镇的可持续发展必须实现双网联动：一方面是内部创新生态系统的形成，另一方面是要实现跨区域更大范围内创新生态系统的建设。特别是在由消费互联网进入工业互联网时代，对于梦想小镇的创新发展是一个重大的机遇和挑战。

（二）转型案例：秀洲智慧物流小镇

1. 案例背景

秀洲智慧物流小镇是浙江省嘉兴市打造的一个智慧物流产业集聚区，位于嘉兴市秀洲区，距离上海仅 70 千米，是连接杭州、上海、南京的重要枢纽，交通十分便捷。该小镇占地面积约 10 平方千米，如图 7-2 所示。规划建设分为六个板块：智慧园区、物流园区、生产制造园区、文化创意园区、休闲旅游园区和商业服务园区。秀洲智慧物流小镇是秀洲区政府基于"产城融合"发展战略借力打造的，旨在培育新的经济增长点，推动区域经济的转型升级。作为传统物流与现代科技相结合的代表，它将物流、科技、信息、金融、文化等多元业态融为一体，形成了一个创新的生态系统。小镇得益于嘉兴市的优越地理位置和交通条件，以及嘉兴市政府的积极推动和政策扶持，吸引了众多知名企业和创新型企业入驻，包括顺丰、菜鸟、苏宁、京东、申通等国内外知名物流企业，以及高德、云从等互联网企业。秀洲智慧物流小镇的建设目标是打造全球领先的智慧物流产业集聚区，促进智慧物流技术的研发和应用，提升物流产业的技术水平和服务水平，推动物流业的创新发展，推动区域经济的升级和转型。

图 7-2 秀洲智慧物流小镇

2018 年 9 月，浙江省对省级特色小镇进行年度考核。在此次考核中，秀洲智慧物流小镇被降级为普通小镇。这使得该小镇的发展计划遭遇了一定的挫折，在当地引起了很大的关注和讨论，因为此前秀洲智慧物流小镇一直被视为当地政府的重点扶持项目，被誉为"一流小镇"。对秀洲智慧物流小镇的评估结果是小镇产业集聚度低，高端要素少，高产出效率低。其中，高、中级技术职称人员仅 19 人，科研投入仅占主营业务收入的 0.26%，税收增幅同比下降 11.4%，秀洲智慧物流小镇的创新生态系统演化存在严重阻碍。因此，为了提升小镇的发展水平，政府不得不采取降格的措施，以期推动小镇的发展。经过小镇的转型发展，2019 年 5 月，秀洲智慧物流小镇再次参加全国特色小镇建设考核，恢复"特色小镇"称号，获得优秀评级。

2. 秀洲智慧物流小镇创新生态系统阻碍因素分析

秀洲智慧物流小镇被降格的原因是多方面的，主要包括基础设施建设不完善、企业家缺乏创新意识、市场竞争不充分等。这些问题在小镇创新生态系统的演化中是相互关联和互为影响的。

对于小镇可能被降格的原因，可以归于以下几个方面。其一，小镇内高新技术企业分布量少，集聚度低，无法达到规模化竞合，因此小镇在创新生态系统演化过程中缺乏驱动力。一个成功的小镇需要建立一个协调有序的产业链，而在秀洲智慧物流小镇，"集聚"是其核心词汇。小镇围绕智慧物流产业链，旨在打造一个具有高效、智能、绿色等特点的物流体系，以满足当今市场对物流多元化、定制化和高品质服务的需求。[①] 然而，小镇高新技术产业的集聚度却较低。截至2018年，秀洲智慧物流小镇仅有20家科技型企业。这也是当时小镇被降级的原因之一。因此，秀洲智慧物流小镇需要继续加大高新技术产业的集聚力度，加强技术创新和人才引进，以提升小镇的整体竞争力。

其二，秀洲智慧物流小镇管理系统的不完善，导致不同主体之间合作缺乏运行机制。行政管理牵涉交通、工业信息、发展改革委等部门，同时智慧物流产业横跨商业、交通和信息技术等多个行业，涉及多个领域和行业，所以管理难度较大。政府部门在管理时常常存在多头管理的情况，部门之间信息共享不够顺畅，无法形成有效的协同机制。这种分散的管理方式和信息闭塞现象导致小镇发展缺乏明确的价值导向，很难形成有利于整个小镇发展的向心力。

其三，缺乏信息技术和人才集聚，无法演化形成创新生态系统的稳固力因素。为了推动物流行业信息化进程，提升物流信息应用网络水平，需要进一步提升现代信息技术运用水平，例如以物联网和云计算为代表的新技术。然而，目前智能物流技术的推广还面临诸多挑战，包括智能物流云平台、大数据平台等技术的利用率低，以及移动跟踪技术和移动服务终端的应用率不高等问题。同时，小镇的技术工人培训也滞后，物流人才的供需结构矛盾突出。在嘉兴市，现代物流信息化进程需要具备物流管理、计算机技术、网络通信技术、物联网架构等多方面知识的高

---

① 《秀洲智慧物流小镇规划案例》，前瞻产业研究院（qianzhan.com），2018年9月28日。

端复合型人才，然而，供给量却远远不能满足需求。这些问题的存在使得物流产业的信息化进程受到了极大的制约。

其四，企业家创新意识不强。在秀洲智慧物流小镇的发展中，一些企业家的创新意识不强，他们往往只注重眼前的利益和短期回报，缺乏长远的眼光和创新意识。他们只愿意按照传统的经营方式进行生产和销售，对于新技术、新模式、新产品的引入和应用持保留态度，无法为小镇的发展带来新的动力。米塞斯认为，企业家是创造市场不确定性的主要推动力量，只有在面对不确定的市场时，才会为了获取更多的利润而采取创新的行为，否则会保持传统的经营方式。在秀洲智慧物流小镇的企业家，缺乏对市场不确定性的认识和理解，因此也就缺乏推动小镇发展的动力。

3. 秀洲智慧物流小镇的转型发展

秀洲智慧物流小镇经历了从考核不合格到考核优秀的转型发展，这个变化的原因是多方面的，包括政策支持、企业家创新意识的提升、物流业务创新等。市场是一个自由竞争的体系，市场经济的目的是追求效率和创新，这些因素在秀洲智慧物流小镇的转型中也是非常重要的。

首先，政策支持是秀洲智慧物流小镇能够转型发展的重要因素之一。现代社会中，政府已经成为推动经济发展的重要力量之一，政策的引导可以为小镇的发展提供方向和保障。在国家和地方政府的支持下，秀洲智慧物流小镇得到了政策上的扶持。政策的优惠措施包括税收优惠、资金支持等多方面，这些措施可以为企业家投资创新提供信心和保障。政策的支持可以刺激企业家的投资意愿和创新活力，使小镇的发展具有更大的可持续性和生命力。除此之外，政策的支持还可以为小镇提供更多的基础设施建设、技术支持等，进一步推动小镇的发展，为转型发展提供重要的保障。

其次，企业家创新意识的提升也是秀洲智慧物流小镇转型发展的重要原因。在小镇创新生态系统中，企业家是推动小镇创新发展的重要角色。通过多年的努力，秀洲智慧物流小镇的企业家意识得到了提升，更多的企业家开始意识到创新的重要性，积极投入创新活动中。企业家创新意识的提升为小镇创新生态系统的良性循环提供了保障。此外，物流业务创新也是秀洲智慧物流小镇转型发展的重要因素之一。作为一个物流小镇，秀洲智慧物流小镇需要不断进行物流业务的创新来提高竞争力。通过物流业务的创新，小镇可以开发新的物流服务模式，提升物流效率，降低成本等，为企业提供更优质的服务和更高效的物流体验，进而吸引更多的企业和资本来到小镇发展。物流业务创新对小镇的发展具有重要的意义，不仅为小镇的转型升级提供了动力和支持，而且还为小镇的创新生态系统注入了新的活力。通过积极探索和实践，秀洲智慧物流小镇将不断探索新的物流业务模式，助力小镇物流产业的健康发展。

4. 秀洲智慧物流小镇创新生态系统的演化进程

秀洲智慧物流小镇一直致力于打造一个具有活力和持续发展的产业生态系统，通过集聚高端要素和资源，不断提升小镇的产业水平和影响力。为了推动数字经济的发展，秀洲智慧物流小镇积极探索"云卫星"产业生态，并与中科院展开合作，引进数字视频解码国家工程实验室中心等重要资源，加速小镇数字经济发展的步伐。

从前文分析，创新生态系统的演化进程分为形成、成长、成熟和衰退或蜕变四个阶段。随着创新生态系统的逐步成熟和完善，小镇也在不断地演化和进步。这个演化过程包括小镇在各个时期所面临的机遇和挑战，以及小镇发展的各个方面。小镇的发展历程也是一个不断迭代、不断创新的过程，既需要在现有的基础上不断发掘和完善，同时也需要积极开拓新的领域和机会。秀洲智慧物流小镇在建设、发展中，从形成期政府引导的自然演化，一步步朝向成长期市场与政府共同推动的创新替代过程转化。

首先，秀洲智慧物流小镇创新生态系统的形成阶段，即政府引导的自然演化阶段。政府对小镇的发展采取了积极的政策和措施。为了推进特色小镇的规划建设，政府成立了相关领导小组，由市长任组长、副市长任副组长，领导小组负责指导、推进和协调全市特色小镇建设工作。此举旨在加强政府对小镇发展的指导和支持，提高小镇发展的效率和质量。领导小组将制定并实施一系列政策和措施，促进特色小镇的发展，进一步提升小镇的影响力和竞争力。政府在特色小镇建设方面的重视和支持，为小镇的可持续发展提供了坚实的保障。[①] 秀洲智慧物流小镇的建设过程中，吸引了众多物流企业的入驻，如顺丰、申通、圆通等，不断扩大了小镇的物流产业规模。此外，秀洲智慧物流小镇还引进了众多互联网应用企业，提供了 IT 集成、软件定制化开发等服务，助力小镇建设现代化的物流公共信息平台、物流电子商务平台和电子政务平台。通过提升物流装备和建设行业公共服务平台等举措，小镇成功跻身科技部创新项目和省公共服务示范平台，被科技部列为创新项目和省公共服务示范平台[②]，为小镇的发展和创新注入了强大的动力。

其次，秀洲智慧物流小镇在努力向成长阶段转化，即走向市场与政府共同推动的创新替代过程。秀洲智慧物流小镇在从政府引导阶段发展到市场化逐步起主导作用需要一个较长的转化时间，且由于秀洲智慧物流小镇高新技术企业的集聚度较低、研究机构和人才的引进较少，它在创新生态系统形成期缺乏驱动力。这种驱动力的阻碍使得秀洲智慧物流小镇创新生态系统的区域环境得不到较好的优化，环境根植性较弱，外部资源、软硬要素不能在秀洲智慧物流小镇内循环流动。这使得秀洲智慧物流小镇自身无法螺旋式成长，更无法进一步反向促进相关高新技术企业的集聚，也无法吸引相关人才在小镇集聚，产业转型升级受到阻碍，无法支撑区域创新发展，继而达不到对系统外部区域拓展的目标，使得秀洲智慧物流小镇在从形成期政府引导的自然演化阶段向成长期市场与政府共同推动的创新替代的转化中受到阻碍。

5. 秀洲智慧物流小镇发展路径

秀洲智慧物流小镇采取以政府引导、市场运作、企业主体、资源整合为主要特征的发展路径，通过加强对小镇产业链、创新链和服务链的整合，促进了小镇产业结构的优化和转型升级，进一步提升了小镇的核心竞争力。在以后的发展过程中，秀洲智慧物流小镇需要充分考虑到自身的核心竞争力，如基础设施建设、技术创新、人才引进等。同时，还

---

① 朱莹莹：《特色小镇建设的路径演变、发展困境与对策研究——基于嘉兴市 29 个创建培育对象的分析》，《嘉兴学院学报》2017 年第 4 期。

② 钟在明、李朝敏：《高新技术特色小镇建设与管理分析——基于秀洲智慧物流小镇的观察》，《知识经济》2018 年第 10 期。

应该考虑到对小镇中企业家才能的激发，构建良好的创新环境，以促进小镇创新生态系统的演化。

首先，推进数字化转型，建设智慧物流小镇。秀洲智慧物流小镇的成功发展需要不断进行技术创新。政府需要积极推动物流企业加大技术创新投入，加强技术创新能力的培养和提升，推进物流技术的升级和转型，提升物流服务的水平和质量。这包括应用物联网、云计算、大数据、人工智能等先进技术，构建智慧物流网络。此外，还可以探索新的物流模式和业务模式，如共享物流、跨境电商物流等，促进物流业务的多元化发展。在技术创新方面，秀洲智慧物流小镇应该注重物流信息化技术、智能化物流技术和节能环保物流技术的创新与应用，加强物流服务的定制化、多元化和精细化，提高物流企业的核心竞争力和市场竞争力。同时，要完善基础设施建设，提高物流运输效率和降低成本，包括道路、桥梁、码头、铁路等交通设施的建设，以及电力、通信等基础设施的完善。

其次，推进产城融合，打造宜居宜业宜游的小镇。随着秀洲智慧物流小镇的不断发展，越来越多的人涌入小镇工作和生活。因此，要实现小镇的可持续发展，必须推进产城融合，打造宜居宜业宜游的小镇。一是要打造宜居小镇，提高居民的生活品质。小镇建设要注重人性化设计，提供丰富多彩的公共文化设施和休闲娱乐场所，创造良好的生活环境和文化氛围，提高交通运输的便捷性和安全性，保障居民的出行需求。此外，还要建设优质的教育、医疗等公共服务设施，提供全方位的服务保障。二是要打造宜业小镇，促进企业的创新发展。小镇要积极引进高端人才和创新型企业，鼓励企业进行技术创新和产品升级，推动小镇产业结构的不断升级。此外，要积极拓展市场，开展国际贸易和国内贸易，推动小镇企业的国际化和市场化发展。三是要打造宜游小镇，促进旅游经济的发展。小镇要充分利用自然、人文和历史资源，打造丰富多彩的旅游产品和景点，吸引更多的游客前来旅游观光。此外，要提高旅游服务质量，推广小镇的品牌形象，打造小镇的旅游特色。

再次，秀洲智慧物流小镇的成功发展需要积极开展国际合作。政府需要积极推进物流园区的国际化进程，开展国际合作和交流，引进国际先进的物流技术和管理经验，提高物流园区的国际竞争力和影响力。在国际合作方面，秀洲智慧物流小镇应该注重与国际物流组织、国际物流企业等的合作，加强国际物流信息交流与资源共享，推进物流业的全球化发展，提高秀洲智慧物流小镇的国际地位和影响力。

最后，激发秀洲智慧物流小镇的企业家精神，加强市场信息的收集和分析，创造良好的创新环境，让他们更好地获取市场知识，了解市场需求和趋势，以便更好地把握市场机遇。比如，建立健全市场情报系统，让企业家及时掌握市场动态，做出正确的决策；鼓励企业家参加行业会议、展览会等活动，与同行业的企业家进行交流和学习，获取更多的行业信息和经验；建立行业协会或企业家联盟等组织形式，促进企业家之间的合作和交流，共同推进行业的发展。同时，提高秀洲智慧物流小镇的产业吸引力，建立完善的创新生态系统，为企业家提供创新创业的支持和服务。这些措施可以促进企业家更好地把握市场机遇，实现自身的发展和成长，同时也为秀洲智慧物流小镇的可持续发展提供了支持和保障。

第二节　制造类特色小镇案例分析

制造类特色小镇以制造业为主导产业，以现代制造技术和管理方式为支撑，吸引相关产业链上的企业集聚发展。这有助于推动地方传统产业转型升级，提高产业附加值，提升区域经济竞争力。然而，制造类特色小镇在快速发展的同时也面临着一些问题，比如同质化竞争严重、缺乏核心技术和品牌、特色不鲜明等。创新生态系统能否指导制造类经济小镇的发展，本小节将通过对两个制造类特色小镇案例的分析，探讨发展较为成功小镇的演化模式，归总发展欠佳小镇的问题，剖析在实践中创新生态系统对制造类特色小镇发展的影响，以期对前文的理论研究进行实践验证。

一　概念内涵

制造类特色小镇以制造业为主导产业，以打造具有地域特色的现代化小城镇为目标，通过产业集群、创新驱动、文化旅游、生态环境、社会服务等方面的全面发展，实现城市化与工业化的有机结合，推动制造智能化的"非镇非区"的创新创业平台，以促进经济社会的可持续发展。①

制造类特色小镇是一种产业导向型的城镇化发展模式，以工业为主导，通过企业、政府、社会等多方面的合作，构建起来具有完整产业链的产业集群，实现从初级加工到高端制造的全产业链升级。在这种城镇化模式下，制造业是重要的推动力量，成为小镇经济发展的核心竞争力。此外，制造类特色小镇也注重文化、旅游、教育等多元化的发展，通过独特的文化和历史底蕴，创造出有吸引力的特色小镇。制造类特色小镇的建设强调创新尤其是科技创新的重要性，通过搭建创新生态系统，促进企业、高校、科研院所、投资机构等多方面的合作，为小镇的发展注入新的活力。同时，通过提高产业附加值，小镇不断扩大经济规模，增强综合实力，提升核心竞争力。

制造类特色小镇作为一个创新生态系统，其内部要素相互依存、相互协作，从而形成一个具有创新能力和竞争力的整体。这里面包括企业家、政府、高校、科研机构等各种主体，他们在制造类特色小镇中发挥着不同的作用。②米塞斯认为，人类的行为是根据他们对环境的知识和评价而发生的，这些知识和评价是个人和市场信息的集合。③市场的创新，是由企业家的创造性活动所推动的。在制造类特色小镇中，企业家是推动市场创新的关键力量。他们通过研发新产品、引进新技术、探索新市场等方式，不断扩展市场边界，创造新的商业机会。在制造类特色小镇中，制造业是创造就业、增加国家财富的重要产业，其发展也需要市场信息的支持。④因此，企业家在制造类特色小镇中的创新活动，对于完善市场信息、促进产业发展至关重要。

---

① 杨亮:《江苏省高端制造类特色小镇产业发展路径研究》，硕士学位论文，苏州科技大学，2019年。

② Oh D. S., Phillips F., Park S., et al., "Innovation Ecosystems: A Critical Examination", *Technovation*, Vol. 54, 2016, pp. 1–6.

③ Stevenson H., H., *A Perspective on Entrepreneurship*, Boston: Harvard Business School, 1983.

④ Kusiak A., "Smart Manufacturing", *International Journal of Production Research*, Vol. 56, No. 1–2, 2018, pp. 508–517.

二 制造类特色小镇个案分析

（一）成功案例：西夏墅镇工具智造小镇

1. 案例背景

西夏墅镇位于江苏省常州市，而常州市是"中国制造2025"试点示范城市之一。西夏墅镇因刀具制造而闻名于世，其刀具行业的发展历程十分悠久。该行业的起源可以追溯到20世纪60年代，当时的西夏墅镇只是一个生产传统农具的小镇。20世纪80年代之后，随着市场的变化和需求的增加，西夏墅镇逐渐向刀具制造业转型。90年代，西夏墅镇的刀具行业逐渐壮大，成为当地的支柱产业，并取得了显著的成果。21世纪初，随着科技的进步和全球市场的开放，西夏墅镇的刀具行业得到了飞速发展。同时，其刀具产业也是常州市重点扶持和优先发展的特色产业，具有突出的产业集聚度和鲜明的区域特色，是全国最大的硬质合金刀具生产基地，并荣获"中国工具名镇""江苏省重点产业集群"等荣誉称号。西夏墅镇在创新方面的努力也得到了国家级和省级的认可，荣获"国家级科技孵化器"和"国家级508众创空间"等荣誉称号。尽管工具产业在推动地方经济发展中扮演了重要角色，但是它们也存在着一些局限性。比如传统工具制造业的低附加值、低智能化、低品牌化等问题，限制了当地工具产业的发展，也制约了整个镇域经济的增长。在这种背景下，常州市政府决定以西夏墅镇为试点，引领传统工具制造业的转型升级。

2018年7月，该镇整合各级资源，以"工具智造小镇"为名申报特色小镇名录，并成功入选江苏省第二批特色小镇名录。工具智造小镇的规划面积为3.5平方千米，建设用地面积为1264亩，计划总投资为58.55亿元，如图7-3所示。主体包含智造众创区、智造产业服务区、智享生活区、智能制造区和智造商务区五个功能区块。西夏墅镇工具智造小镇的建设，可以有效整合地区产业资源，促进产业转型。首先，通过建设工具智造小镇，西夏墅镇将吸引更多的高新技术企业入驻，促进产业升级和创新发展。其次，工具智造小镇的建设将加快制造业与互联网的融合，推动数字化转型和智能制造的发展。最后，这一举措还将促进区域经济的繁荣和社会的发展，提高当地居民的生活水平和福利水平。

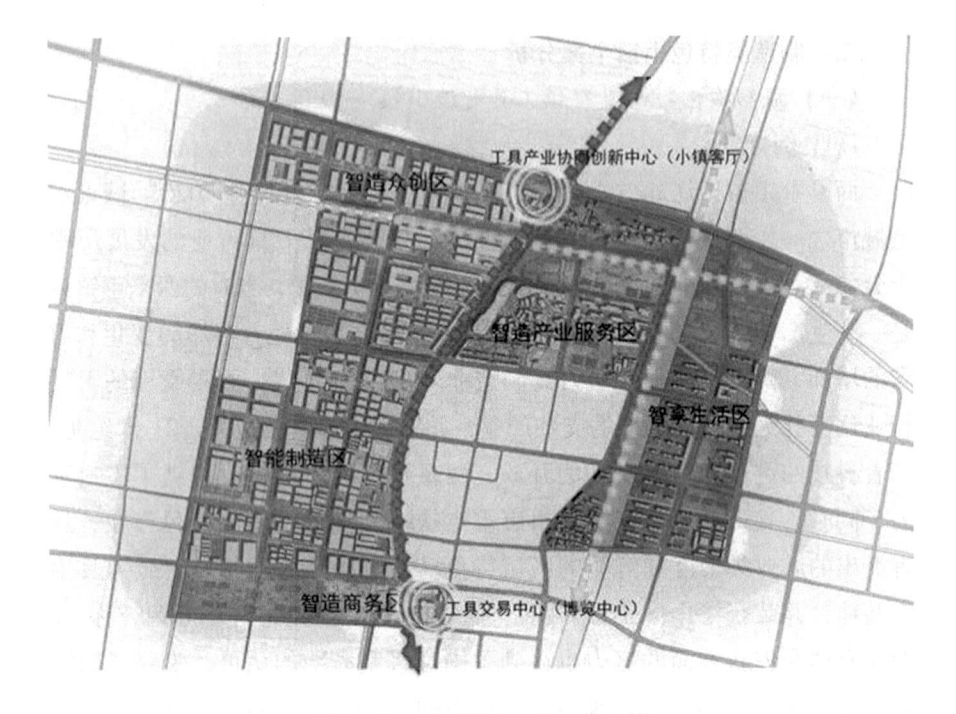

图7-3 西夏墅镇工具智造小镇

2. 西夏墅镇工具智造小镇创新生态系统的演化动因

西夏墅镇工具智造小镇作为常州市"制造业强镇",已经成为该地区产业发展和经济增长的重要驱动力。在建设工具智造小镇的过程中,西夏墅镇构建起以企业为主体、产业生态为支撑、政府服务为保障、人才培养为基础、金融支持为补充的五位一体的创新生态系统。

首先,西夏墅镇工具智造小镇创新生态系统演化的内在动因包括以下几个方面。一是创新资源的积累,包括人才、技术、资金、市场等多个方面。在西夏墅镇工具智造小镇的发展过程中,创新资源得到了积累和整合。比如人才资源,小镇通过多种方式,吸引了大量的技术人才,为小镇的发展提供了强有力的支持。又如技术资源,小镇积极推动创新技术的研发和应用,推动了整个产业的升级和转型。同时,资金和市场资源的整合也为小镇的发展提供了保障。二是企业家精神的激发。在西夏墅镇工具智造小镇的创新生态系统中,企业家精神是不可或缺的因素。

小镇的创新生态系统为企业家提供了良好的创新氛围和资源支持，鼓励他们勇于创新、敢于探索。在这样的氛围下，企业家们不断探索新的商业模式和技术应用，为小镇的发展注入了新的活力。同时，市场对于高品质工具产品的需求也在不断提高。西夏墅镇工具智造小镇能够满足市场需求，实现产业升级和经济发展的良性循环。

其次，西夏墅镇工具智造小镇创新生态系统演化的外在动因包括国家和地区政策的支持，如国家级特色小镇建设政策，为小镇发展提供了有力的政策支持和完善的政策保障。其一，政府简化了企业注册流程，为企业提供了更加便捷和高效的注册体验，减轻了企业的负担，提高了生产效率。其二，对于高新技术企业，政府采取减税等优惠政策，为企业提供了更好的发展环境。此外，政府对于创业企业入驻孵化器进行补贴，对于带动能力强的旗舰项目给予优惠，也是在激发小镇企业的创新性，为小镇产业的发展提供了有力的保障。其三，为了建立起与小镇以及入驻小镇的企业间自由而高效双向畅通的交流渠道，政府和小镇间有专门人员对接，向企业收集各类反馈信息，以不断优化体制机制，及时调整政策导向。政府通过这种方式，可以更加深入地了解企业的需求和问题，及时进行调整和改进，为小镇的产业发展提供更好的支持。

3. 西夏墅镇工具智造小镇创新生态系统的演化过程

西夏墅镇工具智造小镇作为一个创新生态系统，其演化过程是一个逐步深化、完善的过程。在创新生态系统的演化过程中，西夏墅镇工具智造小镇以制造业为主导，形成了具有一定规模的产业集群。在这个过程中，小镇发挥了企业孵化器、技术转移中心、人才培养基地等多重功能，促进了企业的发展和创新能力的提升。小镇也在不断完善自己的创新生态系统，引进高端人才和优秀企业，加强产业链的衔接和协同，打造创新生态的核心竞争力。根据国外一些成熟的数字经济类特色小镇经验，创新网络结构从形成到转化阶段至少需要几十年的时间，因此，本节重点分析西夏墅镇工具智造小镇的形成期和成长期两个阶段。

首先，西夏墅镇工具智造小镇的形成阶段，即政府引导的自然演化阶段。其实在20世纪60年代，西夏墅镇的工具产业就已经开始崭露头角，从以木质工具和刨子为主的手工业逐渐转型为机械化工业，尤其是在钻头和石材切割工具方面极具影响力。进入90年代后，西夏墅镇的工具产业得到了进一步的发展,主要得益于与国内外知名企业的合作。在此基础上,在依靠政府支持和聚集各种资源的条件下,西夏墅镇工具智造小镇创新生态系统逐步演化到初级阶段。例如,政府提供了大量的资金、税收优惠、专项服务小组和其他支持,以鼓励企业在小镇成立和发展。政府为小镇提供的资金支持主要用于建设基础设施、支持企业发展和创新等方面,为企业提供了优质的生产和生活环境。除此之外,政府也为小镇的企业提供了其他形式的支持,例如推广国际标准化认证、加强知识产权保护、提供人才支持等。政府还加强了对小镇的宣传和推广,吸引了更多的投资和企业落户,促进了小镇的发展。政府的支持和鼓励为小镇的产业集聚和技术创新提供了重要的基础,使得小镇成为一个新兴的产业聚集地。

其次,西夏墅镇工具智造小镇的成长阶段,即市场与政府共同推动的创新替代阶段,小镇的创新生态系统不断完善和深化。在这个阶段,企业和组织之间开始发生更多的合作和互动,产生更多的新产品和服务,并且吸引更多的投资和资本流入。这一过程有时被描述为"创新生态系统的正向反馈循环"[1]。在西夏墅镇工具智造小镇的成长期,政府对产业的支持是非常重要但非主要的一部分,另一个重要的因素是企业家的创新、企业和组织之间的协作和互动,以及对人才和资金的吸纳。在这个阶段,企业家精神是西夏墅镇工具智造小镇发展的重要动力。在市场机制和政府支持的推动下,越来越多的企业家开始加入这个生态系统中来,并发挥着重要的作用。这些企业家有着创新精神和敏锐的商业洞察力,他们不断地探索新的市场机会和商业模式。在西夏墅镇工具智造小镇的发展过程中,这些企业家发挥了重要的作用,推动了小镇创新生态系统的不断壮大。这种创新思维不仅表现在产品设计和研发方面,也涉及企业管理、营销等各个方面。但与此同时,企业家们在企业成长过程中,必须承担各种风险,包括市场风险、技术风险、资金风险,等等。面对风险时,他们不会止步不前或放弃,而是会勇敢地应对,寻找解决问题的办法,这种精神可以促进企业的发展。西夏墅镇工具智造小镇的企业

---

[1] 孟祖凯、崔大树:《企业衍生、协同演化与特色小镇空间组织模式构建——基于杭州互联网小镇的案例分析》,《现代城市研究》2018年第4期。

家们在成长期表现出了较为明显的创新精神、风险承担能力、责任担当意识和团队合作精神等特质，这些精神可以促进企业的成长和发展，并推动整个产业的进步。截至2021年，全镇刀工具行业实现销售55.67亿元，参与制定了11项国家（行业）标准，产品涉及航空航天、轨道交通、智能装备等领域，多家企业为一汽集团、中航工业、比亚迪、富士康等知名企业提供刀具配套服务，全国市场覆盖率高达90%。

4. 西夏墅镇工具智造小镇发展路径

西夏墅镇工具智造小镇的未来发展还有许多的潜力和机会。在市场经济和创新生态系统的推动下，小镇的发展趋势将会是多元化、高效性和可持续性的。

首先，引导产业升级和转型。目前西夏墅镇工具智造小镇的工具产业仍然是主要的支柱产业，但是随着全球市场的变化和科技的不断更新，工具产业也面临着许多挑战和机遇。因此，小镇需要加强对产业升级和转型的支持与引导，鼓励企业积极探索新的领域和业务，同时提高技术含量和附加值。随着人工智能、大数据和物联网等技术的不断发展，数字化、智能化和绿色化的产业模式已经成为产业发展的趋势。西夏墅镇工具智造小镇可以加强对这些新技术和新模式的应用与研发，不断提升产业的效率和可持续性。

其次，推进科技创新和人才培养。科技创新是小镇未来发展的重要驱动力，只有不断推进技术创新和创新成果的应用，才能保持小镇的竞争力和发展动力。因此，小镇需要加强科技创新的投入和支持，为企业提供更好的技术支持和服务。

再次，加强国际交流合作，开辟国际新市场。小镇需要加强对国际市场的拓展，加强与国际市场的合作和交流，提高企业的国际竞争力和影响力。如可以积极吸引国内外的优秀企业和创新团队来到这里，共同推动产业的发展。通过合作，西夏墅镇工具智造小镇可以获取更多的技术和管理经验，提升产业的竞争力和创新能力。

最后，加强品牌建设和文化传承。小镇的品牌建设和文化传承也是小镇未来发展的重要方面。小镇需要加强品牌建设，打造自己的品牌形象和特色，同时也需要加强对中华优秀传统文化的传承和创新，提高小镇的文化软实力和吸引力。

(二) 失败案例：余姚模客小镇

1. 案例背景

余姚模客特色小镇作为余姚市首个特色小镇，规划面积为 3.32 平方千米，位于余姚工业园，由余姚世模投资有限公司开发投资，计划 3 年投资 74.2 亿元，其中，昆山鑫多元模具科技有限公司持股 10%、世模投资有限公司持股 90%。[①] 2016 年 1 月 28 日，余姚模客小镇成功入围省级特色小镇第二批创建名单。余姚模客小镇定位于高端装备制造业，以"中国制造 2025"为主攻方向，构建国际高端模具生产体系，依托余姚现代工业下的模具五金、塑料电器等制造业发展。依据官方发布的小镇规划，余姚模客小镇的目标为国际模具产业智造高地、国际模具贸易文化博览中心、长三角一流的模具产业制造者天堂。[②]

余姚模客小镇空间规划的核心是"一心三区一网"。其中，"一心"指集创业服务、博览交易、研发设计、文化展示、休闲旅游等功能于一体的模客创新创业活力核心区，面积约 0.65 平方千米，重点是以余姚模具国际城项目为核心，打造国内重要的模具创客空间，"三区"是指以"众创、众包、众扶、众筹"为原则，整合模具产业链的功能需求，规划建设高端模具智造区、模具应用产业区和模客社区三大功能分区；"一网"是指城市内外水、绿的无缝生态网络。依托城市内外丰富的河道，结合滨河绿地建设，进一步联网，打造城市内外无缝的水、绿生态网络。

2017 年 8 月，浙江省发展改革委第二次年度考察省级特色小镇创新对象，指出余姚模客小镇因缺少投资导致项目推进缓慢，从创建型降格为培育型。余姚模客小镇的问题不局限于建设滞后、资金周转不足和创新不足，还涉及行业特性和投资成本等问题。首先，2016 年，由于开发商的资金中断，项目进展缓慢。如图 7-4 所示，部分主体呈现烂尾现象，且由于开发商在建前对商铺与余姚模客小镇进行捆绑售卖，当小镇项目推进受阻时，后续正在谈判的企业和商家投资入驻的态度发生转变，形成恶性循环。其次，铸造模具行业具有非常强的专业性，这就面临着

[①] 郭煦：《模客小镇缘何被降格》，《小康》2017 年第 30 期。
[②] 孙楚楚：《论特色小镇建设对地方经济的影响》，《中国市场》2021 年第 5 期。

相关设备和专业人才的高投资成本,企业在进行投资决策时会更加谨慎,对于模具小镇的发展和建设也会有所限制。最后,余姚模客小镇的问题不仅仅是内部建设问题,更涉及推进效率不高的问题,这也是许多特色小镇面临的共性问题之一。

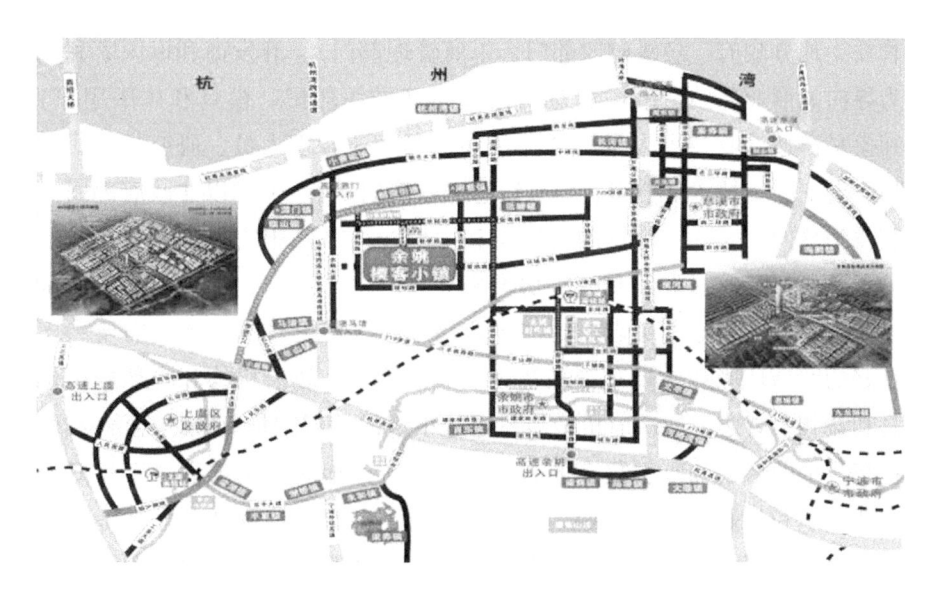

图 7-4 余姚模客小镇

2. 余姚模客小镇创新生态系统演化失败因素分析

浙江省发展改革委在对余姚模客小镇的年度考察中,总评分为 49.4 分,提出小镇降格的原因是缺少投资,进而引发项目推进缓慢。这当然是余姚模客小镇目前呈现出的一种现象,但从"行动—规则"的视角分析,余姚模客小镇具有良好的产业积淀,不过这次小镇失败与迈的步子较大,即产业积淀未达到足够支撑其向特色小镇转化的阶段有关。除此之外,就余姚模客小镇来说,其在建立初始阶段便遇到了阻碍,不仅导致投入增加、成本加大,而且对当地模具制造业的发展产生重创。比如一些创业者、企业家,购买余姚模客小镇的商铺或投资余姚模客小镇的建设,面对无法开业的小镇,它们的投资信心受挫,影响到当地创业创新环境的打造。余姚模客小镇长时间资金无法周转,对当地别的招商也会产生影响,这些因素之间环环相扣。余姚模客小镇的失败,不外乎内在因素和外在因素。

首先，余姚模客小镇创新生态系统演化失败的内在因素。其一，余姚模客小镇利益主体间没有进行良好的合作，且区域环境根植性较弱，缺乏稳固力因素。余姚模客小镇在建设中存在多个利益相关者。综合来看，余姚模客小镇的利益相关方可以归纳为四大类：政府管理部门（城管委、地方政府、各级政府部门、工商管理部门）、开发商和以国家利益为导向的商业部门、市场利益团体部门（城镇居民、模具和休闲用户）和模具铸造专业技术人员（非营利性模具产业管理人员、研究机构、贸易协会、模具技术从业者、模具铸造非政府组织）。他们以非政府部门的利益为导向。第一，小镇的开发商和房地产商是其中主要的人群。他们的主要目标是通过开发和销售房产来获得利润。第二，小镇内的企业也是非常重要的利益相关者。这些企业是小镇经济的核心，他们需要一个良好的营商环境和支持政策来持续发展。第三，政府机构和当地居民也是利益相关者之一。政府机构需要通过小镇的发展来推动当地经济发展，提高当地的形象和吸引更多的人才与企业。当地居民则需要一个良好的生活环境和就业机会。第四，小镇还吸引了各类服务商和产业链上下游企业等其他利益相关者，他们都在小镇内开展着与小镇主要产业相关的业务。在小镇的特定经济和文化空间中，作为参与者参与到动态演化的创新生态系统中。利益相关者作为创新生态系统的重要参与者，他们的行为和决策会影响整个系统的发展。然而，由于利益相关者之间的利益冲突和竞争，他们可能会阻碍创新生态系统的发展，各利益主体间没有进行良好的合作。政府管理部门希望依托模具制造业发展形成小镇产业化优势，给予了特色小镇建设土地政策的优惠。开发商寻求利益最大化，在优惠土地政策下，不需要经过"招、拍、挂"就可以拿到土地进行开发。但房地产开发讲究速度，资金周转快，产品单一，后期处理简单，城市发展则是一个长期的过程，有多种融资渠道。城市的产品除了住房之外，更多的是旅游和服务设施的建设，后期经营性和支柱性产业的建设和发展也至关重要。余姚模具城因房地产开发过度而出现资金链断裂，项目自2016年开始停工。这也是由于利益主体间没有进行良好的合作继而导致项目暂时搁浅。

其二，余姚模客小镇的区域环境根植性较弱。一是人才和研究机构的供给方面。余姚模客小镇位于余姚工业园区西部，周围缺乏学校、研究机构提供模具铸造研究和制造的新鲜血液，虽然余姚市有良好的模具铸造基础，被比喻为"塑料之乡、模具王国"。但在浙江省模具发展较好的城市不仅只有余姚市，还有浙江台州黄岩智能模具小镇、常州西夏墅镇工具智造小镇等，所以余姚模客小镇就核心竞争力而言并不太强。除此之外，在上述数字经济梦想小镇的案例中，已经可以看到依赖于阿里巴巴和高校科研机构（如浙江大学）在杭州蓬勃发展的高科技劳动力市场的存在及其衍生效应。在高新技术飞速发展的当下，没有新鲜血液对行业持续革新，小镇未来发展的环境根植性缺乏竞争力和发展动力。二是产业基础。一般来说，如果一个特色小镇有良好的产业基础，那么它的发展可能会更持续。余姚在模具制造产业方面，仍停留在传统产业的发展上，而由于市场增长的不确定性，在国内传统模具主要用户行业增长放缓的情况下，零部件供应商的供给端在逐步减少，面临压缩成本、降低售价的趋势。受技术、人力资源等因素的限制，余姚模具产业不能及时跟进用户行业的需求变化，导致模具产能不平衡，发展亟须转型。

其次，余姚模客小镇创新生态系统演化失败的外在因素。创新生态系统演化是一个复杂的过程，涉及多个因素的互动和影响。在余姚模客小镇的发展过程中，虽然有一定的基础和优势，但是也面临着许多挑战和障碍。其中，政府政策支持的中断和小镇的降格处理是其创新生态系统演化失败的外在因素之一。在小镇发展过程中，政府对于小镇的定位和评估具有重要的意义。如果政府认为小镇的发展不符合其要求或者标准，就会对小镇进行降格处理，从而使得小镇失去原有的政策支持和优惠，导致扶持政策效益缩水，影响小镇运营开发。例如，在浙江省创建型特色小镇扶持政策中，如果小镇降格，将会直接影响小镇的土地、税收和资金支持，这些因素对于小镇的运营商和开发商都会产生较大的影响。特别是对于小镇的开发商和运营商而言，降格处理将直接导致其资金压力增大。运营成本的提高和现金流的不稳定，将对小镇的发展产生极大的不利影响。[1]

---

[1] 黄志雄：《特色小镇价值取向与发展模式研究——基于浙江省第一批特色小镇"警告"与"降级"的经验证据》，《当代经济管理》2019年第11期。

3. 余姚模客小镇可能的发展路径

经过全面整顿，中国特色城市建设的热潮开始放缓并趋于理性，需要切实从"行动—规则"的视角认识到特色小镇自发演化形成的本质，以及其具有产业、城市和人文融合的功能性，利用好本地产业的优势和优势产业的地区根植性，这样的特色小镇才是有生命力的、可持续的。

资金链断裂是余姚模客小镇面临的一个严重问题，它导致项目进展缓慢，部分主体呈现烂尾现象。这种情况显然会影响到后续企业和商家的投资入驻态度，继而造成资金回笼乏力，形成恶性循环，导致小镇无法顺利发展。针对这种情况，应采取以下措施：首先，项目本身需要进行风险识别，包括技术、市场、资金等各个方面；其次，进行评估风险，一旦风险被识别，就需要对它们进行评估，计算风险发生的概率和可能带来的影响程度。

在此基础上，政府需要研判该项目是否有继续的必要性。如果项目继续，余姚模客小镇必须寻求新的投资渠道，以解决资金链断裂的问题。具体来说，余姚模客小镇可以考虑采取向银行贷款、发行债券、引进外部投资者等方式来解决资金问题。当然，这些方法都需要有足够的抵押品、信用背书和可行性报告等，才能获得外部投资者的信任和支持。

市场经济的创新是由个体企业家通过不断探索新市场、新技术、新产品等途径发现的。企业家们在市场上不断试错，不断寻找新的商机，创造新的产品和服务，进而推动市场经济的发展。在这个过程中，企业家需要在创新中承担一定的风险，但是成功的创新可以为企业带来巨大的回报，因此小镇如果继续发展，必须以积极的态度激发整个小镇的士气，通过肯定和鼓励过去的成就，以及强调未来的潜力和机会，为整个团队重新注入信心和动力。

第三节 文旅类特色小镇案例分析

一 旅游特色小镇概念内涵

旅游特色小镇是特色小镇的重要类型之一。据《2019 中国旅游特色小镇业态创新报告》，全国 403 个特色小镇中，有 155 个为旅游发展型小镇，占比约 38.5%。旅游特色小镇指的是以旅游业为主导产业，整合一、

二、三产业，集聚各种旅游休闲要素，融合发展，具有一种或多种主题活动的小镇。[①] 创新生态系统视阈下的旅游特色小镇，指的是以旅游产业为主导产业，依靠已有内外部旅游发展资源和条件，选择合理的演化路径，形成经济、社会、生态可持续发展的小镇。天目湖镇的旅游发展顺承新中国经济发展在各个时期的宏观背景，始终聚焦生态创新，坚持利用好、发展好天目湖的生态资源，在旅游产业发达的长三角地区建成了著名的生态旅游地。这对其他地区的旅游小镇建设有很强的示范作用。同时，自1992年以来，天目湖镇始终将旅游业作为发展的主导产业，其演化脉络清晰，演化机制成熟，具有丰富的研究价值和借鉴经验，是创新生态系统视阈下文旅类特色小镇演化机制的典型案例。

二 天目湖旅游小镇概况

天目湖位于南京、上海、杭州、苏锡常高密度城市化区域的中央区（见图7-5），1992年正式成立旅游度假区并被命名为"天目湖"。首期旅游规划面积10.67平方千米，围绕沙河水库北部水域及沿湖周边区域进行开发，1994年被省政府批准为首批省级旅游度假区。一是历经多次区划调整。2000年，茶亭镇被并入天目湖镇。2004年，天目湖镇、平桥镇合并设立天目湖镇，并与天目湖旅游度假区党工委、管委会合署，实行两块牌子、一套班子，行政区域面积变更为204.5平方千米，人口5.62万，辖3个居委会、27个村委会。2007年，合并原新昌镇、南渡镇、周城镇部分地区，行政区域面积变更为238.97平方千米，人口6.96万，辖3个居委会、30个村委会（其间，2009年调整为14个行政村、3个居委会，2010年调整为14个行政村、5个居委会，2018年调整为14个行政村、3个居委会）。2020年4月，市里进行新一轮区划调整，城东大道以西、S360以北、十里长山以东、宁杭高铁以南围合区域划给生命康原，天目湖镇行政区域面积变更为210.63平方千米，人口5.8万，辖12个行政村、1个居委会。二是逐步完成"三区同创"。2010年，市委、市政府统筹天目湖旅游区和南山竹海旅游区，提出"三区同创"。2013年9月，

[①] 石艳：《基于价值链理论的山东省旅游小镇发展模式研究》，《山东财政学院学报》2013年第4期。

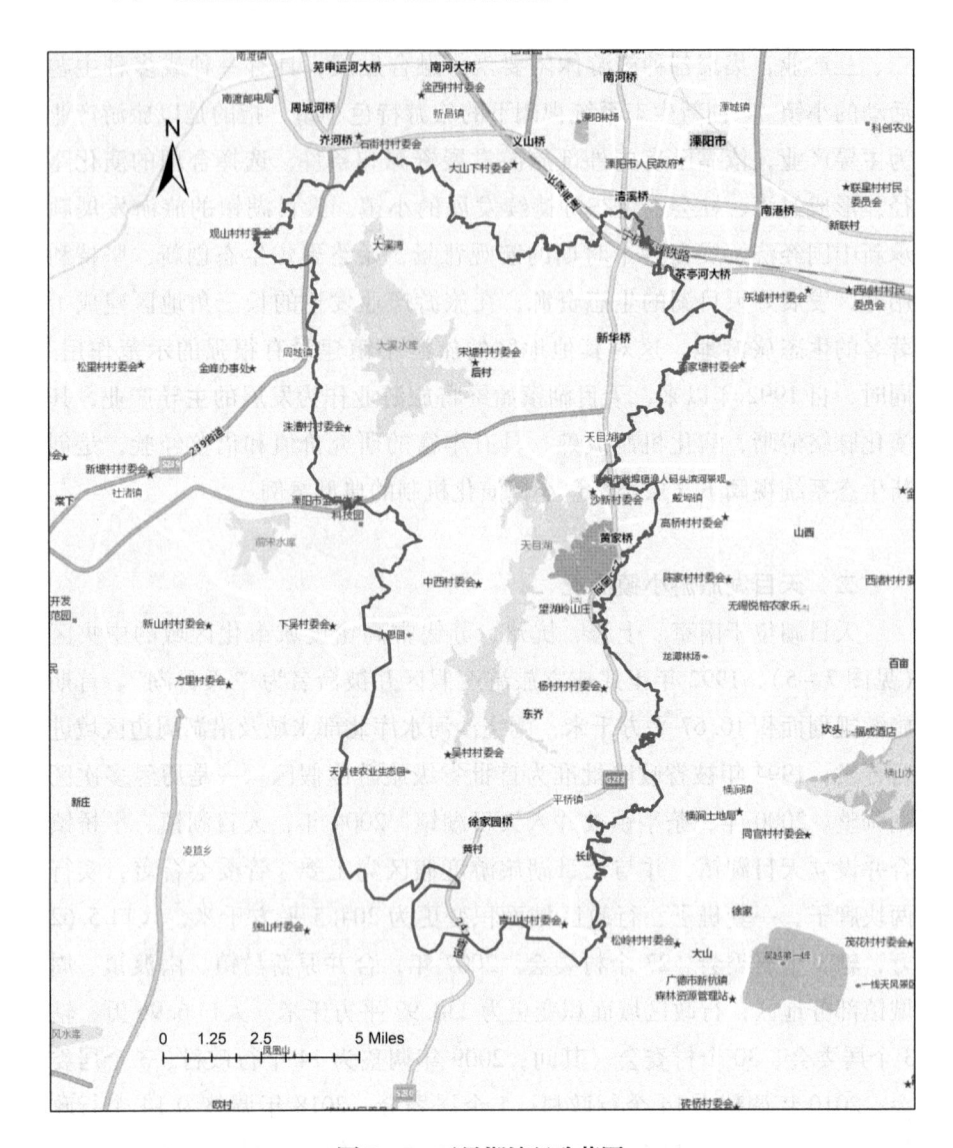

图 7-5 天目湖镇行政范围

天目湖被评为"国家 5A 级景区",2013 年 12 月被评为"国家生态旅游示范区",2015 年 10 月被评为"国家级旅游度假区",规划面积 320 平方千米的天目湖成功集"三区"为一体。天目湖还荣获全国特色景观旅游名镇、国家湿地公园、国家森林公园、全国水利风景区等殊荣。天目湖现有住宿接待设施 70 家,客房 7000 余间,可同时提供餐位 3.5 万余个。2017—2021 年,度假区年均接待游客 776.8 万人次。

三 天目湖旅游特色小镇演化动力

(一) 内在动因

1. 环境根植性

天目湖镇选择发展生态旅游，及其旅游产业不断演化发展，具有很强的环境根植性，主要受其所在地自然生态环境和社会经济环境的影响。首先，就生态环境而言，天目湖辖区内有大量的不同等级的生态敏感区，尤其是一级敏感区内水域周边植被茂盛、种类丰富，小气候环境比较好，珍稀动物众多，地形起伏较大，水质较好，土壤侵蚀相对较弱稳定性和复原力居中。境内大部分区域生态环境极好，自然资源优良，这是一种天然的优势，但也意味着产业发展受限，不适宜进行高污染的产业发展，也不适宜开发大规模水体项目。选择发展生态旅游是天目湖镇的科学选择，有助于平衡生态环境保护和经济社会发展的显性矛盾。这也是天目湖近几十年来产业演化路径、城镇布局方式以及小镇旅游演化进程最重要的影响因素。其次，就区位条件而言，天目湖东临烟波浩渺的太湖，北望工业发达的常州，西接六朝古都南京，南连蜿蜒起伏的天目山脉，距长三角城市群主要城市均在200千米以内。这意味着天目湖的旅游发展有稳定的高经济收入的客源市场，但同时也有大量城市发展以及旅游小镇发展的竞争对手。长三角城市群中，小镇旅游发展有典型的以历史文化见长的苏州和南京下辖的古镇，也有以科技创新为突出点的杭州下辖的数字类小镇。天目湖选择发挥自己的生态旅游长处，走差异化市场道路，在其几十年以旅游业为核心的小城镇演化过程中，始终坚持生态创新的战略定位，以生态环境优势增强综合竞争力，在此基础上不断优化内部业态结构与提升生态旅游产品品质。

2. 主体异质性

天目湖镇在几十年旅游的演化发展过程中，逐步实现了地方政府、企业、社区居民和相关科研机构等多元利益主体的协调共生。政府逐渐从天目湖旅游发展初期完全主导的角色，蜕变为监督者和引导者的角色。在天目湖旅游发展初期资源极其有限的条件下，政府挑起旅游业发展的大梁，根据实际状况规划旅游发展空间布局，引进和培育相关文旅企业投资发展，并号召广大社区居民参与到天目湖旅游发展中来。随着天目湖镇旅游产业的逐步成熟，政府开始放权给市场，承担起监督天目湖整体发展运营状况、出台相关引导办法和推进旅游业高质量发展的责任。这与前面理论部分分析是一致的。大量优质的文旅企业加大对天目湖旅游项目的投资建设，开发出一系列特色旅游景区与项目。截至2022年，近三年天目湖在建项目13项，总投资59.91亿元；拟开工项目6项，总投资31.35亿元；规划建设项目9项，总投资80.85亿元。它形成了布局合理、开发有序的项目发展格局，为天目湖旅游的绿色高质量发展打下坚实基础。在人才培育和人才吸纳方面，一方面，天目湖积极与长三角地区各大知名高校合作，引进文旅产业优秀人才参与产业规划、市场营销和环境监测等重要工作，同时还建成天目湖旅游发展智库，为天目湖持续性发展提供智力支持；另一方面，注重本地人才的培养，为旅游从业者以及相关社区居民开设旅游服务培训课，让本地居民积极参与到天目湖旅游发展的各个方面，包括协助保护好天目湖良好的生态环境、营造良好的社会环境氛围等，同时居民也能享受到天目湖旅游发展带来的经济与环境红利。

（二）外在动因

1. 时代因素

天目湖旅游小镇自诞生以来，其整个演化历程都与时代发展大背景息息相关。追溯到天目湖的前身沙河、大溪两大水库的建成，都与20世纪五六十年代新中国加快生产建设的时代背景密不可分。天目湖发轫于兴修水利。1958年溧阳人民面对南山水患，毅然开启修筑水库、治理山河的战斗，由万千民工修筑完成。20世纪90年代，随着改革开放进入新的重要节点和市场经济体制改革的推进，旅游的功能不再局限于政府接待与赚取外汇，旅游业成为城市发展的新兴朝阳产业。溧阳市政府结合自身资源禀赋条件，决定在两大水库的基础上发展旅游业，1992年正式成立"天目湖"，1994年它被江苏省批准为首批省级旅游度假区。进入21世纪初期，随着习近平总书记提出"绿水青山就是金山银山"的"两山"理论，生态创新发展得到全国各个城市的重视。天目湖本就始终坚持发展生态旅游，走在生态创新实践的最前面，在这个阶段，其生态旅游的发展自然能更上一层楼。2013年9月，天目湖建成"国家5A级景区"。2020年后，疫情防控进入常态化，旅游业遭受巨大重创，但天目湖旅游小镇能够进行快速调整，发挥已有的良好生态环境外溢效应，转型建设服务于本地居民和周边城市居民的休闲产业，用良好的生态环境缓解居民在疫情之下的身心压力，以及为建成世界级旅游度假区积蓄力量，积极探索天目湖旅游的未来发展道路。综观天目湖旅游小镇的演化发展过程，它始终与时代发展紧密贴合在一起。

2. 政策因素

天目湖旅游小镇在演化发展过程中，地方政府通过颁发一系列规章制度和惠旅政策来营造良好的旅游发展环境。主要包括两大方面的政策措施：一是为了维持良好的生态环境，推进水源综合治理。自 2006 年起，溧阳市政府先后制定并出台相关政策。2018 年，制订和实施了第一部地方性法律法规《常州市天目湖保护条例》，天目湖水源地保护工作从此有法可依。2020 年，市政府奋力推进《天目湖流域污染控制与水质提升三年行动方案（2020—2022 年）》，投资 10.8 亿元持续推进天目湖水源生态环境保护，其中 8 大类 14 项项目主体工程已基本完成。此外，系统开展生态地保护行动，明确划定生态红线范围，复合"山、水、林、田、湖、草"六大要素，以"点、线、面"相互结合的资源控制方式，综合提升生态系统稳定性。全力推进污染区综合治理，设立天目湖水源地保护专项资金，全力以赴改善水源水质，投入超 50 亿元开展新一轮天目湖水源地保护、农村生活污水治理、水库塘坝治理、矿山生态修复和砖瓦窑治理、推进区域治污一体化工程，开展两轮村庄环境整治，推动全域环境全面提升。这一系列措施为天目湖的可持续发展提供了坚实的生态基底。二是为了营造更加便利的营商环境，持续完善金融财税支持和旅游用地保障，通过科学规划持续优化天目湖旅游发展空间结构，不断强化"三生"融合空间治理，并制定一系列融资扶助政策，实施减免用地租金的方式，吸纳有实力的文旅企业和高端人才参与到天目湖旅游的发展中，为天目湖旅游小镇的演进注入强大的外生动力。

3. 技术因素

天目湖镇旅游发展充分借力现代各种先进技术，促进小镇旅游的数字化与便捷化，推进小镇旅游产品和特色项目的更新迭代。利用地理信息技术与生态气象技术，充分提供水源地技术保障，以绿色动能融入"双碳"目标，加快建设"美意田园"，不断推进高校科研合作，实现科技、人才、产业集聚的生态创新之路。如 2017 年 12 月与中科院合作建设的"天目湖流域生态观测研究站"建成运行，数据的积累和应用为全方位指导流域治理和生态修复提供了强有力的技术保障。利用生物医药技术，推进度假产品和项目的转型，如引进总投资超 30 亿元的再生医学健康管理中心省级重点服务项目、总投资 11 亿元的涵田国际康养中心，助力天目湖康养项目摆脱缺乏现代医学技术性支持的困境。利用大数据技术，打造智慧旅游小镇。以旅游集散中心和咨询中心建设为依托，建立旅游目的地信息化管理体系，推进旅游电子商务发展，加快建立旅游官方网站、基础数据库、电子导游系统和智能化管理系统。利用数字营销技术，推介天目湖的特色项目和特色产品，如利用抖音、小红书、快手等展示天目湖优美的自然风景，同时利用线上直播营销，依托直播平台、微信等媒介，联合旅行社、星级酒店、特色餐饮、景区景点、特色产品等旅游供应链商家，依托资深导游和旅游达人，将网络直播融入日常工作生活中。通过导游、达人对景区景点背后故事的挖掘，天目湖旅游特色小镇重点融入天目湖的生态文化与精神，同时推介天目湖白茶、天目湖鱼头和风干鹅等特产，建成"主播推介带货 + 平台供应链建设 + 线下旅游实体服务"的形式，实现旅游产品和达人主播的品牌传播价值。

四 创新生态系统视阈下天目湖镇演化路径

自 1992 年起，天目湖镇至今已走过 30 多年的发展历程。按演化动力机制和演化机理来看，天目湖已经走过了萌芽形成、快速成长、协同成熟三个阶段，当前正处于生态创新更迭的全新阶段。本节将梳理各阶段的演化特征，推演天目湖旅游特色小镇演化过程。

（一）萌芽形成阶段（1992—2001 年）

天目湖发轫于兴修水利，20 世纪六七十年代"聚水成目"，万人共建沙河、大溪两座大型水库，在天目山余脉建成天目湖雏形，20 世纪八九十年代"依水成镇"。天目湖旅游小镇正式形成之前是带有一定的偶然性的，面临严重的暴雨洪灾，摧毁了大量的农田村舍，溧阳人民不得不兴修水利，建成两大水库，这也形成了天目湖镇优良但生态敏感的生态环境。但天目湖旅游小镇自开始形成却是有着极强的必然性。20 世纪 90 年代中国进入市场经济快速发展阶段，意味着传统以农业、林业和渔业等第一产业为主导产业不符合天目湖的发展现状，第一产业的产值较低，不能让天目湖镇实现跨越式发展。与此同时，十分敏感的生态环境也导致天目湖不能发展高能耗、高污染、大规模的工业，这会直接导致当地生态系统的崩溃。天目湖镇自身也不具备良好的工业发展基础，贸然发展第二产业很难有所突破。1992年，地方政府和旅游部门经过多次考察，发现了所在地得天独厚的自然资源，利用水库及整个南山地区搞旅游开发不但具有可行性，也是天目湖镇发展的必然选择。

在20世纪90年代初期，对于当地社区居民和企业而言，旅游业是一个全新且陌生的产业，而且旅游业的发展需要调动大量的资源进行基础建设，因此天目湖旅游小镇在萌芽形成的初期带有极强的政府主导规划的特征。1992年，溧阳市政府开始自上而下地推进天目湖旅游全面开发建设，以沙河水库和大溪水库为主体的天目湖旅游景区动工兴建，并聘请上海同济大学和苏州城建环保学院建筑规划专家，制定18平方千米的一期旅游区总体规划，实施污水治理工程和天目湖宾馆改造工程，以沙河水库为中心兴建了天目湖山水园景区。随后，1995年建成翠竹园宾馆，1996年建成华天度假村。2000年，天目湖被评为国家首批4A级旅游景区，2001年天目湖首个湖泊型组合产品——山水园正式对外开放。自此，天目湖镇初步实现从普通农业小镇向山水生态型旅游小镇的转变。

在萌芽形成阶段，天目湖旅游小镇的建设处于发展初期，各类资源和基础条件有限，因此镇内的旅游项目呈现出典型的点状离散分布特征，数量少，彼此之间缺少联系；以山水园为代表的景区以初级观光型功能为主，缺少深度参与型项目，以天目湖宾馆为代表的酒店虽然已经有较为强烈的市场化特征，但仍保留着政府接待的功能，常年约有三分之一的客房用于接待政府会议客。这些特征均符合特色小镇在演化初期的发展规律。与此同时，天目湖在发展初期，根据生态环境优势、区位条件、开放的时代背景，选择发展湖泊型生态旅游，奠定了自身实现质的飞跃的基础，也形成了天目湖镇发展生态旅游的基本路径。

（二）快速成长阶段（2002—2012年）

21世纪初期，中国正式加入世界贸易组织，经济发展速度呈井喷之势，人均收入快速提高，越来越多的城市居民有多余可支配收入参与到旅游活动中。天目湖位于长江三角经济发达区，是上海都市圈与南京都市圈、杭州都市圈、苏锡常都市圈共同辐射地域，周边省市经济发达，居民出游意愿较强，可为天目湖输送稳定、持续的客源。同时，天目湖是吴越文化中心、经济中心、旅游中心的边缘，是三省交界吴文化与楚文化的交界区，历史文化资源丰富，人文底蕴较强。在这个阶段，天目湖的客源市场结构中，上海和南京两个城市客源占比约50%。随着旅游市场需求的日渐旺盛，天目湖镇政府和各大旅游企业意识到需要进一步发展旅游业，开发更多的大型旅游项目和产品抢占旅游市场。

1. 产业扩张

有了初期十年的旅游发展基础，天目湖镇积累了一些旅游发展经验，很多本地企业以及外来旅游公司纷纷下场，开始大规模、高效率地推进旅游项目的建设。地方政府受经济利益发展的驱动，开始逐步放权，吸引大量的外来资本进入天目湖旅游市场，市场力量逐渐强大，快速发展，兴建了许多大型文旅项目。首先，天目湖山水园区域开始兴建更多旅游产业内其他关联项目，如2004年龙兴岛主题景区对外开放，2004年静泊山庄建成，2007年金桥国际开盘，2008年假日花园建成，2008年涵田度假村开业。与此同时，自2004年开始，开发重点南移，以南山竹海为典型代表的新一代旅游产品开始建设，2006年南山竹海景区对外开放，并于2007年挂牌4A级景区，2009年御水温泉项目推向市场，并建设美芥山野温泉度假村，形成与山水园异质性较大的度假产品集群。其次，平桥石坝、天目湖茶园基地、桑园基地等与旅游有关联的外部产业也呈点状迅速推进。至2012年左右，天目湖旅游产业内部已经形成了一定规模优势，各个旅游目的地节点之间连点成线，线性扩张初见成效，旅游产业内部关联密切，与其他相关产业也开始产生了一些接触面。这个快速发展的阶段，本质上是一个自适应过程，市场力量的快速推进，使得天目湖旅游项目数量成倍增长，满足了市场需求量，2008年接待游客数量约421万人次，且其旅游收入常年保持同比增长20%以上。旅游业成为溧阳市经济发展的支柱性产业之一。

2. 发展问题

在天目湖镇快速发展的十年内，旅游产业实现了预期的经济效益，也快速地形成了产业规模。但由于市场主体缺乏有效的约束，政府一定程度有所缺位，产生了一些伴生性的问题。首先是产业效能问题。虽然项目数量扩张显著，但整体质量不高，部分项目未经严格综合论证便迅速开发，缺乏整体规划，导致其布局混乱，建成后带来的经济效益极其有限。如酒店行业盲目开发同质性产品，导致其削价竞争，出租率低，酒店娱乐设施经营惨淡。其次是配套设施问题。企业主要负责旅游项目的开发建设，对相关配套设施的建设不足，而地方政府也没能快速跟上补位。如大溪景区附近无便捷交通，景区内部东西向缺乏联系，公共服务设施缺乏，其他相关旅游设施陈旧更新较慢。最后是生态问题。这也是关乎天目湖长远发展的根本性问题。由于企业注重经济效益，而政府缺乏有效监管，因此尽管天目湖镇在快速发展阶段仍有在注重开展生态旅游，但由于发展速度过快，2002—2006年快速出现生态问题，水质由二类下降为三类，透明度下降为1.2米，内源污染，鱼类结构失调，点源污染持续性增加。好在地方政府及时作为，自2006年开始，溧阳市政府颁发5大类18项文件逐步推进生态综合治理，在2012年还进一步批复实施《天目湖地区生态环境保护规划》，水质出现好转，但生态风险仍有波动反复。从创新生态的视角来看，天目湖小镇的演化过程也是符合演化规律的。产业和经济效益的快速发展，政府如果不进行有效监管，会产生许多伴生性问题，若不及时约束改善，极有可能导致特色小镇的演化进程受阻乃至失败。

（三）协同成熟阶段（2013—2019年）

1. 生态创新

进入新时期，习近平总书记提出"两山"理论，自觉强化"底线意识"、严守"生态底线"，严格落实资源消耗上限、环境质量底线、生态保护红线，将开发活动严格限制在资源环境承载能力之内。在严格保护基础上，将绿色经济、生态创新融入经济社会发展的方方面面，筑牢绿色屏障、激活绿色产业、加强环境教育、建设绿色家园，通过构建市场化生态补偿机制赋予生态资源以市场价值，以绿色产业赋能区域发展，以环境教育构建生态文化，在生态文明建设及体制机制保障方面走在前列，实现以生态底色为生产生活增色，以生态文化提升绿水青山颜值，以生态经济放大金山银山价值。天目湖积极践行习近平生态文明思想，聚焦生态创新，加快绿色发展。这也是天目湖旅游小镇发展一以贯之的思想，即使在快速发展阶段走了一小段"弯路"，也能及时反应走回正轨。在这样的时代背景之下，天目湖的生态创新之路得到了充分的认可，也让天目湖坚信走生态旅游发展之路具有前瞻性和科学性。因此，在协同成熟阶段，天目湖旅游发展更加坚持贯彻生态创新发展的宗旨，将其融入旅游发展的方方面面，在水源地保护方面，逐渐走出一条从污染源控制到生态系统修复的综合治理之路。2017年，溧阳市政府发布水源实施保护方案，同年建成天目湖生态观测研究站，让湖水透明度恢复到能见1.4米。此外，通过科学开发生态项目和产品带来的经济收益反哺建设生态环境。2013年，建成天目湖国家湿地公园，总面积11.54平方千米，其中保育区8.24平方千米，恢复重建区1.68平方千米，科普宣教区1.17平方千米，合理利用区0.42平方千米，管理服务区0.03平方千米。公园涵盖三条河流，呈现"山"字形平行分布。不同土地、水域、山脉、生物单元交织共存，形成了独特的生态湿地景观空间，并入选国家5A级风景区。2014年，建立天目湖国家森林公园，获批国家生态旅游示范区，真正做到以绿色发展反哺水源地保护和生态环境修复，保障和加快生态产品价值实现，为天目湖镇旅游高质量发展提供不竭动力。

2. 产业升级

自2014年开始，中国经济发展进入新常态，经济增长速度从高速增长转为中高速增长，产业结构不断优化。旅游业的发展也是如此，已经走过了旅游收入呈井喷式高速增长、客流量激增的快速发展阶段。在中等收入家庭持续增多且趋于稳定的现状下，人们对旅游的需求不再局限于旅游项目数量的多少，短平快的观光式为主的旅游逐渐不再满足游客的需要，游客更加倾向于深度体验游，追求旅游体验的质量和深度。天目湖作为旅游产品的供给方，在协同成熟阶段也迅速转型调整，注重对旅游项目的提档升级，坚持以存量更新为主、增量建设为辅的指导方针，对于已有的山水园、南山竹海和各类星级酒店进行设施更新，以及在现有基础上重新设计更加具有互动参与的体验型项目。2014年，天目湖水世界在原山水园的基础上建成，2015年天目湖正式被评为国家级旅游度假区。与此同时，它建设了一批具有高端定位起点的旅游项目，如各级溧阳星级茶舍和高端民宿、以天目湖十思园为代表的高质量乡村旅游度假村等。总体而言，在协同成熟阶段，天目湖在项目引进开发或更新上都高度重视项目品质，协调有序规划项目落地建设。市场和政府协同发力，各司其职，推进天目湖镇旅游产业升级更新，使其成为发展成熟的旅游目的地。

3. 全域旅游

天目湖镇作为溧阳市旅游发展的重要区块，2016年，凭借天目湖镇生态旅游的高质量发展和其他区块乡村旅游的卓越发展，溧阳被原国家旅游局列入全国第二批"国家全域旅游示范区"创建名单。全域旅游，是指在一定区域内，以旅游业为优势产业，通过对区域内经济社会资源尤其是旅游资源、相关产业、生态环境、公共服务、体制机制、政策法规、文明素质等进行全方位和系统化的优化提升，实现区域资源有机整合、产业融合发展、社会共建共享，以旅游业带动和促进经济社会协调发展的一种新的区域协调发展理念和模式。在全域旅游理念的指导下，天目湖镇作为溧阳市旅游发展的龙头区域深入践行，加快推进旅游业与其他产业协同发展，天目湖旅游小镇与其他区域协同发展。充分发挥旅游业的协同黏性及渠道拉动的独特产业特性，整合关联农业、工业和高新科技产业，对全区域内新型工业化、城镇化、信息化、农业现代化等领域的标准化均产生了重要的示范、引领、带动作用。以天目湖旅游小镇为依托，先后建成1个全域旅游集散中心、5个片区旅游服务中心、百余个旅游咨询服务点和70座A级以上旅游公厕，城市公共厕所实现旅游标准化。以溧阳1号公路作为全域连接的纽带，串联起天目湖镇内各大旅游景区，以及溧阳市其他镇乡村旅游景区，串点连线成片，实现湖泊型度假和乡村田园度假的串联整合。在全域旅游的思路下，天目湖镇不仅实现了旅游的高质量发展、还充分发挥了旅游的协同效应。2019年，溧阳市全年接待游客2103.14万人次，实现旅游总收入257.38亿元，旅游业增加值占GDP比重达11.96%。至此，天目湖镇实现了旅游业内整合发展，旅游业与其他产业协同发展，以及自身和其他镇域一体化发展。

（四）创新更迭阶段（2020年至今）

随着2020年旅游发展的外部环境发生巨变，疫情防控常态化，人们外出旅行风险成本陡增，全国乃至全球各地旅游业都遭受重创，大部分旅游景区关门，在建旅游项目被迫中止，旅游业发展进入停滞阶段。在形势危急的外部环境之下，旅游发展已经相当成熟的天目湖镇的演化进程面临巨大压力，存在巨大的外部风险，但天目湖镇积极寻求突破，转变发展思路，从转变发展方式和积蓄力量长远谋划两个角度，正在进入创新更迭的阶段。由于这一阶段至今约为2年，仍处在更迭的初期，下面仅根据当下已有突破性举措进行分析。

1. 产业溢出效应

面临旅游业发展的现实困境，天目湖镇重新定位旅游产业。旅游小镇的功能不仅是满足游客的旅游需求，也完全具备服务城市居民休闲需求的功能，更是提升所在城市吸引力的重要载体。旅游发展的最终走向不应局限于作为产业结构之一的功能，而是要走向"泛旅游化"，即休闲化，最终成为城市品牌资产的重要组成部分。首先"天目湖"针对疫情之下跨区客流受限的情况，聚焦本地市场，结合游客和居民的周边游与短途游需求，重点打造以牧星湖露营谷为代表的精致露营项目，以及天目湖特色夜游项目等，扩大天目湖镇的客源群体。这是疫情之下天目湖短期缓解发展困境的创新举措。长远来看，旅游小镇满足本地以及周边居民的休闲需求也是未来发展的必然趋势。其次，天目湖镇定位为具有滨湖活力生活的长三角未来生活镇，将天目湖生态价值和休闲资源转化为天目湖镇乃至溧阳市的城市品牌价值，成为吸纳高新科技产业入驻的重要吸引点，同时也是溧阳市吸引和留住人才的重要砝码。2022年，溧阳市政府出台新一轮的《"天目湖英才榜"三年行动计划》，其中将优美的居住环境和免费游览景区作为吸引人才的重要手段，用良好的旅游环境赋能城市品牌形象。因此，在创新更迭阶段，旅游小镇的演化发展逐渐跳出了旅游传统的产业化思维，其经济功能仍然重要，但也更要发挥其社会功能、文化功能等溢出效应。这有助于缓解旅游小镇过度依赖旅游业经济产出的困境，降低旅游业带来的脆弱性和高风险性，增强演化系统的稳定性。

2. 产业更迭

在受疫情影响等外部环境强烈扰动之下，旅游业发展受阻，但并不意味着要放弃旅游业的发展。尤其是对于天目湖镇这类旅游特色小镇而言，旅游业是其发展的主导产业，旅游向外的溢出效应必须靠坚实的旅游业发展基础。因此，天目湖镇积极求变，在疫情的供给空档期加快创新发展，系统性地进行开发建设，以创建世界级旅游度假区作为目标，在溧阳市政府发布的《关于建设富有文化底蕴的世界级旅游度假区行动方案》指导下，进一步聚焦生态创新加快旅游小镇的发展，力争快步迈向"拥水重生"的创新更迭阶段。首先，通过普查文化和旅游资源，推进文化资源的活化，以场景化营造的方式打造多元复合空间，加快文旅融合，并联合新兴业态与重大项目，不断完善配套旅游休闲核心要素，同时加快实现旅游管理国际化，打造高端旅游示范板块，推动度假区内更多企业开展国际标准化组织（ISO）质量和环境管理体系认证，推进天目湖镇旅游服务体系迈向世界一流。其次，通过强化人才智库支持，完善旅游用地保障措施，加强财税支持重点项目，扶持旅游相关绿色产业集群，建设世界一流的产业规模。当前，天目湖镇在建重点旅游项目包括投资30亿元的中国再生医学健康管理中心、投资11亿元的涵田国际康养中心等。再次，以游客需求为导向，构建以旅游文化引导与推广、旅游发展创新、旅游信息化、旅游服务国际化等功能为支撑的旅游公共服务平台，吸引不同利益主体参与天目湖镇旅游建设，建成世界一流的配套。最后，与驻外旅游办事处、海外中国文化中心、孔子学院等海外机构合作，并依托海外有影响力的传统媒体和新媒体平台，创新天目湖镇对外宣传推广格局。同时，举办国际性艺术活动与体育赛事，利用天目湖环线"1号公路"举办自行车、定向越野等国际赛事，开展"营造乌托邦　艺看天目湖"国际生态艺术节，进一步提升天目湖的世界影响力。

五　案例小结

本节通过对天目湖镇的案例分析，基本上验证了创新生态视阈下文旅类特色小镇演化机制。天目湖镇经过30多年的演进，在内部生态环境和各主体异质性，以及外部时代因素、政策因素和技术因素双重演化动力的驱动下，政府从完全主导的角色逐步走向监督者和服务者的角色，市场主体从盲目扩张走向有序性发展。天目湖镇各旅游项目逐渐连点成线，以线带面，形成旅游产业内部高度聚集的局面，并逐渐发挥旅游产业的溢出效应，实现旅游业与其他产业的高度关联，让旅游走向休闲化，高品质的生态休闲环境成为推进城市发展和吸纳人才的重要吸引点。天目湖镇至此已走过萌芽形成期、快速发展期、协同成熟期和创新更迭期四个演化阶段,逐步建成了宜游、宜居、宜业的生态旅游特色小镇,形成了生态创新的"天目湖式"旅游发展模式。但目前天目湖镇演化的创新更迭期才刚刚开始,未来其发展也要遵循特色小镇演化的客观规律,推动自身发展迈向新高度。我们也要认识到文旅类特色小镇发展的特殊性,其产业交融更密切,空间范围更广泛,受外部环境影响较大,在应用创新生态系统视阈下特色小镇演化规律时,注重旅游小镇特殊的发展特征。

第八章

国外特色小镇发展的启示

第一节 国外特色小镇的起源与发展

特色小镇模式虽起源于国外,但当前国外没有明确提出"特色小镇"的概念,相关研究主要集中于类似"特色小镇"的小城镇发展领域。对国外特色小镇内涵的探讨应从国外小城镇理论入手。1898年,英国社会改革家霍华德在《明日的田园城市》中提出了田园城市理论。[①] 该理论基于城市扩张带来的许多问题,建议应当寻求一种空间组织新形式,使城市与乡村能够稳定、持久结合,其核心关注于城乡一体化,认为城市、乡村、城乡接合的田园城市是人类可选择居住的三类人居磁场,即"三磁"理论。这可以说是国外特色小镇发展的起源。1915年,为试图修正田园城市规划建设中存在的问题,应对"大城市病",美国学者泰勒在《卫星城镇》中提出要在大城市周边建设类似卫星般的小城镇,分散母城的人口、产业和其他功能,加速了城市的功能定位。[②] 其后,在1919年,卫星城镇首次在英国得到运用。1946年,英国众多城市由于战争中受到破坏急需重建,政府颁布了《新城法》。该法明确了小城镇优先发展的地位,推动了很多新的小城镇的建设,从而实现了工作与生活的平衡自足,有效促进了英国特色小镇的发展。产业区的提出和产城融合概念则在一定程度上支撑了国外特色小镇的发展。马歇尔在20世纪初便关注到了工

---

① [英]埃比尼泽·霍华德:《明日的田园城市》,金经元译,商务印书馆2010年版。
② 李万峰:《卫星城理论的产生、演变及对我国新型城镇化的启示》,《经济研究参考》2014年第41期。

业集聚现象，认为"基于历史与自然的共同作用，产业区这种特殊的区域得以形成，在这种区域内能够形成积极的企业相互作用，进而与社会趋向融合"①。20世纪80年代，欧美等国家的学者开始着手研究起园区发展与城市空间关系这个课题，并提出产业集聚与园区经济发展同城市建设与土地使用存在着紧密的联系。综上所述，可以说，国外特色小镇在发展与建设的过程中，一定是伴随着工业化与城镇化，是经济发展和城镇化达到一定水平后衍生出的产物，包括田园城市、卫星城镇、新建城镇、专业化城镇等形态。与发展相适应，快速发展、缓慢发展、复兴发展及功能提升是国外特色小镇大多会经历的四个发展阶段。当前，欧美大多数小城镇的发展正处于第四个即功能提升阶段。

  国内特色小镇的内涵经历了一系列变化。中国特色小镇的提出，与浙江乃至全国的经济需要转型升级和实施新型城镇化战略有关。2015年，浙江省人民政府在《关于加快特色小镇规划建设的指导意见》中对特色小镇的定义是："相独立于市区，具有明确的产业定位、文化内涵、旅游和一定社区功能的发展空间平台。"② 2016年10月，国家发展改革委发布《关于加快美丽特色小（城）镇建设的指导意见》，将特色小镇定义为："主要是指聚焦特色产业和新兴产业，集聚发展要素，不同于行政建制镇和产业园区的创新创业平台。"③ 2017年12月，四部委发布《关于规范推进特色小镇和特色小城镇建设的若干意见》，对特色小镇进行了官方定义："特色小镇是在几平方公里土地上集聚特色产业、生产生活生态空间相融合、不同于行政建制镇和产业园区的创新创业平台。"④ 中国以"特色小镇"这个提法将这种小城镇发展的模式固定下来，并通过明确的定义与发展政策进行了推动，希望能更好地发挥这种小城镇发展模式的作用。中国特色小镇以特色产业为核心，特色产业的选择立足当地资源禀

---

  ① Marshall A., *Principles of Economies*, London: Macmillan, 1920.
  ② 浙江省人民政府：《关于加快特色小镇规划建设的指导意见》，2015年9月6日，https://jxt.zj.gov.cn/art_1229123418_470639.html。
  ③ 国家发展改革委：《关于加快美丽特色小（城）镇建设的指导意见》，2016年10月8日，http://www.ndrc.gov.cn/zcfb/xxgk/zcfb/tz/201610/t20161031_963257.html。
  ④ 四部委：《关于规范推进特色小镇和特色小城镇建设的若干意见》，2017年12月4日，https://www.ndrc.gov.cn/xwdt/ztzl/xxczhjs。

赋、区位环境以及产业发展历史等基础条件，向新兴产业、传统产业升级、历史经典产业回归三个方向发展。① 在机制上，中国特色小镇是一种以政府为主导、以市场为主体、社会共同参与的主办运营商开发模式，其特征在于政府以顶层设计、制度建设、服务管理为主要任务。特色小镇的建设发展已上升到国家政策层面，成为推动国家经济发展的一种重要战略。②

与国内特色小镇内涵相比较，国外特色小镇立足经济发展与生产生活中的需求，没有明确的定义，是一个较为宽泛的概念，但它发展历史更长，主要是依托资源、经济、社会和产业发展③，发挥区位优势，大多是一种自下而上的产物，以企业为主体，以市场为导向。与中国特色小镇的政府做顶层设计、发展战略被提升到国家政策层面不同，国外特色小镇发展中，政府起到的多是辅助作用，其建设与规划也大致局限于地方政府这一级，特色小镇多是在自然和历史的演进或市场自发的选择过程中诞生。但这种小城镇发展模式同样从各方面推动了国外资源空间配置的优化和人口、资源、生态的协调发展，能够为中国特色小镇的建设与发展提供某些程度上的启示。本章将通过案例分析明晰国外特色小镇发展经验，同时也能显示中国特色小镇发展模式的独特优势。通过国外特色小镇案例分析，我们可以借鉴国外特色小镇发展的经验，强化中国特色小镇发展模式中的有效做法。

在创新生态系统视阈下，将创新生态系统理论与中国特色小镇的内涵相结合，可以定义创新生态系统视角下的特色小镇是一定的时空范围内小镇的发展主体与环境通过物质、能量和信息流动相互作用和相互依存形成的基于技术、制度演化的动态、共生、可持续发展的"生命"系统。④ 在这个过程中，它主要强调了特色小镇发展主体与发展环境之间的互动作用。在接下来的案例分析中，本章将挑选国外特色小镇的一些经典案例，对这几个国外特色小镇的起源、初期发展、进入成熟等阶段进

---

① 唐德淼：《"特色小镇"定位与产业融合发展研究》，《中国商论》2017年第27期。
② 张敏：《创新生态系统视角下特色小镇演化研究》，博士学位论文，苏州大学，2018年。
③ 刘煜：《乡村振兴背景下特色小镇的建设成效与优化研究——以浏阳市特色小镇为例》，湖南师范大学，硕士学位论文，2021年。
④ 张敏：《创新生态系统视角下特色小镇演化研究》，博士学位论文，苏州大学，2018年。

行梳理，明晰不同地区、不同类型特色小镇在不同阶段的发展特征与整体发展路径，并从创新生态系统视角探究它们在各阶段发展的动力因素，以及动力机制与外部主体的互动情况，分析它们的成功是否源于前文提出的演化过程、机制和路径。综合考虑各方面因素，本章决定从国外不同地区挑选一些具有代表性的特色小镇，这些小镇也应覆盖第一产业到第三产业，这样更具有代表性和全面性。鉴于此，本章从国外典型特色小镇中选取五个进行案例分析：美国硅谷小镇（科创）、法国格拉斯小镇（香水产业）、美国格林威治小镇（金融与对冲基金）、瑞士达沃斯小镇（旅游度假）、意大利蒙特贝卢纳小镇（体育产业）。

第二节　国外典型特色小镇介绍

一　美国硅谷——科创小镇创新集群

目前，就高科技产业的发展来说，美国硅谷可以说是发展得很成功的特色小镇之一。硅谷不仅具备典型创新集群的特征，从创新生态系统的视角看其发展路径也具有典型性。因此，本章首先选取在各方面都具有典型性的硅谷作为案例进行分析。

科创小镇是中国特色小镇类型中的一种，其主体功能主要有产业智造、企业孵化和科技创新三类，通过对核心产业、上下游产业、外围产业相关企业、金融机构、孵化中心和高校等中介服务和研究机构的整合，从而构建一个以协同创新和合作共赢为特征的创新网络，有力推动了产业集聚、创新创业、新兴产业培育与地区经济高质量发展等。[1] 可以发现，科创小镇是一种嵌入创新生态系统中的高科技产业小镇，硅谷基本符合这类特色小镇特征，所以本章将硅谷归入科创小镇的范畴内。

（一）硅谷介绍

硅谷位于美国加利福尼亚北部的大都会区旧金山湾区南面，是高科技企业云集的圣塔克拉拉谷的别称。硅谷的名字源于其最开始是研究和生产以硅为基础的半导体芯片的地方，现在被用来指代高科技领域。在

---

[1] 郑胜华、陈觉、梅红玲等：《基于核心企业合作能力的科创型特色小镇发展研究》，《科研管理》2020年第11期。

硅谷指数出版物上，硅谷被定义为圣克拉拉郡（Santa Clara County）全部、圣马特奥郡（San Mateo County）全部、弗里蒙特市（Fremont）、纽瓦克市（Newark）、联合市［Union City，位于阿拉梅达郡（Alameda County）］和斯科特谷［Scotts Valley，位于圣克鲁斯郡（Santa Cruz County）］。以上面积共为 1854 平方英里，约合 4801.84 平方千米，相当于 3/10 个北京、3/4 个上海、2.4 个深圳，地域面积广阔，如图 8-1。关于硅谷的创新机制，国外学者在多个角度进行了分析。有学者站在高校对创新机制构建影响的角度，研究了斯坦福大学和加州大学伯克利分校对硅谷在商业和政治方面的支持。[1] 也有学者在多篇论文中对硅谷的崛起和持续不断的创新从生态系统、生活方式、政策、风险投资和社会网络等角度进行了论述。[2][3] 还有学者通过展示硅谷中一种特别的"公司群"，对比了硅谷移民的"个人"和文化复杂的"社区"，认为由社区和个人结合"公司群"说发展的私人—公共合作关系是硅谷发展的基础。[4] 在硅谷发展之初，其主要的竞争对手是位于马萨诸塞州波士顿的 128 号公路，该公路两侧聚集了数以千计的从事高技术研究、发展和生产的机构和公司。硅谷与 128 号公路有着相似的起源和技术，但在二战后却逐渐形成了截然不同的工业体系。在长期的发展中，两者展现了不同的发展模式，最终硅谷获得了成功，128 号公路却遭遇了挫败。在下文的分析中，本节将引入 128 号公路与硅谷在某些方面做对比分析，以更好地明晰硅谷作为一个成功的科创型特色小镇，其成功的动力来源于何处，希望从机构与文化、产业结构以及企业组织三个维度进行探究。

（二）发端与起源

最初，硅谷所在地只是一片环绕旧金山湾南端的农耕用地。20 世纪 50 年代初，在斯坦福大学租出的 0.2 平方千米的土地基础上，斯坦福研究园成立，从而成为硅谷的发展源头。部分二战前成立的科技公司与惠

---

[1] Stephen B. Adams, "Follow the Money: Engineering at Stanford and UC Berkeley During the Rise of Silicon Valley", *Minerva*, Vol. 47, No. 4, 2009.
[2] Loseph Lou, "Silicon Valley Ecosystem", *Soft Engineer*, Vol. 3, 2005, pp. 49–50.
[3] Loseph Lou, "Social Networks in Silicon Valley", *Soft Engineer*, Vol. 4, 2006, pp. 119–121.
[4] J. A. English-Lueck, "Silicon Valley Reinvents the Company Town", *Futures*, Vol. 32, No. 8, 2000.

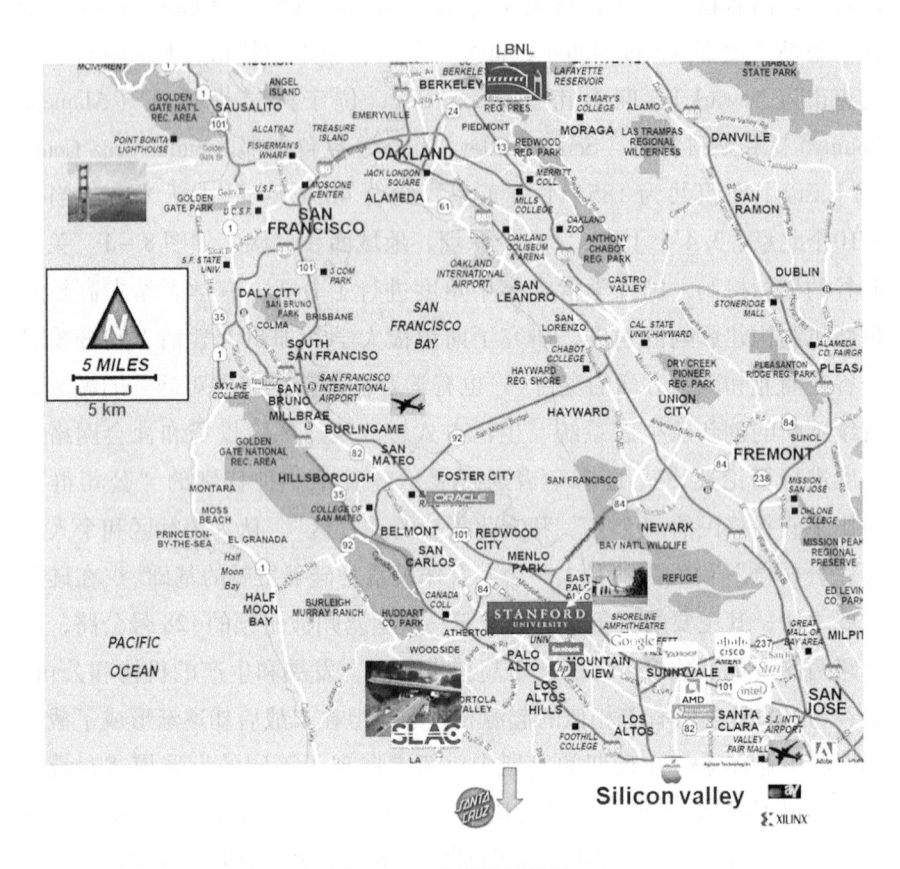

图 8-1 硅谷地理位置

普公司一起为硅谷地区新兴的电子工业奠定了基础。硅谷的发端主要是源于二战和冷战中的军备竞赛，联邦政府将资源引入高校实验室开发与战争相关的技术，刺激了新兴产业和地区经济。斯坦福大学在雷达、固态电子和信息处理技术方面的开拓性研究创造了本地化的技术技能和供应商库，吸引了老牌企业，支持了新企业的创立。硅谷的发展与高校的支持密不可分，推动硅谷发展的主要高校是斯坦福大学。二战结束后，斯坦福大学副校长弗雷德·特曼开始探索实现斯坦福大学和本地企业协同发展的路径，他费尽周折希望在斯坦福大学和当地产业界之间建立起合作关系。128号公路则是麻省理工学院作为该地区产业的主要推动者，其做法和斯坦福大学完全不同。斯坦福大学和麻省理工学院的做法是决定硅谷和128号公路产业形成不同发展路径的因素之一。麻省理工学院主要是面向华盛顿和大型老牌生产商进行合作，斯坦福大学则关注与密切和小企业之间的合作关系。这两种做法的反差对两个地区正在形成的工业体系产生了根本性的影响，对于硅谷日后形成一种成熟的创新集群有重要意义。

（三）快速成长阶段

硅谷的爆炸性增长是由1951年才出现的行业，即半导体行业推动的。从这一点看，硅谷的起源虽然包含了政府行为的偶然性，但其发展也符合国外特色小镇大多有市场导向的特征。虽然一开始半导体业务的订单量大多来源于军事，但在计算机工业发展的过程中，晶体管和集成电路的需求上升，军事订单的比例不断下降。在20世纪60年代和70年代，硅谷没有像128号公路那样高度依赖国防市场，而是顺利实现了向商业化生产的平稳过渡，说明了特色小镇发展中市场导向的重要性。70年代初，风险投资取代了军方，成为硅谷初创企业的主要融资来源。总体上看，在发展之初，硅谷的高校科研、军费开支和企业家冒险精神共同激发了地方工业本地化产业发展的自我强化动力，其中推动硅谷迅猛发展的直接动力来源于半导体行业的各类企业，它们在当地各主体良好互动中得以强化并蓬勃发展。

硅谷在这一阶段的发展中之所以会出现这种情况，可以归结为硅谷营造了一种去中心化、自由流动的环境。这加速了技术能力和专门知识在区域内的传播。这种技术知识的本地化积累，提高了硅谷初创企业的生存能力，并使技术共享文化不断深入人心。在这种环境中，既竞争又合作的机制被确立，该机制是硅谷发展中鲜明的特征。

（四）受冲击阶段

20世纪70年代初，受到整个行业衰退的打击，半导体制造商纷纷涌向存储器、微处理器和相关外围设备等新兴的大众市场，完全放弃了定制业务。到70年代末，半导体行业的领导者们都认为，他们面临的最大挑战不再是技术提升，而是标准器件的大规模生产。为满足迅速扩张的存储器和微处理器市场要求，硅谷的半导体制造商将向大规模生产的转变视作行业成熟的一个自然且不可避免的阶段。他们疏远客户，与设备供应商对立，采用层级制职能管理模式，对生产过程进行空间分割，将研发与制造、装配分离开来，改变了自身的结构，抛弃了所在地区及其网络。硅谷的半导体生产者没有认识到这些组织上的创新，而是采用了一种更为传统的大规模生产模式。因此，这些公司缺少了互动学习和共同改进的机会，而互动学习和共同改进恰恰是日本体系结构中所固有的。到20世纪70年代末，日本的竞争优势主要来自其从制度上支持半导体制造工艺的持续改进。80年代末，日本公司主宰了全球半导体存储器市场。日本半导体公司那种既一体化又不失灵活的产业结构，促进了供应商、分包商和客户之间的协作，复杂的晶圆制造工艺得以逐步改进。

20世纪70年代和80年代，128号公路沿线小型计算机公司的经历同硅谷的商品化半导体生产商的经历一样，他们都希望通过押注于某个单一产品获得成功，但结果都说明在技术和市场快速变化的时代押注于某个单一产品存在着风险，力求在既定单一的轨道内实施逐步改良的战略。这弱化了公司对产品和工艺创新的快速应变能力。

（五）复兴阶段

20世纪80年代，硅谷实现了脱胎换骨的转变，颠覆了企业传统上自我定义的概念范畴，让这些概念变得百无一用。随着技术的进步，昔日强有力的竞争对手变成了现如今的合作伙伴，公司与公司之间的界限开始消融或模糊。

由于新产品推出的速度越来越快，技术也越来越复杂，开发新产品的成本在不断增加，这些变化推动了计算机领域开始向放弃专有标准转变。到20世纪80年代末，128号公路地区的经济一直被数字设备公司主导，而硅谷不受任何一家大公司或几家大公司主导。惠普在硅谷不仅不具主导地位，而且对周边地区经济具有更高的开放度。惠普的业务部门是半自治的，对外部供应商日益依赖，这样惠普能够比数字设备更快地将产品推向市场，数字设备则继续依赖于其冲突不断的矩阵式组织和大规模的纵向一体化模式。惠普能够较早洞察出这些市场趋势，得益于该公司对技术和市场种种变化所持的开放态度，以及能够轻松获得新技术的地理位置。

新一代硅谷计算机系统公司通过自下而上地建立生产网络，来应对不断上升的开发成本、不断缩短的产品周期和快速的技术变革。通过专注于自己擅长的领域和从专业供应商那里购买其余原件的方式，他们创建了一个网络系统，摊薄了新技术开发成本，缩短了产品开发时间，并促进了互惠创新。新的硅谷公司力图避免对供应商的依附，明确拒绝采用 IBM 的模式，谋求建立更加互惠的关系。他们开始将与供应商的关系视为长期的伙伴关系，而不是短期的采购约定。他们视协作为加快新产品推出步伐和提高产品质量与性能的一种方式，与供应商的密切互动避免了纵向一体化的成本和风险，同时也获得了宝贵的反馈机会。这实际上增强了创新集群内创新主体之间的互动。

在硅谷，生产商跨公司和跨行业的复杂网络越来越多地被组织起来，以实现创新和共同增长。与合同制造商合作，实际上成为一个互利的技术升级过程。例如，旭电公司卓越的制造水平和积累的专业技术这种以前只有个别公司才掌握的知识将受益他的所有客户。在另一个例子中，制造半导体的晶片代工厂长期以来一直是资本密集和技术精良的企业，与客户的关系相对平等，提供互补优势。

通过这些途径，硅谷找回了昔日自身最大的优势，即"既合作又竞争"。这种优势便脱胎于创新生态系统，开始了复兴，并在未来的发展中重新确立了竞争优势的动力来源。

二 法国格拉斯小镇——香水产业的延续

在第一产业方面，依靠第一产业的特色小镇利用自然禀赋建设特色产业是较为普遍的发展模式。这一模式可以划分为自然景观和自然资源两种。法国格拉斯小镇凭借农业现代化推进的香水产业在过去的一段时间获得了成功，但使其出名的是香水研发和加工制造，不是鲜花种植。目前，格拉斯不仅依托香水产业，还依靠香水业成功发展获得的名气发展了旅游业。可以说，它是自然资源与自然景观两种模式的结合，也是第一、二、三产业融合发展的典型。本节对法国格拉斯小镇的发展进行分析。

（一）格拉斯小镇介绍

位于法国东南部普罗旺斯—阿尔卑斯—蓝色海岸大区滨海阿尔卑斯省的格拉斯是一个山城[1]，具体位于南部戛纳及尼斯之间。它是世界著名

---

[1] 王佳：《产业融合视角下特色小镇规划设计研究》，硕士学位论文，西安建筑科技大学，2020年。

的香水发源地，面积44.44平方千米，如图8-2和图8-3所示，因小说《香水》而得名。在这个只有约5万人的小镇上聚集了50多家香水工厂，其中包括了很多世界著名的香水加工厂，如弗拉戈纳、香奈儿、戛里玛和莫利纳尔，法国全国三分之二的香水产自这里，因此格拉斯也被人们称为"法国香水的摇篮""世界香水之都"和"全球最香的小镇"。[①] 格拉斯每年有6亿欧元以上的收入来自香水业，其产业发展经历了花卉业延伸出的香水产业再到旅游业，由此，格拉斯小镇的区域产业经济结构核心渐渐演变为香水业与旅游业相结合的模式。相关研究显示，旅游业对于特色小镇的经济拉动作用是显著的，特别是在发达国家的乡村中。有学者研究发现，在西方国家，旅游小镇可以有效促进当地经济发展，并推动区域建设。[②] 还有学者构建了文化旅游发展的理论模型，认为文化传承与保护有助于发展旅游经济。[③] 格拉斯小镇正是基于香水业的品牌形象形成文化，依托这种文化传承延伸了旅游业，通过旅游业与香水业的融合发展实现了经济动能的转化，获得了新的发展动力。

（二）发端与起源

格拉斯小镇的发展起源于皮革业。早在6世纪，格拉斯便开始从事皮革制造业，并以此闻名，其牛羊皮手套甚至专供贵族。它之所以日后转向香水产业则源于两个方面的原因。一方面，在16世纪中期的一场政治婚姻中，意大利女贵族凯瑟琳·德美第奇嫁给了法国国王亨利二世。她发现，在格拉斯，传统手工业使用橄榄油熟皮技术制作手套，虽然质量很好，但会有令人不适的气味散发出来，因此她提出在手套制作的过程中使用香精改善气味。自此，在中世纪的欧洲上流圈子里使用香料成为一种时尚，格拉斯传统皮革业的许多从业者便开始尝试转行制作香料。经过一个多世纪的发展，在1730年，格拉斯出现了第一家法国香料公司，

[①] 王松、朱晨斓、陈海盛：《特色小镇——从法国格拉斯小镇到中国美妆小镇》，《中国经贸导刊》（理论版）2017年第26期。

[②] Davies C., Fletcher J., Szczepura A., Wilmot J., "Factors Influencing Audit in General Practice", *International Journal of Health Care Quality Assurance*, Vol. 9, No. 5, 1996.

[③] Clare Murphy, Emily Boyle, "Testing a Conceptual Model of Cultural Tourism Development in the Post-Industrial City: A Case Study of Glasgow", *Tourism and Hospitality Research*, Vol. 6, No. 2, 2006.

图8-2 格拉斯小镇地理位置

图8-3 格拉斯小镇风景

进一步推动了香水业的发展。另一方面，皮革业本身具有污染环境的特征，于是格拉斯从16世纪初至17世纪中叶致力于产业转型升级。格拉斯小镇气候具有湿润温暖的特征，这非常有利于香水的重要原料——鲜花的生长。因此，基于小镇的这种特点以及前期香料制作成熟的技术，当地放弃了传统的皮革业，进行了重要的行业转型，即生产香精与香水。这将为小镇带来环保与更高的产品附加值，提高了人们的生活质量，增加了经济利益。

（三）快速成长阶段

由于法国贵族及其他上流社会对香水的需求上升，格拉斯小镇利用自身的气候优势抓住了这个市场机遇，开始通过大规模生产香水的主要原料——花卉，逐步由环境不友好型的皮革业为主导转型为以环境友好以及附加值高为特征的香精香水生产。以此为开端，依靠较早进入该市场的优势以及稳定的市场需求，在之后的发展中，格拉斯不仅积极打造香水原产地品牌形象，还与世界各大知名品牌合作，开始了快速发展。在快速发展中，格拉斯培育了一批世界著名香水品牌，其中包括香奈儿、莫利纳尔和嘉利玛等，并结合产品品牌和区域品牌，最终成功建立了自身著名的香水原产地的品牌形象。至此，格拉斯的香水产业实现了快速发展。

（四）转型发展阶段——香水产业的延续

格拉斯小镇的发展未止步于香水产业的壮大。在利用鲜花种植业壮大香水产业、树立良好品牌形象的基础上，格拉斯开始探索旅游业的发展。在这种思路下，小镇的很多加工厂开始从国外进口原材料，而将当地部分花田向游人开放。当地也组织了香水博物馆参观、香水工厂制作体验、购物、节庆主题等多种活动吸引香水爱好者和感兴趣者来带动旅游业的发展。另外，格拉斯小镇凭借宜人的生活环境、适宜的气候条件以及绿色农业带来的优美风光成功地吸引了游客的目光。目前，格拉斯小镇不仅是著名的香水产业基地，也是成功的旅游度假胜地，实现了第一、二、三产业的融合发展和相乘效应。

三　美国格林威治小镇——金融与对冲基金闻名

在第三产业方面，金融业特色小镇、旅游类特色小镇和科创类小镇都是该类产业特色小镇比较典型的类型。本节将介绍世界闻名的金融小镇——格林威治小镇。该小镇依靠金融业成为美国最富有的小镇之一。作为金融业小镇,格林威治凭借毗邻纽约的区位优势和政府政策很好地嵌入创新生态系统,推动了实体经济的发展。

(一)格林威治小镇介绍

格林威治是康涅狄格州最富有的小镇,位于纽约州的边界处,是纽约市的住宅卫星城镇,有"庄园之镇"的美称,至纽约为35分钟的火车车程。小镇面积为174平方千米,被喻为"对冲基金大本营",成为380多家对冲基金总部所在地,管理资产总额超过1500亿美元。[1] 虽然小镇面积不大,但基金规模达到了美国全国基金规模的三分之一。另外,格林威治还有风景优美以及环境安静的特点,这也是这里别墅区较多的原因之一。作为全球基金小镇的典范,其主导产业是对冲基金,真正实现了"产城融合"的目标。

(二)发端与起源

格林威治小镇于1665年建成。19世纪之前,农业是它的主要产业。在21世纪初,政府在格林威治实施了税收优惠政策。由于邻近纽约,税收又相对于纽约有比较优势,格林威治吸引了大量的对冲基金公司。比如在个人所得税方面,若一个员工年收入在100万美元左右,那么他在格林威治需要缴纳的税收要比在纽约少5万美元左右;在房地产物业税方面,格林威治12%的税率远远低于纽约的30%。国外学者对金融小镇的集聚现象进行了研究,认为金融机构的选址需要重点考虑到供需条件、规模经济等方面因素。[2] 也有学者通过对伦敦金融城的研究,发现该金融园区的持续发展得益于地理邻近性和面对面接触产生的人际关系。[3] 而格林威治小镇正符合这些金融集聚形成的条件,自此,格林威治的对冲基金业开始了发展。

---

[1] 陈明曼:《复杂适应系统视角下的特色小镇演化研究》,博士学位论文,重庆大学,2019年。

[2] Davis P., "Industrial Structure and Dynamics Financial Markets: The Primary Eurobond Market", *Bank of England Discussion Paper*, No. 35, 1998.

[3] Taylor P., "Financial Services Clustering and Its Significance for London", 2003-2-15, http://www.lboro.cn.uk.

（三）快速成长阶段

自政府出台税收优惠政策后，格林威治凭借其适宜的人居环境和优越的区位，通过数十年的快速发展达到了较为庞大的规模。特别是自"9·11"事件之后，基于安全考虑，格林威治成为许多纽约曼哈顿金融高端人士的定居点，进一步加强了格林威治对冲基金业的发展。这个占地面积仅174平方千米、人口仅6万余的小镇基金规模达到了全美的三分之一，成为世界上资本密集度最高的小镇之一，人均年收入在500万美元以上。

（四）衰退阶段

格林威治作为全球对冲基金的大本营获得了繁荣，但是管理资产仅次于国际金融中心纽约和伦敦的格林威治却在2016年开始衰退。面对行业和政策的变化以及新时代技术的进步，自2016年开始，格林威治的房价出现了大幅下跌，基金客户纷纷赎回投资，导致了大量资本退出，从而使基金数量下降。行业发展的不景气和小镇设施老化也令很多在格林威治的基金合伙人缩减开支甚至卖掉当地置办的房产，转而搬回纽约或办公成本更低的场所。自此，格林威治开始走向衰退。未来格林威治能否重新把握机遇，通过所嵌入的创新生态系统的变化和嵌入路径的改变应对面临的挑战，是它自我转型并进入新发展阶段的关键。

四 瑞士达沃斯小镇——度假胜地与著名的世界论坛

旅游度假小镇作为中国近些年来特色小镇的热门发展方向之一，在中国蓬勃发展。然而，需要认识到的是，从长远的眼光看，特色小镇若要长久保持不竭的发展动力，势必不断顺应时代和周围形势的发展，通过自身的转型变化来适应这个持续变化的世界。中国的旅游度假小镇基本都是以旅游为支柱产业，在长期的发展中，一旦遭遇外部冲击容易陷入困境，具有较高的脆弱性。因此，需要嵌入创新生态系统，在创新生态系统所提供的创新环境中与系统的其他主体充分互动，这样才可能在遭遇冲击时进行有效的创新性转型发展。在这方面，瑞士达沃斯小镇通过多年发展形成的"旅游+论坛+商贸"全产业链运营模式很好地说明了旅游度假小镇如何保持自身持续的竞争力。本节将通过分析该小镇的发展路径来明晰中国旅游度假小镇可以参考的发展经验。

（一）达沃斯小镇介绍

达沃斯小镇地处瑞士东南格劳宾登州的阿尔卑斯山脉，毗邻瑞士、奥地利与意大利三国的交界处，海拔 1529 米，是阿尔卑斯山系最高的小镇[1]，常住人口大约 1.3 万，德语是主要语言，以温泉度假、滑雪胜地和世界论坛而闻名。在交通方面，达沃斯位于一条 17 千米长的山谷里，若要从苏黎世机场到达沃斯，汽车车程约为 2 个半小时，火车车程约 3 个小时。[2] 小镇整体呈东西走向，拥有两条道路作为交通要道。在镇内，人们普遍以大巴车为交通工具，如图 8-4。

图 8-4 达沃斯小镇地理位置

（二）发端与起源

达沃斯是一个历史悠久的小镇。在 13 世纪，一批移民迁徙到这里，这批移民主要讲德语，瑞士王室给予了这些达沃斯移民自治权。随后，

---

[1] 吴泽铭：《浙江省特色小镇综合竞争力评价研究》，硕士学位论文，杭州电子科技大学，2020 年。

[2] 王业强、张璐璐、孙硕：《特色小镇及其文化资源作用——以达沃斯小镇为例》，《开发研究》2019 年第 1 期。

小镇人口开始逐渐上升，至16世纪，形成了达沃斯城。在19世纪末，通往达沃斯的铁路建成了，达沃斯凭借清新的空气作为疗养胜地，经过一段时间的发展，开始在欧洲范围内出名。19世纪前半叶，肺结核肆虐全世界，夺去了无数的生命。当时，德国医生亚历山大因寻求政治庇护来到了达沃斯，他发现该小镇由于特殊的地理环境，空气清新且干爽，对患了肺结核的病人治疗与疗养有极大的好处。在这种宣传下，达沃斯被塑造为肺结核病的疗养胜地，吸引了人们来此治病和疗养，并衍生出旅游业，成为著名的旅游健康度假村。为了治疗肺结核病，全国各地的医院纷纷来此设立分院或专科。一时间，小镇里的医院数量激增，达沃斯也因而在医学领域发展快速。如今，达沃斯在医学领域仍占有重要地位，很多国际医学会议每年会在达沃斯举办。国外学者对达沃斯的疗养和旅游属性进行了研究，指出达沃斯优美的风景和适合雪上运动的自然风貌吸引了富有的欧洲游客前往，发展了达沃斯和阿尔卑斯山类似小镇的旅游业。[1] 可以说，清新的空气造就的疗养属性使达沃斯作为一个旅游度假小镇开始了特色小镇的发展之路，为达沃斯未来的发展奠定了基础。

(三) 旅游业的进一步发展

由于瑞士达沃斯是阿尔卑斯山系最高的小镇，很长时间以来也作为夏季避暑胜地而闻名，冬季则到处被雪覆盖。基于小镇所拥有的空气清新以及适宜的自然环境的特征，1877年，达沃斯建成了欧洲最大的天然滑雪场。自此，达沃斯开始在"疗养胜地"的基础上努力打造新的标签，即"运动度假胜地"。目前，达沃斯成为滑雪爱好者的天堂，也是许多世界级运动员训练和世界级比赛的场地。这里的冬天尤其丰富多彩，每年大约有70万游客来此度假。达沃斯常年举行各类体育赛事，像花样滑冰、冰球、滑雪、高尔夫等。作为滑雪胜地，其拥有欧洲最大的天然溜冰场，由此带动了酒店业的发展，酒店众多，接待量大。夏季达沃斯主要举办徒步旅行、自行车环游，冬季主要举办滑雪、滑冰等活动。

(四) 转型发展创造新辉煌

20世纪后期是达沃斯小镇迈入新领域的开端。自那以后的几十年里，

---

[1] Esson D. J., "Selling the Alpine Frontier: The Development of Winter Resorts, Sports, and Tourism in Europe and America, 1865-1941", *Dissertations&Theses - Gradworks*, 2011.

达沃斯成为大量会议的承办地,其中还包括很多国际著名会议,目前最著名的要数世界经济论坛(WEF)年会。1971年,瑞士日内瓦大学教授克劳斯·施瓦布以非营利基金会的形式创建了"欧洲管理论坛"(世界经济论坛的前身),并将其打造成为全球最重要的由商界、政府、学术界及社会其他领袖组成的会员制组织,致力于共同探讨世界经济和谐发展的重大问题。自1971年以来,论坛都在达沃斯举办,世界经济论坛也因此被冠为"达沃斯论坛"。[1] 世界经济论坛之所以选在达沃斯小镇,部分原因还在于创建了论坛的施瓦布教授有滑雪的爱好。世界经济论坛本身的品质和影响力也源于其成功的商业运作。论坛充分发挥达沃斯基于自身特性的"滑雪胜地"效应,各种会议的举办吸引了大量游客,给当地创下极高的效益。据世界经济论坛统计,每年的年会可为达沃斯当地经济创造约4500万瑞士法郎(约合4945万美元)的效益,给瑞士整体经济带来的效益约为7500万瑞士法郎(约合8241万美元)。[2] 当地人用会议带来的收益继续投入改善酒店、餐饮等旅游服务方面的设施中,又进一步推出各种旅游项目,在各个时点吸引游客,使其良性循环。至此,达沃斯成功发展出了新的运作模式,即会都模式,依靠自身的地理特点和历史发展吸引包括世界经济论坛在内的大量国际会议来此举办,闻名世界。如今,作为世界经济论坛年会会址,达沃斯的影响力扩散至世界范围,从而带动了会展业的发展。通过会展业发展产生的多种正向效应,达沃斯的商务设施需求上升,多种衍生产业蓬勃发展,逐步成为阿尔卑斯山区最大的度假胜地、体育和会议中心。

五 意大利蒙特贝卢纳小镇——体育产业集群

以工业制造业为代表的第二产业是中国很多特色小镇发展的支柱产业,但是特色小镇若要实现可持续发展,不可能只依靠单一产业的带动,而需要深入挖掘自身的根植性,基于这种独有的、不可复制的根植性与外部形成创新生态系统,实现产业的多元化,增强创新性以应对不断出

---

[1] 谭景元:《2018年冬季达沃斯论坛"世界经济展望"小组讨论模拟英汉同传实践报告》,硕士学位论文,延边大学,2021年。

[2] 杨海泉:《传奇小镇达沃斯》,《经济日报》2021年9月26日第12版。

现的挑战，实现可持续发展。意大利蒙特贝卢纳小镇作为技术+生产性的体育特色小镇，采用"体育产业+"模式，通过打造优势核心体育产业，大力发展相关产业，形成了成熟的体育产业集群[1]，是体育特色小镇发展的典范。有学者研究发现，蒙特贝卢纳的产业集群不断发展并走向成熟的原因主要在于，集群在不断吸取外来知识的同时，积极发展了集群内国际化的知识体系。[2] 还有学者基于不断成熟的内生增长理论和新经济地理学，提出了"知识溢出"的概念，该概念揭示了知识溢出与集聚、创新和区域增长之间的关系。[3] 蒙特贝卢纳能够成功构建成熟的国际化知识体系在笔者看来得益于一种较为成熟的创新生态系统在蒙特贝卢纳与外部之间的构建。本节通过分析蒙特贝卢纳小镇发展经验，为中国体育特色小镇乃至以第二产业为支柱的特色小镇发展提供借鉴。

（一）蒙特贝卢纳小镇介绍

蒙特贝卢纳小镇地处意大利北部的特雷维索省，位于北部畜牧业养殖业中心地区，毗邻意大利制革中心佛罗伦萨，人口30多万，总面积约为50平方千米。[4] 蒙特贝卢纳基于它的环境和区位特征，主要从事制造业，后逐步发展为典型的基于体育产业集群的体育产业型特色小镇，在20世纪后半叶成为意大利著名的"冰雪产业之都"。蒙特贝卢纳体育产业集群的发展模式与其他体育特色小镇不太一样，它构建了一种"体育制造业+城市服务业"的发展模式，即一方面，小镇主要将运动鞋作为产业集群的核心，以此构建一个生产运动鞋的产业集群。在这个集群里，产业链配套完备，包括设计、研发、生产、配送所有环节。随着蒙特贝卢纳的不断发展，小镇不仅诞生了顶级户外运动品牌，还吸引了大量世界著名运动品牌来此。另一方面，庞大的体育产业集群发展衍生了一些

---

[1] 侯猛、董芹芹：《国外体育产业型特色小镇建设经验及启示——以意大利蒙特贝卢纳镇为例》，《辽宁体育科技》2019年第5期。

[2] Belussi F. and Pilotti L., "Knowledge Creation and Collective Learning in the Italian Local Production Systems", "Marco Fanno" Working Paper, 2000, 21.

[3] Brett Anitra Gilbert, Patricia P. McDougall, David B. Audretsch, "Clusters, Knowledge Spillovers and New Venture Performance: An Empirical Examination", Journal of Business Venturing, Vol. 23, 2008.

[4] 侯超文、李兆进：《产业集群模式下国外体育特色小镇发展经验借鉴——以意大利蒙特贝卢纳小镇为例》，《福建体育科技》2019年第1期。

额外的城市服务业，包括售后服务内容以及城市休闲服务产品。蒙特贝卢纳也紧抓这些衍生产业，进一步拓宽自身的运营内容，逐步形成了多元化的发展模式。

（二）发端与起源

意大利蒙特贝卢纳周边多山，且多为林地，所以13世纪以前，蒙特贝卢纳以伐木业为主导产业。伐木业为当地带来了登山鞋的需求，基于这种需求，当地人便开始制造登山鞋。经过一段时间的发展，小镇拥有了登山鞋制作的传统，并发展了这种技术与工艺。在中世纪后期的文艺复兴阶段，蒙特贝卢纳受此影响，基于自身制作登山鞋的传统技术与工艺，以鞋子为生产中心的制造业开始小规模地出现。这是蒙特贝卢纳运动鞋制造业开始发展的初始阶段。另外，佛罗伦萨作为意大利的制革中心，可以为制鞋业提供大量的原材料。进入17世纪后，蒙特贝卢纳由于毗邻佛罗伦萨的区位优势，可以获得大量优质低价的原材料。这进一步推动了蒙特贝卢纳制鞋行业的发展。

（三）快速发展阶段

在19世纪，欧洲盛行登山活动，对登山鞋的需求上升。蒙特贝卢纳拥有传统的登山鞋制鞋工艺与技术，便将自身的制鞋优势与市场需求相结合，开始扩大登山鞋的产业规模，以满足本地以外的市场需求。到了20世纪70年代，得益于蒙特贝卢纳制鞋业的发展迅速，小镇拥有了高水平的制鞋工艺以及成熟且高质的运动鞋产品，在全球范围内获得知名度。随着制鞋业在蒙特贝卢纳的高度成熟，小镇开始以制鞋业为中心继续推进产业链的完善，试图构建包括设计、研发、生产、配送所有环节的产业链，并且将产业链向外延伸，将其与城市服务业相结合。在此背景下，蒙特贝卢纳便形成了一种成熟的产业集群，即体育产业集群。

（四）"体育产业+"模式——产业集群的升级

虽然蒙特贝卢纳在快速发展中形成了成熟的体育产业集群，但是产业集群一般不会由于其成熟的发展而与这个多变的世界脱钩，蒙特贝卢纳的产业集群是灵活的，随着外部经济形势的变化，它也进行了适应性的改变。全球经济一体化的浪潮在20世纪80年代中期开始出现。在这种情况下，蒙特贝卢纳也在不得不开始应对世界市场的同时，面对世界同行的竞争。这既是一次机遇，也是一次危机。产业集群需要进行转型升级来化解危机，抓住机遇，使发展上升到一个新的阶段。蒙特贝卢纳为应对国际市场，改善集群内的创新生态，引进了一批国际运动用品企业，这些企业都具有良好的生产能力与高水平的创新能力。在这些企业的带动下，当地的大量企业开始走向国际化的道路，它们在海外设立了商务机构，加强了与海外在生产和商务上的交往。这使得与集群外部的联系变得更加多样化且紧密。自20世纪70年代末以来，许多世界著名运动品牌企业在蒙特贝卢纳与当地企业展开了一些项目上的合作，并将重要的研发机构设在了小镇上。因此，在这种国际化的形势下，蒙特贝卢纳体育产业集群开始流行企业的互相合并，从而增强在国际上的竞争力，促进了有效竞争。至20世纪90年代，蒙特贝卢纳面对全球经济一体化的新形势，借由这些跨国企业的入驻，不仅提高了集群的国际化水平，使集群融入了全球化进程的大潮，还使集群的发展得到跃升，使蒙特贝卢纳从典型的马歇尔产业集群成功地转变成为技术型的科技集群。随着蒙特贝卢纳的跃升发展，集群内的企业集聚规模越来越大，企业类型多样化程度越来越高。大量生产、制造、销售等企业的聚集，促进了蒙特贝卢纳商业、居住及公共服务等城市功能的配套完善，形成了"产业集群+"的小镇发展模式。①

第三节　创新生态系统视阈下国外特色小镇发展的动因

一　硅谷发展的动因

硅谷在发展之初包含着浓厚的政府色彩，其订单与资助大多来源于政府，具有一定的偶然性。在这个阶段，斯坦福大学的做法奠定了硅谷的发展基础，形成了硅谷重要的文化资源，即"开放与合作"的氛围。这也形成了硅谷重要的根植性。在快速发展阶段，半导体行业的兴起直接推动了硅谷的蓬勃发展，说明了在特色小镇发展中市场导向发挥的重要作用。在该阶段，硅谷形成了成熟的创新生态系统，确立了竞争与合

---

① 侯超文、李兆进：《产业集群模式下国外体育特色小镇发展经验借鉴——以意大利蒙特贝卢纳小镇为例》，《福建体育科技》2019年第1期。

作的机制，有力推动了硅谷发展。从创新生态视阈的视角看，这个机制的动力因素来源于三个层面。从文化层面上看，硅谷创始人的同宗同源强化了技术社区里的这种集体认同感，即经历相似，特别是大多曾在仙童公司工作过的渊源。这种社区文化使得竞争对手之间经常就技术问题相互协商，频率非常高，硅谷的很多非正式交流往往比传统的时效性不强的论坛更有价值。硅谷还有一种特殊的"跳槽"文化。硅谷公司的高跳槽率迫使科技公司为争夺经验丰富的工程人才展开激烈的竞争，这也为硅谷带来了活力。硅谷的工程师不是忠诚于某一家公司或是某一个企业，而是忠诚于他们彼此之间的承诺，执念于推动技术进步的事业。这与128号公路企业员工大多一直服务于一家企业形成了鲜明的对比。硅谷通过这种文化氛围，加强了创新主体之间的互动与联系，活跃了创新群落。从产业发展层面上看，硅谷的大多数公司拥有自己独特的市场或技术重点，因此，横向专业化与硅谷半导体工业的纵向专业化相伴而生，由此孕育了一个持续的产业多样化进程，丰富了创新环境。从企业组织上看，硅谷的很多大型公司下属的各部门自主性很强，相当于一个半独立的小型公司，具有灵活并能及时应对市场和技术快速变化的特性。这种组织特性有利于企业嵌入当地的创新生态系统。这三个层面的动力因素催生了硅谷的两大特点，即网络（创新环境）和协作实践（创新群落）。这也成为硅谷创造并嵌入创新生态系统、产生竞争与合作机制的基础。

在复兴阶段，硅谷虽然在半导体行业衰退时采取了错误的做法，主动放弃了自身形成并嵌入的创新生态系统，遭遇了挫折，但其所建立的创新生态系统并没有遭到根本性的破坏。这得益于硅谷发展初期在斯坦福大学的推动下所形成的根植性，即"开放与合作"的文化氛围。硅谷的企业家们通过摒弃前辈的企业模式，很快使重拾硅谷以网络为基础的体系所具有的优势，开创了一种更加灵活的商业模式，为该地区的复兴做出了贡献。相比之下，128号公路的初创企业则被隔绝于重要的市场信息、技术和技能来源之外。由于在最初的发展中地区形成的根植性，硅谷要比128号公路更容易转变发展观念，改变发展模式，也更容易建立竞争与合作的机制。硅谷在新时期的发展依然强劲，128号公路则陷入困境，这进一步说明特色小镇的建设和发展要以市场为导向，通过创造并嵌入创新生态系统获得源源不断的发展动力，在技术和市场变化多端的时代，也更容易通过自身的变化更好地应对出现的困境和挫折，促进特色小镇的可持续发展。

综合来看，硅谷不断繁荣的答案与动力在于它开创了一种全新的商业模式，即一个基于关系的网络系统——去中心化的产业系统，这是硅谷发展所依赖的创新环境。不同于128号公路地区企业的独立性和相互之间的非合作性，这种系统中的各个公司之间既竞争，又与当地机构相互合作，各主体间边界模糊，因而这些主体所构成的创新群落更具活跃性。这个创新群落与创新环境共同形成了一个创新生态系统。其中，去中心化的系统是创新环境，各主体则组合成为创新群落，它们依托既竞争又合作的关系共同构成了这个具有多样性的创新生态系统，在这个系统下，硅谷获得了一系列成功的发展，并形成了成熟的创新集群。

二　格拉斯小镇发展的动因

从格拉斯小镇香水产业的发展起源看，其香水产业是基于市场导向结合自身的自然禀赋获得的最初发展，也是一产与二产的融合，为其将来的发展奠定了基础。在快速发展阶段，该发展模式得到了加强，格拉斯基于几个动力因素，香水产业得到了蓬勃发展，也由皮革业和鲜花种植业的推动真正转向了由香水研发与加工产业的推动。第一，自16世纪开始，格拉斯便进入鲜花种植以及香水与香料行业，拥有相对完备的工艺技术和产业基础，因此面对市场出现的机遇能够快速反应。第二，格拉斯的发展得到了国家资金的大力支持。虽然该小镇在发展之初充满了偶然性，但在发展到一定阶段优势显现时，政府便会为了加强这种优势提供支持，这个时期的发展有一定政府引导的成分。第三，文化氛围和品牌效应吸引了众多投资者的目光。

在转型发展阶段，格拉斯实现了由香水研发与加工的第二产业向香水旅游业的第三产业的延伸，形成了绿色农业为基础（鲜花产业）、新型产业为主导（香水产业）、现代服务业为支撑（旅游业）的一二三产融合发展模式。同时，格拉斯的香水产业也尝试嵌入全球产业链中。格拉斯向旅游业的延伸和对全球产业链的嵌入主要基于自身自然禀赋的优势和支柱产业的特征：第一，格拉斯的支柱产业原材料来源于鲜花产业，而鲜花产业同时拥有可供人们观赏的特征，这奠定了格拉斯旅游业的基础，即优美的风光；第二，格拉斯支柱产业的产品香水业对营造旅游环境有积极的影响，格拉斯由此打造了一批与香水、花卉及艺术相关的著名景点，吸引了香水爱好者的目光；第三，格拉斯傍山而建，面朝大海，湿润宜人的地中海气候以及阿尔卑斯山的充足阳光造就了宜人的生活环境和适宜的气候条件；第四，基于格拉斯当地花卉采摘的人工成本比较优势的丧失以及以花卉和品牌为基础的旅游业发展等因素，小镇的香水制造企业转而对原材料采取进口的策略。同时，与香水产业的国际化相结合，格拉斯的产业链更深入地嵌入全球产业链之中。产业链的全球化不但为地方民众带来了机遇，而且推动了所在区域的经济进步。

综合来看，格拉斯的成功在于基于市场导向和自身根植性不断在产业形态方面进行创新。从创新生态系统视阈看，格拉斯香水产业在起源时便开始建立并嵌入一种基于香水产业的创新生态系统，其中，格拉斯的自然禀赋和文化氛围构成了创新环境，香水企业和政府等主体则构成了创新群落。面对不断变化的市场需求和机遇，格拉斯正是基于这样一种创新生态系统通过将香水产业向前端和后端的延伸成功把握住，并将继续优化。

三 格林威治小镇发展的动因

从格林威治小镇对冲基金业的发展起源看，政府政策是格林威治对冲基金业发展的根本原因。结合小镇的区位优势，该产业得以蓬勃发展，可以说是政府主导的发展模式。当地政府提供了一系列优惠的税收政策，包括个人所得税、房产税等。这些政策吸引了大批对冲基金企业及配套人员到小镇落户，成为小镇发展的基础。从创新生态系统视阈看，特色小镇作为一个开放性的系统，其发展会受到外部扰动作用的影响。在这个案例中，政府的行为成为格林威治发展的外部扰动，是一种自上而下、有目的的政策引导所形成的。在快速发展阶段，基于税收优惠所获得的优势和发展基础，在政府和市场的双重作用下，格林威治凭借其优越的区位和外部环境大大促进了本地对冲基金业的发展。

从区位优势来看，格林威治在纽约"一小时经济圈"内，距离纽约曼哈顿金融中心只有 48 千米，驾车行驶不到 1 小时，坐火车不到 50 分钟，距离斯坦福市也只有 15 分钟。同时，小镇周边有 2 条高速公路，2 小时车程内拥有 5 个机场和 4 个火车站，这也是在税收优惠政策出台的背景下，通过比较优势，格林威治能在短时间内获得大量企业和人员，并承接了很多纽约外溢的私募金融，投资对冲基金的客户相对较多的原因。从这个角度结合创新生态系统视阈，可以发现，国外特色小镇的发展区域几乎都是围绕着中心城市进行的，是城市所提供的各种"正外部性"协同作用、共同演化的结果。[①]

从外部环境看，一方面，格林威治位于长岛海峡上，良好的自然生态和齐全的配套设施构造了宜居的生活环境，是"产城融合"发展的基础，也为创新生态系统的建立和嵌入提供了良好的生态环境。纽约作为中心城市，注定面临高人口密度、严重的交通拥堵与吵闹的居住环境。这与格林威治低人口密度、方便的交通及安静优美的环境形成了鲜明对比，所以它吸引了纽约很多金融人士。随着越来越多拥有大量财富人群的加入，格林威治的很多设施也配套完毕，包括教育、体育等方面。于是，在宜居的环境与毗邻中心城市纽约的优异条件下，格林威治吸引了来自世界各地的人才。人才的集聚促进了知识的交流，推动了创新的产生，再加上优质的社区服务，形成了良好的社区文化，更是促进了显性知识和隐性知识的交流，进一步加强了对基金管理机构的吸引力。另外，对冲基金业属于金融业，金融业极为重视效率和实效，对行业信息很敏感，并且有对专业性强的高端人才的需求。这些需求有时会集中在某一点上，因此金融中心通常坐落于沿海地区及大城市的 CBD，如上海陆家嘴或伦敦金融城。格林威治通过聚集对冲基金企业产生的集聚效应和良好的"产城融合"发展模式获得了行业信息的高敏感度和高端人才，同时在效率和时效性方面也拥有得天独厚的优势。对冲基金的交易对于网速要求达到了毫秒级，高速网络保证了数据的时效性以及连续性，从而提高了交易决策的有效性和处理速度的及时性。格林威治属于沿海地区，海底光缆仅一箭之遥，高速稳定的互联网为相关金融产业提供了基础和重要保障。

在衰退阶段，格林威治发展遭遇的挫折有多个方面的因素。第一，

[①] 张敏：《创新生态系统视角下特色小镇演化研究》，博士学位论文，苏州大学，2018 年。

区域低利率优势消失。格林威治在2011年和2015年两次加税，个人所得税提高到6.99%，这带走了格林威治曾经有利的核心筹码。同时，康涅狄格州立法委员会开始讨论对本州最富有的居民收取19%的附加税，这一系列的利空信号在对冲基金业收益不稳定的背景下开始对格林威治的企业和富豪们产生斥力，由此阻碍该小镇的发展。第二，格林威治虽然在发展之初是得益于政府的税收优惠政策，但推动其快速发展的重要原因还是基于其区位优势带来的纽约的正向溢出效应。如今数字技术的发展使得金融业发展对区位的要求进一步降低，特别是对从事资产管理者而言，只要有网络便可以在任何地方工作。同时，AI在分析、投资领域也崭露头角，量化交易公司的人员需求在不断减少。第三，金融从业人员发生了变化。据统计，同样是华尔街的高管，新一代的年轻人更愿意住在纽约市区，从而享受更便利的周边服务。伴随单身和丁克一族的庞大，格林威治的豪宅需求也受到冲击，"产城融合"的发展模式遭到削弱。

在创新生态系统视阈下，格林威治在过去的发展中，通过政府政策获得的金融业集聚效应和自身适宜的发展环境形成了优良的创新环境。在这种环境中，格林威治小镇内部和小镇外部的主体们构成的创新群落得到了积极的活力。然而，面对新的变化和挑战，格林威治亟须顺应形势发展，基于自身的优势，即金融业集聚产生的规模效应，改善自身的创新环境，优化创新生态系统。虽然近年来格林威治在税收和环境方面的比较优势不及美国其他的新兴区域（如佛罗里达州棕榈滩），但是它在过去发展中形成的规模效应和集聚效应会对小镇内的对冲基金投资机构产生"黏性"。这些投资机构对产业要求较高，使得它们不会轻易脱离格林威治。像硅谷一样，只要格林威治把握并立足过去发展中使自身获得成功的优势，积极探索转型发展新机制，优化并嵌入创新生态系统，便有可能进入新的发展阶段，获得新的成功。

四　达沃斯小镇发展的动因

从达沃斯小镇的发展路径来看，达沃斯的发展起源于市场导向机制。正是由于19世纪初肺结核病的流行，达沃斯凭借自身独特的医疗资源抓住了机遇，形成了医疗和旅游方面的独特性。这就是特色小镇中自然禀赋所赋予的根植性，是特色小镇一切发展的出发点和落脚点。达沃斯打造了一个以疗养胜地为主的旅游度假小镇，由此还在医学界产生了较大的影响，成为众多医疗机构和医疗会议的所在地。

达沃斯并没有止步于单一的医疗疗养功能，而是尝试发展了完整的产业链。达沃斯依靠自身优异的旅游资源，以滑雪、滑冰等运动为中心持续发展当地的旅游业，尝试打造品牌形象提高知名度，吸引各界名流和运动爱好者，逐渐形成完整的产业链条，带动小镇旅游业进一步发展。达沃斯之所以会选择运动胜地作为其进一步发展的方向，主要是该小镇的地理位置和自然环境所致，直接的推动因素则是达沃斯一种自下而上的发展路径。据调查，在达沃斯发展运动胜地之前，仅凭疗养胜地的头衔，该小镇旅游的热度不高，只有到了夏天会有很多人来避暑，于是旅店老板就采取了措施，设置了只要冬天来，夏天门票就会全免的营销策略。如此有创意的运营方式使客人无法抵挡诱惑，纷纷赶来，结果发现这里冬天更好玩，同时带动了宾馆业发展。冬天旅游人数的上升则推动了达沃斯冬季项目的发展，各类滑雪设施应运而生，进一步带动了旅游业。冬季运动的名声又推动了达沃斯夏季运动项目的举办，这些措施都使得达沃斯的旅游业向着更高的阶段前进。

达沃斯举办论坛的政府支持力度较小。达沃斯之所以会成为会议之都，原因有多方面。第一，达沃斯作为会议之都起源于医学会议的举办。1865年，达沃斯通过收治世界上第一个肺结核病人吸引了医学领域的研究人员在此聚集，进而相关的会议与培训也在小镇开展，这也促使了很多医学研究成果的诞生，奠定了达沃斯在医学领域的地位。自1923年第一个国际会议在达沃斯举办以来，历经一段时间的发展，达沃斯的会展设施随着越来越大国际会议的举办逐渐完善，形成了较大的会展产业。第二，是世界经济论坛的举办地。虽然世界经济论坛最初选址在达沃斯具有一定的偶然性，且当时的知名度并没有今天这么高，但经过多年发展，论坛之所以获得如此大的影响力，大部分是由于论坛自由、平等的学术精神以及独具魅力的人文生态和文化积淀的特质，而这种特质又源于达沃斯在长期的发展中所积累的会展业相关的文化资源，这种文化资源则来源于小镇建设的对外开放理念以及精心的品牌经营。第三，城乡规划的合理性以及基础设施和会展设施的完备性。为配合会展业和旅游业的发展，小镇虽然配备了现代化的城市公共服务设施，但也在某种程度上维持了原有的乡村特色，在保障参会人员和游客们生活工作的基础上，展现了小镇原有的风貌，实现了城镇化与乡村建设的有机融合，吸引了会议举办者的目光。基于会议的举办，达沃斯可以进一步完善会展基础设施，形成了良性循环。

在创新生态系统视阈下，达沃斯在发展旅游业的过程中获得了特有的开放、包容的文化氛围。这种文化氛围形成了创新环境，并使达沃斯与外部系统相联系，促进了小镇中各主体与外部主体的充分互动，形成创新群落。在这种互动中，创新应运而生，会展业开始在达沃斯生根发芽，达沃斯则抓住新的机遇，开始了多样化发展，基于自身的环境优势和文化优势大力发展会展业。会展业与小镇的旅游业相辅相成，不但发展了当地的社会经济文化，同时也通过平等、自由的对外开放进一步完善了创新环境，拓展了创新主体，增加了创新生态系统的多样性，从而更好地应对未来的发展。

五 蒙特贝卢纳小镇发展的动因

从蒙特贝卢纳小镇发展的整体看，在该小镇的发展中，市场导向机制贯穿全部发展阶段。在发端和起源方面，蒙特贝卢纳依靠自身自然禀赋方面的根植性——林地多，发展了伐木业。在接下来的发展过程中，由伐木业衍生出了登山鞋的需求。在该类市场的导向下，蒙特贝卢纳发展了历史悠久的制鞋业，这构成了小镇发展体育产业的重要优势，即技术优势。这种优势也成为小镇新的文化资源，更是新的根植性，根植性一般是小镇之所以成为特色小镇的"特色"所在。同时，蒙特贝卢纳将这种技术优势与紧邻意大利制革中心佛罗伦萨的区位优势相结合，抓住文艺复兴制造业发展的机遇，开始了运动鞋业的发展，为日后体育产业集群的形成打下了基础。

在快速发展阶段，在19世纪欧洲登山运动兴起的背景下，蒙特贝卢纳依靠自身技术优势和区位优势，基于市场导向得以快速发展。政府的参与协作也是小镇发展的一个原因。蒙特贝卢纳体育产业的发展脱离不了培训。基于此，政府出资建立了多样化的职业技能培训组织与机构，致力于对相关产业就业人员的专业化培训。同时，政府非常支持私人发展企业，提供技能宣讲活动，积极号召人们学习多种技能，并大力投入基础设施建设。另外，政府还致力于建设与改善对城市服务配套设施，满足了集群发展中对各类服务的需求，创造了良好的发展环境。蒙特贝卢纳形成了成熟的体育产业集群，区位优势、技术优势和政策环境为它的发展提供了良好的创新环境。小镇的创新主体和外部主体产生互动，创新群落开始出现，创新生态系统已初具雏形。

在产业集群升级为技术型集群的阶段，蒙特贝卢纳秉持的对外开放、面向国际的理念，使小镇的产业集群不断吸取外来知识，同时又促进了显性知识和隐性知识的传播，发展了全球化知识体系，使它的创新环境不仅得以优化，集群内也开始出现像硅谷一样"既合作又竞争"的机制，其创新群落也得以延伸至全球，创新主体之间的互动更加频繁，创新得以产生，创新生态系统开始走向成熟，从产业集群跃升为科技集群。蒙特贝卢纳的创新能力主要体现在知识创新、产品创新和运营模式创新上。知识创新是另外两种创新的基础，小镇国际化的创新环境保证了知识创新的产生，在知识创新的基础上，创新群落中各主体间通过互动，使得蒙特贝卢纳生产运动鞋的技术含量不断提高，外观和质量不断得到创新。得益于产业集群转型升级的正向效应，蒙特贝卢纳旅游、运输、皮革加工、家具制造、首饰加工、造纸出版、医药、化工等商业相继发展起来，借助网络宣传，建设本地核心品牌，借鉴国外优良技术实行共享发展模式，对集群发展形成互补优势。这种互补优势又为小镇打造出了享誉世界的葡萄酒品牌，发展起肉牛养殖和度假村等其他产业，实现了多元化的可持续发展。

第四节　国外特色小镇发展的经验

一　国外特色小镇发展的一般规律

通过上文对美国硅谷、法国格拉斯小镇、美国格林威治小镇、瑞士达沃斯小镇以及意大利蒙特贝卢纳小镇发展进行的分析，本书从创新生态系统视阈出发，得出了关于国外这五个特色小镇发展的一些一般性结论。

在国外特色小镇发展之初，大多是基于自身的某些根植性因素。小镇通过市场导向机制形成这种"特色"并开始发展，如格拉斯、达沃斯和蒙特贝卢纳。有些小镇则依靠政府的政策结合自身的根植性形成"特色"并开始发展，如硅谷是依靠政府的资助和订单，格林威治则依靠政府的税收优惠政策。在发展之初，特色小镇选择的发展路径对日后形成新的根植性有重要影响，而这种新形成的根植性具有不可复制的特点，是形成并嵌入创新生态系统的关键。如硅谷在开始发展时关注的是密切小企业之间的合作关系，形成了"开放与合作"的文化氛围，128号公路地区则主要是面向华盛顿和大型老牌生产商进行合作，其结果是硅谷形成了成熟的创新生态系统，128号公路则在封闭与僵化中衰退。

在快速发展阶段，国外所有特色小镇都是基于市场导向机制，通过进一步发挥自身的自然环境优势、区位优势、政策优势或是经过长时间发展所获得的新的根植性，抓住市场机遇才获得成功。其中有些小镇在此阶段的发展中也得到了政府的支持，如格拉斯在快速成长期得到了国家资金的大力支持。虽然该小镇在发展之初充满了偶然性，由市场导向机制推动，但在发展到一定阶段优势显现时，政府便为加强这种优势提供了支持，这个时期的发展有一定政府引导的成分。蒙特贝卢纳则通过政府提供的免费技能培训和城市服务配套设施的支持服务在快速成长阶段获得了更好的发展动力。国外成功的特色小镇在该阶段大多发展了自身特有的创新环境，内部主体与外部主体之间有一套成熟的互动机制，构成了活跃的创新群落，从而形成了创新生态系统，为社会出现的变化及挑战做好了以创新来应变的准备。

很多国外特色小镇在发展中经历了受冲击或衰退的阶段。在该阶段，这些小镇要么放弃了自身建立起来的具有多样性和灵活性的创新生态系统（硅谷），要么在长期的繁荣中发展模式逐渐僵化、创新生态系统不够成熟、缺乏自我优化的机制（格林威治）。这种问题同样需要运用创新生态系统理念来优化发展模式，如硅谷重拾昔日自身所建立的创新生态系统，格林威治则对自身创新生态系统的创新环境进行优化，拓展创新群落，建立一种更具灵活性的创新生态系统。

在转型发展阶段，特色小镇的快速发展不可能长期持续下去，小镇所面临的形势总是会随着时间的推移发生变化，单一的发展模式不能为小镇的可持续发展提供不竭的动力。因此，国外特色小镇大多在快速发展阶段的末期对发展模式进行了创新,而这种创新一定来源于它们在之前的发展过程中所形成的创新生态系统,即创新主体在创新环境的互动中。正是由于这种创新生态系统,硅谷重拾以网络为基础的体系特有的优势开创了一种更灵活的商业模式,格拉斯实现了香水产业链全球化以及向旅游业的延伸,达沃斯发展形成了"旅游+论坛+商贸"的全产业链运营模式,蒙特贝卢纳则实现了产业集群向技术型科技集群的跃升,发展出了"体育产业+"的模式。

二 国内外特色小镇发展的对比

由于未明确提出"特色小镇"的概念,国外的特色小镇发展是没有政府进行顶层设计的,政府要么只是在发展初期出台的某项政策成为特色小镇的发展契机,要么是在发展过程中起到辅助作用。从整体上看,可以说国外特色小镇的发展中,市场导向机制起主导作用。中国的特色小镇发展是有明确的政策规划和顶层设计的,因而在发展中需要特别注意基于各地情况,尊重各地特色小镇发展的规律性,挖掘特色小镇的根植性,结合市场导向引导其发展。

从发展时间看,国内特色小镇大多是新兴事物,其发展年份不过数年,而国外很多特色小镇的发展时间都在几十年甚至几百年。但是与国外相比,中国特色小镇的发展时间不长,大多处于发展早中期,规模不大,然而这些小镇很多有着较快的发展速度。从创新生态系统视阈看,国外成功的特色小镇基本形成并嵌入了自身独特的创新生态系统,并依靠该系统获得了面对变化与挑战所需的创新,实现了可持续发展。中国特色小镇由于发展时间较短,目前大多处于发展之初或是快速发展阶段,未能形成成熟的创新生态系统。从规模和影响力上看,中国特色小镇也受限于发展时间过短,要弱于国外。从运营管理机制看,由于国外特色小镇并没有"特色小镇"这个固定的概念,其运营也就相应不固定于某一模式,运营与演化更多受到市场驱动的影响,每个小镇由于自然、历史及区位等方面因素形成了自身多样的资源禀赋,在市场导向中走向不同的发展道路。在政府支持方面,国外特色小镇的地方政府一般会在三个方面发挥作用,即财税制度、总体规划和公共领域的投资。中国是金字塔式的行政管理体制,主要有三种模式,即市场主体、政企合作以及政府主导。在这三种模式中，政府扮演着重要角色。因此，中国特色小镇具有鲜明的"强政府、弱市场"及"自上而下"的特征，可以说建设特色小镇依然带有政府主导色彩。

从产业模式的角度来看，国外特色小镇产业发展模式较为多元，主要为四类，即高新技术产业、传统产业、金融业和旅游度假特色小镇。中国特色小镇产业发展模式类型多样，第一、二批特色小镇的对比显示，中国特色小镇在产业主导型方面得到了加强，即发展模式从发展初期的强旅游、弱产业慢慢过渡到了以产业为依托向周边辐射的新型城镇化发展。在这个过程中，特色小镇的产业独特性和多样性得到了提高。目前中国特色小镇产业发展模式主要分为旅游度假、农业、工业、科技、商贸，但多数小镇产业链不完善，对接区域和国际产业链较弱。如在旅游特色小镇方面，中国历史文化小镇大多利用自身的历史文化资源，以旅游业为中心发展，但产业结构较为单一，如乌镇、周庄、宏村等。对比案例中的国外同样发展旅游业的小镇，它们不仅依靠旅游业，一般还有自身独特的产业，并借此提高国际化程度，实现多样化发展，如格拉斯与达沃斯。

三 创新生态系统视阈下优化国内特色小镇发展的经验和启示

（一）充分挖掘小镇的根植性，政策引导，以市场为导向开启特色小镇的发展

中国目前发展特色小镇的主要方式是通过顶层设计规划好特色小镇的发展路径，而这对特色小镇的创新生态和可持续发展是不利的。创新生态系统注重的是创新主体的活跃度，只有活跃的创新环境和创新群落才能诞生创新的种子。活跃的主体一直是由市场激发的，从来不是由政府规划好的，因此，参考国外特色小镇发展中市场的重要作用，中国应强化市场在特色小镇发展中的主导作用，积极挖掘特色小镇自身的根植性，结合政府引导和政策支持，探索小镇可能的发展路径。另外，中国很多特色小镇处在发展的最初阶段，所选择的发展模式将在之后的发展中持续很长的时间，在长期的发展中很可能基于这种发展模式产生新的根植性。根据国外特色小镇的发展经验，这种新的根植性将对快速发展阶段中创新生态系统的产生有重要影响，如发展之初硅谷形成的"开放

与合作"的氛围、格拉斯形成的鲜花种植业优势及一产与二产的融合发展、格林威治形成的对冲基金集聚效应、达沃斯小镇形成的医疗会展产生的会展精神积淀以及蒙特贝卢纳形成的制鞋业的技术优势。因此,需要在特色小镇发展之初以长远的眼光考虑发展模式,并探索以这种发展模式形成创新生态系统的可能性。

(二) 在快速发展阶段做好建立并嵌入创新生态系统的准备

由于中国特色小镇的发展时间较短,目前大多处于开始发展和快速发展阶段,发展模式较为单一,因此很少有快速发展中的特色小镇开始进入衰退阶段的例子,但这并不表示特色小镇不需要进行创新进而转型。国外成功的特色小镇基本经历了转型发展的阶段。在这个阶段中,国外特色小镇不拘泥于单一的发展模式,而是通过创新生态系统实现发展模式的创新,进而开始了多样化的可持续发展,发展动力至今仍不竭。可以发现,创新生态系统的建立和嵌入对于国外特色小镇转型发展至关重要,而放弃自身建立的创新生态系统的小镇(硅谷)和创新生态系统不够完善的小镇(格林威治)无一不陷入了受到冲击或衰退的困境。因此,中国特色小镇应在快速发展阶段便开始深入挖掘自身其他的根植性,特别是在快速发展中所形成的新的根植性,基于这些根植性,积极营造并不断优化适宜的创新环境,拓展创新主体,建立创新主体间的互动机制,为形成成熟的创新生态系统而努力。通过这些措施,特色小镇才能在发展面临变化和挑战时及时有效地创新发展模式,实现快速发展向转型发展的转化,避免在由快速发展阶段到转型发展阶段的过程中长期陷入衰退。

(三) 在转型发展中对创新生态系统不断进行优化

虽然中国大多特色小镇尚未进入转型发展阶段,但转型发展是所有特色小镇发展都会经历的,因此参考国外已经发展至该阶段的特色小镇,可以对中国特色小镇未来发展至该阶段时提供启示。在该阶段,国外大多特色小镇已经实现了多元化的可持续发展,形成了成熟的创新生态系统。然而,这种创新生态系统并不是永恒不变的,与快速发展阶段中形成的创新生态系统不完全一样。在转型后的多元化发展中,特色小镇会更频繁地面临新的变化和挑战,这就要求创新生态系统的创新环境足够活跃,创新群落足够大,才能保持足够的发展动力。格林威治虽然形成了创新生态系统，但由于不够完善，还是陷入了衰退。因此，创新生态系统需要随着形势的发展不断优化，具体来说，就是不断改善创新环境，增强创新的活跃度，持续拓展并更新创新群体。在这个多变的世界中，特色小镇只有自身也通过创新不断进行相应的变化才能保持不竭的发展动力。

第 九 章

创新生态系统视阈下不同
类型特色小镇发展的一般路径

上述章节分析了不同个案特色小镇的发展，本章将对不同类型特色小镇发展的一般路径进行研究，从而揭示一种一般性的规律。产业是特色小镇的主体，是小镇的立镇之本。国家政策与国内外研究都将主导产业作为特色小镇分类的主要依据。[1][2] 本书将中国特色小镇的产业类型分为六类，分别为商贸流通型、产业发展型、农业服务型、旅游发展型、历史文化型、民族聚居型，列举并分析了包括数字类、制造类、文旅类、科创类、金融类等在内的国内外特色小镇典型案例。本节采用杨绿霞的分类标准，将特色小镇按产业类型分为三个主类，分别为文旅休闲型特色小镇、本土资源型特色小镇和新兴产业集聚型特色小镇，设置包含了前文所述特色小镇类型的十个亚类，进行发展路径的具体分析（见表 9-1）。[3]

---

[1] 陆佩、章锦河、王昶等：《中国特色小镇的类型划分与空间分布特征》，《经济地理》2020 年第 3 期。

[2] 方叶林、黄震方、李经龙等：《中国特色小镇的空间分布及其产业特征》，《自然资源学报》2019 年第 6 期。

[3] 杨绿霞：《基于不同产业类型的特色小镇分析与规划研究》，硕士学位论文，武汉大学，2018 年。

表9-1 特色小镇产业类型

主类	亚类	案例
文旅休闲型	历史文化型	休闲古城古镇、戏曲文化小镇、客家文化小镇、南越文化小镇、度假小镇、滑雪小镇等
	民族风俗型	
	运动休闲型	
本土资源型	农业服务型	园艺小镇、渔业小镇、丝绸小镇、瓷器小镇、袜艺小镇、模具小镇、淘宝小镇、物流小镇等
	传统工艺型	
	工业发展型	
	商贸流通型	
新兴产业集聚型	高端制造型	机器人小镇、汽车小镇、基金小镇、保险小镇、梦想小镇、时尚小镇等
	金融创新型	
	创新创业型	

第一节 文旅休闲型特色小镇的发展路径

文旅休闲型特色小镇的发展前提为拥有优良的生态资源与丰厚的文化底蕴。特定的资源禀赋为休闲服务类产业提供发展的先天优势，小镇内的主导产业包括文化旅游与休闲旅游两部分，一般以特定的旅游项目为建镇出发点，通过整合旅游资源、厚植区域文化、打造特色品牌、创新文旅体系等举措发展成熟，在小镇内形成创新生态。文旅休闲型特色小镇共分为三个亚类：历史文化型、民族风俗型以及运动休闲型。具体而言，历史文化型特色小镇侧重于文化遗产的整合与呈现；民族风俗型特色小镇侧重于将地域风俗文化系统化与打造全域民俗生态；运动休闲型特色小镇侧重于休闲服务设施的完善与自然生态资源的整合，在提高小镇内对运动休闲的参与需求与产品服务供给过程中打造"运动产业+休闲环境"的小镇生态。

一 历史文化型特色小镇的发展路径

（一）以集聚要素为起点，建设历史文化核心产业集群

历史文化型特色小镇的特色与灵魂是当地的历史文化，其自带具有

地区历史特色的差异化IP，文化资源禀赋优越。① 使历史文化有形化的前提是历史文化内涵的梳理与政府的全局规划。要发展历史文化产业，形成产业集群，具体包括以下三步：第一，集聚要素，构建网络节点。小镇内要素集聚一方面为扩大当前文化浓度、覆盖范围，厘清历史脉络；另一方面为引入人才、资本等高端要素，共同形成历史经典小镇的"文化＋"体系，为小镇商业发展提供统一文化增色与要素燃料。如陕西大唐西市丝路文旅小镇，通过重现盛唐及丝路文化，成为西安特色文化旅游地标之一。第二，规划全局，提高节点邻近性，通过促进交流刺激创新产出。很大一部分历史文化型特色小镇受小农经济影响，拥有历史悠久且以家庭为单位的商业形式。如浙江越城黄酒小镇，当地拥有绍兴花雕酒等传统酿酒文化遗产，黄酒类商户众多但个体规模整体偏小且分布零星，未形成地理集聚，限制了商户间的交流互动。政府整体规划布局，通过"三集中"建设进行特色小镇的片区划分，使已有企业节点实现地理集聚，同时通过区域文化方向的把控让现有小商户正规化，为节点之间的竞合互动提供基础。第三，优化分工，形成全域范围内的历史文化展示链。与传统制造业不同，历史文化核心产业的功能为历史文化的传承、展示与继承，游客的需求是历史文化产业发展的关键要素，产业内不仅需要包含设计、打造、展示历史文化IP功能的企业节点，也需要一系列的服务机构与组织让经济网络运行顺畅化。以上三个举措搭建了小镇产业主体间的商业互动网，通过构筑经济网络为历史文化型特色小镇实现创新生态提供了地基。

（二）扩展产业生态，打造创新型"历史文化＋"小镇

特色小镇以产业为基础，以创新为根本。历史文化型特色小镇要想保持长久吸引力，关键在于突破路径依赖，在优化历史经典核心产业的同时，通过时尚化、数字化等操作形成"历史文化＋"的丰富产业业态，最大化拓宽产业创新渠道（见图9-1）。第一，产品创新。传统文创产品避免陷入同质化困境，需要与时尚、设计产业交互，开发更具特色的IP形象，以及更具创意的文创产品。通过产品创新，历史文化型

---

① 朱越岭：《浙江历史经典产业发展的新动能与路径探索——以"金华黄酒"为例》，《产业与科技论坛》2016年第14期。

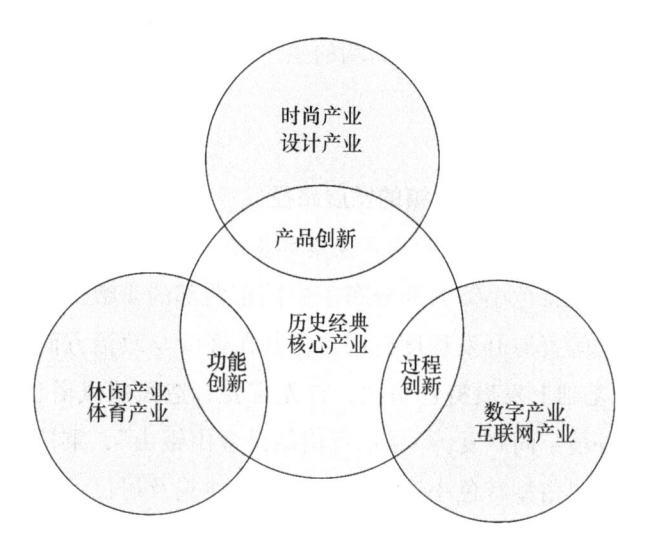

图 9-1 历史文化型特色小镇产业业态

特色小镇不仅能通过具体 IP 形象提升差异化水平与游客吸引力，还能够丰富与升级文创产品市场，吸引更多资本、人才等要素进入。如黄酒小镇创新开发的黄酒面膜、黄酒冰淇淋等产品，在自身品牌基础上丰富了产品市场，给予游客与消费者更多选择，升级特色的同时把握流行趋势，扩大了产品市场。第二，功能创新。历史文化型特色小镇虽拥有优质的差异化文化 IP，但旅游形态的单一将使其发展陷入瓶颈。为此，小镇应遵循全域旅游理念开发多种功能，突破传统"观光式"旅游的模式桎梏，增加小镇功能类型，通过历史文化+休闲、历史文化+体育等模式为小镇进一步增色，同时丰富产业结构，加强文化与自然生态的融合。西湖龙坞茶镇对接杭州市第一条"运动休闲自行车赛道"和"西山国家森林徒步登山路线"，组合开发小镇的运动旅游产业，突破了传统文旅产品的雷同困境，实现小镇的功能创新。第三，过程创新。随着数字经济的兴起与数字城市网络的建设，越来越多的特色小镇通过引入数字、互联网等新兴产业，实现小镇产业的创新。对历史文化型特色小镇而言，互联网及数字技术能够通过重现历史升级小镇游客的旅游体验，实现过程创新。通过上面的产品创新、功能创新和过程创新，特色小镇不断演化，由简单系统发展为多元性、多样性、复杂的系统。在这个演化的过程中，政府战略眼光和战略规划，以及企业家对机会的警觉和发现，将集聚更加多元、高端的生产要素，推动特色小镇不断地向更高级别演化。

二 民族风俗型特色小镇的发展路径

（一）重构文化空间，构建产业集群基础

民族风俗型特色小镇大都分布于中国东西部的少数民族聚居区，当地的经济文化等资源开发程度有限，但其在经济与政治方面皆具重要意义。[①②] 在此基础上发展特色小镇，首先需要打造民族风俗型产业基础。第一，自然环境空间修复。"绿水青山就是金山银山"，秉持着绿色生态的理念，民族风俗型特色小镇根据当地地形地貌及居民活动分布打造错落有致的民族特色景观，形成民族文化与自然生态交相辉映的情景，同时将生态理念根植于少数民族居民生产生活之中，形成良性价值导向，实现"民族+绿色"多元文化的共荣共生。第二，物质文化空间再现。特色小镇的物质文化空间包含居民生产、生活所需的各类能体现民族文化的有形实体，如农林牧渔业、建筑物、服装、饮食等。通过物质实体重构与再现民族文化，民族风俗型特色小镇实现了文化价值的转化与升级，以原住民为主体展示了留存至今的民族文化精髓。第三，行为文化空间展示。包含当地习俗公约、社会机制以及政策体制的行为文化也是一项重要的文化展示内容。民族风俗型特色小镇可通过陈列展览、情景重现等形式还原当地村寨条款、婚丧仪式等民族"胎记"，在文化传播中强化符号。行为文化的发展建设将抽象文化习俗具体化，将其放入静态与动态空间中加以展示，为民族风俗型特色小镇营造了更加浓厚的文化氛围。第四，精神文化空间表达。精神文化是文化空间中较为高阶与抽象的内容，具体包括当地法律道德、宗教信仰、戏曲舞蹈、体育活动等。精神文化的展示通常需要一个相对活态的空间，例如节庆活动、舞台演绎等，通过活态形式展示民族文化，丰富小镇的产业业态，提高游客参

---

① 谢青青、吴忠军：《文化场域视角下的民族地区旅游特色小镇建设研究》，《广西经济管理干部学院学报》2017年第1期。

② 朱宝莉、刘晓鹰：《全域旅游视域下民族特色小镇发展策略研究》，《农业经济》2019年第3期。

与度,加强民族文化记忆点。

(二) 培育特色产业,发展"民族文化+"产业圈层

作为特色小镇的基础与核心,民族风俗型特色小镇建立创新生态同样离不开特色产业的培育。在创新生态系统视阈下,民族风俗型特色小镇的产业生态可分为三个圈层,共同构成了"民族文化+"的多产共生机制(见图9-2)。第一,基础产业圈层培育。相异于东部地区特色小镇,分布于中国中西部的民族风俗型特色小镇经济技术基础薄弱,但自然条件优越,可通过提高产业特色弥补需求不足的劣势,故而小镇内构建特色产业应充分利用自身民族文化优势,走农文旅融合发展道路。在重构文化空间的前提下,民族风俗型产业的核心圈层包括旅游、农业以及文化产业,基础任务为展示民族风情,重现民俗文化。第二,关联产业圈层培育。以观光展示为主的传统旅游业做大、做特、做强,需要扩展与升级现有产业链。一方面,打破旅游业现实壁垒,实现由点及面的范围升级,变景点式旅游为全域旅游,带动小镇内配套餐饮业、住宿业与基础公共设施的建设;另一方面,通过与设计产业、信息技术产业的结合,升级已有产业节点,实现文化产业的IP升级、旅游产业的展示功能升级以及农业现代化转型。第三,扩展产业圈层培育。在已有产业链完整的基础上,民族风俗型特色小镇寻求更大附加值,可选择引入新兴产业,形成"民族文化+"的多产共生共荣机制,呼应经济社会趋势为

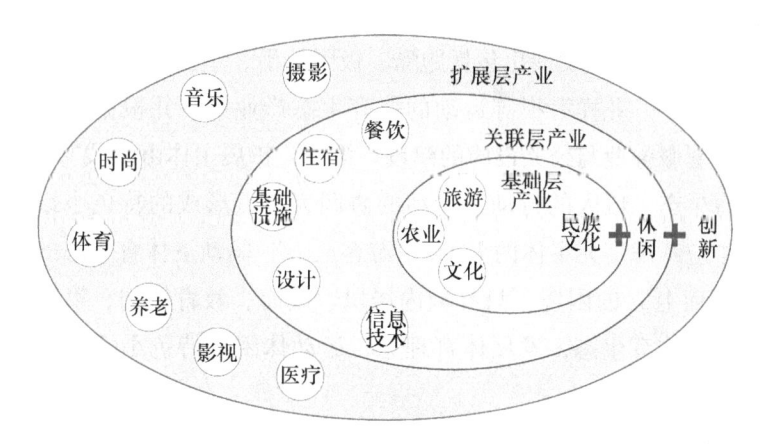

图9-2 民族风俗型特色小镇"民族文化+"产业生态圈层

小镇构建"第二张名片"。如大理一批特色小镇融合民族文化引进婚纱摄影产业,形成了"民族文化+摄影"的多产共荣生态,在旅游业发展良好的基础上增大特色小镇产业附加值。[1]

三 运动休闲型特色小镇的发展路径

(一) 精准定位特色产业,厚植体育生态产业圈

相较于上述历史文化型与民族风俗型特色小镇,运动休闲型特色小镇对区域设施服务与经济基础的要求更加严格,在文旅休闲型特色小镇中对区域文化浓度的要求相对较低。[2] 发展运动休闲型特色小镇,更多需依靠自身经济环境,通过构建体育产业生态形成价值导向,赋予小镇特色,这也解释了其主要分布于中国东南经济强省的原因。第一,集聚生产要素精准定位产业"点"。作为运动休闲型特色小镇的核心要素,建设体育产业是小镇发展的起点,明确产业定位,找准体育特色,走差异化运动休闲之路是小镇发展的关键。体育休闲特色小镇包括赛事型、培训型、娱乐型、健康型等分支,小镇需根据自身要素禀赋、地理区位、产业结构与经济基础精准定位小镇的差异化基础产业"点"。第二,由"点"及"线"实现体育全产业链发展。发展特色小镇体育产业链为运动休闲型特色小镇搭建了纵向网络,在企业间的竞争交互与多主体交流互动中实现体育小镇内多体育项目一体化发展,并在市场机制中实现小镇企业主体间行动的协调与行动的一般性规则。如绍兴柯桥酷玩小镇以"酷玩"项目为起点发展出包括跑酷、极限轮滑、室内滑雪、潜泳、极限摩托、滑翔伞、花样滑板等运动的体育生态产业链,并根据体育产业类型增加配套服务业与公共设施的建设。第三,扩展主体由"线"及"面"厚植体育生态。以人的行动及行动的协调为起点形成的特色小镇,在发展过程中应考虑多元主体的需求,"游客至上"驱动下体育生态的打造将落入"形而上"的困境。只有域内居民、政府、教育机构、第三方组织等共同融入体育生态,发展体育理念,运动休闲型特色小镇的全域旅游

---

[1] 王万平:《乡村振兴背景下民族地区特色小镇建设的路径——以大理市为例》,《大理大学学报》2019年第9期。

[2] 张雷:《运动休闲特色小镇:概念、类型与发展路径》,《体育科学》2018年第1期。

模式才能够可持续发展,并通过区域各主体之间的认知邻近迸发出更多知识交流需求,形成创新体育生态系统。

(二)培育休闲环境,为产业创新与扩展营造氛围

外部环境是特色小镇编织创新网络的重要氛围激励,促使小镇在经济网络联系的基础上提供多样化的节点交互动力,从而刺激创新绩效。运动休闲型特色小镇中休闲环境的培育,不仅能激发更多关联产业与已有体育生态融合,还为小镇内各个主体创新思维的发展提供裨益。特色小镇中政府主体与企业主体共同建设小镇内部的休闲环境,应按照由"硬"及"软"的顺序落地。第一,培育休闲"硬环境"。休闲"硬环境"包括小镇内部生态环境的打造,比如园艺美化、公共健身设施、林果栽培等,通过有形实体美化小镇的休闲环境;还包括配套休闲产业的完善与升级,如餐饮业、住宿业等。第二,培育休闲"软"环境。休闲"软环境"主要通过培育小镇的区域文化、主体的运动休闲意识等手段构建认知网络,激发原有体育产业提高附加值,形成多产联结。如小镇举办休闲运动文化节,组织专家体育论坛等培育小镇的休闲运动文化,并通过与设计、信息技术等产业的融合为原有体育用品制造、体育演出赛事呈现等扩宽平台增加产业附加值,或通过与音乐、摄影等的结合为小镇增添休闲特色。最终,运动休闲型特色小镇在体育生态基础上融合休闲环境形成"体育生态+休闲环境"发展机制(见图9-3),实现创新激励与差异化可持续区域发展。

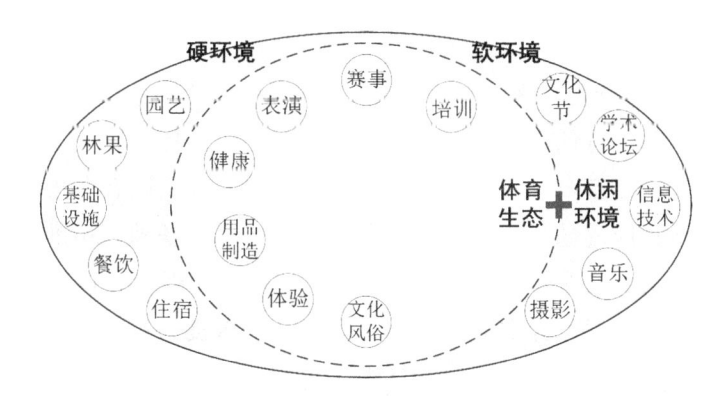

图9-3 运动休闲型特色小镇"体育生态+休闲环境"发展机制

第二节 本土资源型特色小镇的发展路径

本土资源型特色小镇域内拥有丰厚的有形资产，小镇充分利用本地资源或区位优势打造主导产业。但由于资源有限性和需求多样性的矛盾，以传统第一或第二产业为主导的本土资源型特色小镇在发展过程中尤其需重视传统产业的转型升级与拓展复兴，通过特色与创新寻求出路。本节将本土资源型特色小镇分为四个亚类，分别为农业服务型、传统工艺型、工业发展型以及商贸流通型。具体而言，农业服务型特色小镇重在农业产业的集聚、农业现代化升级以及田园文化的植入；传统工艺型特色小镇重在传统工艺的传承与创新以及"匠人"精神的活化；工业发展型特色小镇已有产业基础雄厚，基于此发展的特色小镇重在依靠"先天"优势多产融合发展，同时应当注意工业发展所带来的生态污染问题；商贸流通型特色小镇发展需兼顾内部电商/物流企业的引进与集聚、周边交通设施的建设完善以及与周边产业的联动和对互联网技术的探索。

一 农业服务型特色小镇的发展路径

作为特色小镇中的一种特殊亚类，农业服务型特色小镇根植农村，以农为本，是乡村振兴与城乡融合的重要载体。该类特色小镇以农业为主导的发展模式，更适用于中国中西部农业主产区和生态保护区，依托其地广人稀、耕地肥沃、生态优美的优势建立特色化农产生态，提升区域竞争优势，激发创新绩效。[1]

（一）集聚资源禀赋打造特色农业产业圈

农业服务型特色小镇以农立镇，特色农业的选择、导入与培育是其发展的关键，小镇内的生态产业圈需以农业为起点，以农业为核心。首先，农业选择应遵循资源禀赋与市场需求，在现实基础上精准定位，科学论证。其次，农业产业规划先行，政府、企业、第三方机构遵循市场规则进行空间布局，为农业特色小镇发展功能区提前布局。再次，农业

---

[1] 李冬梅、郑林凤、林赛男等：《农业特色小镇形成机理与路径优化——基于成都模式的案例分析》，《中国软科学》2018年第5期。

的引入与培育使特色小镇的农业生态自上而下渗透至居民主体，通过招商培育、村民外包、产业链完善等壮大农业核心支撑，并在提前规划下形成农业产业集群，通过产业集聚的辐射效应吸引各高端要素壮大已有特色农产。最后，形成当地的农产品牌，构建产业基础与核心圈，丰富农业文化，提升整体形象。

（二）打破产业壁垒，积淀产业文化

农业服务型特色小镇以农发家，在建设农业品牌的基础上转"主"为"特"，使农业产业转变为差异化的特色产业，关键在于集群网络的扩展深化与文化的植入。该阶段重点发挥企业主体的作用，在市场化运作下实现产业生态圈的扩展升级。首先，在做大做精已有农产的基础上延伸产业链，促进三产融合，提高小镇的综合竞争力，使其产业生态圈由纯农型扩展至"农业+"形态，在项目、企业等的摘选培养下最终实现集研发、种植、加工、营销、服务为一体大农业全产业链发展。其次，厚植产业文化，通过IP营销等培育文化基因，把握助攻方向，确定文化定位。文化是特色小镇发展的灵魂，差异化文化的加持为农业服务型特色小镇提供了主攻方向，也为小镇创新生态建设提供了软环境。

（三）打通主体，实现小镇多功能协同发展

农业服务型特色小镇走多功能协同发展道路需要依靠多方力量，在经济建设和企业家创新之外，社会功能与生态功能的配套发展能为小镇创新带来长足动力。在小镇规划发展中拥有极高话语权的政府，一方面可以通过政策引导支持产业的发展与创新，协调构建特色小镇生产区、生活区以及配套区；另一方面，监督小镇其他主体行为，为小镇的协调良性发展进行监管把控。核心及配套产业中的企业节点在竞争过程中扩大辐射，与周边地区形成上下游联动，且企业间通过竞争寻求创新激励，与政府共同推动小镇的教育及科研要素建设，通过科技引领扩展与完善小镇社会功能，提升小镇平台影响力。最后，小镇个体共同参与生态功能的构建。特色小镇生态建设具有无边界性，不囿于特定功能区划，在全域范围内影响与参与着个体行动，是特色小镇的重要底色。农业小镇建设"优而美"的生态环境需善用新兴产业融合的创造性手段：通过"互联网+"技术优化农区环境治理，进行循环农业、精准农业、生物科研性农业等现代化农业产业探索；通过数字技术管理人居环境，加强场所改造，并利用外部环境深化居民的环保意识；通过文艺融合的方式探索区域文化，使小镇景观"有文可寻"，打造一批迎合主导产业的田园综合体。

二 传统工艺型特色小镇的发展路径

与历史文化型特色小镇相同，传统工艺型特色小镇也具有极高的历史文化禀赋门槛，其传统工艺来源于特定的区域文化，伴随着深厚的历史底蕴荟萃形成了有形的工艺品，为小镇提供了主导产品，奠定了产业基础。传统工艺型特色小镇所依赖的特色本土资源不限于本土文化与手工艺产品，还包括制作过程中所用的技艺。此类手工艺产品与其制作技艺大多可被列为非物质文化遗产，具有巨大的竞争优势。掌握此项技艺的"匠人"，不仅是传统工艺型特色小镇中进行创新性行动的"企业家"，也是小镇历史文化的"活招牌"，所以其发展路径在遵循历史文化型特色小镇所适用的"历史文化+"创新产业生态打造之外，需格外注意制作技艺的传承、保护与发扬。[①]

传统工艺型特色小镇的特色表现在传统工艺品上，而其背后蕴含着不可被机器替代的手工艺人的传承与守候，这更是工艺型特色小镇的文化精髓所在。发展传统工艺型特色小镇，需着重发挥"匠人"主体的功能，培育"匠人"氛围。对现有独具影响力的手工艺人加以宣传与调动，搭建传统工艺展示平台，发挥个体的辐射效应，作为活态文化符号，更具生动性地展示小镇工艺品背后的文化与内涵。另外，通过与外部专家学者的合作，加强小镇文化氛围的可证性与珍贵性，并通过物质鼓励与文化吸引并举的方式吸引一批创新人才参与小镇的传统工艺制作，为"匠人"团队输入新鲜血液，在传承文化的同时进行产品创新，丰富小镇业态。最后，"匠人"主体的可持续性创新输出离不开对其需求的维护与相关基础设施、公共服务的建设完善。匠人的独特性在其技艺，技艺的传承属于主体间无形知识的交流，故而小镇政府可以通过优化工作环境、搭建知识交流渠道和创新拜师学艺体制机制维护手工艺人学习、工作的

[①] 闫文秀、张倩：《浙江省传统经典产业特色小镇的建设发展与经验借鉴》，《上海城市管理》2017年第6期。

氛围，使小镇内传统工艺实现传承与创新。

三 工业发展型特色小镇的发展路径

工业发展型特色小镇的发展路径以镇内传统工业产业基础为起点，以变工业制造为高端"智造"为目标，通过人员更新、体制及平台创新、生态优化三大路径推进小镇工业主导产业的特色化改造与创新化升级。[①]

第一，人员创新。作为小镇的微观个体和活力因子，工业发展型特色小镇中的企业家、研发人员、工人的培育是小镇及产业发展更新的关键举措。一方面，传统工业大多可归类为劳动、资本和资源密集型产业，工人是工业产业发展的重要基础因子，工人劳动熟练程度、受教育程度的提升将自下而上为特色小镇工业产品的质量与数量带来跃升，在通过企业节点之间竞争与分工形成的产业链中，劳动力提升专门技能，带来产业链运行的高效；另一方面，根据熊彼特创新理论，企业家是创新的源泉，工业发展型特色小镇发挥企业家精神，通过定期组织小镇内企业家交流培训、举办与小镇产业相关的主题讲座，促进企业家发挥创新动能，更大限度刺激小镇工业产业结构发生创新性质变，自上而下地提升工业产业的发展格局，将创新镶嵌进特色小镇的商业网络之中实现点—网结构的升级。最后，科研力量的引入也是特色小镇人员创新的重要方向。在企业间的竞争互动中，一部分有经济基础的企业通过外部引入或内部培育的方式发展科研力量，从产业链各个环节进行创新以实现产品升级，获取竞争优势。高端人才的培育可借助政府力量，在政府助推与企业需求驱动的双重激励下，培育工业发展型特色小镇的创新人才队伍。

第二，体制及平台创新。产业基础雄厚的工业发展型特色小镇往往存在一定的垄断现象，通过一个或多个龙头企业带动小镇的产业发展。垄断带来的产业业态单一，抑制着特色小镇"特色"的打造。为丰富产业生态，满足多元个性化市场需求，区别于传统产业集群，特色小镇需进行体制及平台的创新升级（见图9-4）。特色小镇要在传统产业集群模式发展中进行升级优化，同时打造产业链平台、创业平台和创新平台。

[①] 李金海、李娜、白小虎：《特色小镇建设与浙江传统产业转型升级——以诸暨袜艺小镇为例》，《城市学刊》2017年第6期。

首先，充分发挥龙头效应，以龙头企业带动产业链的完善；其次，通过多方引导为中小企业创新提供充足的空间，同时吸引内外部人员创业发展，为产业集群扩展触角丰富的产业业态。最后，创新平台的构建是传统工业升级"智造"的关键，其中龙头企业把控各生产环节的创新升级，并凭借其雄厚实力进行研发团队培育与投资创新，中小企业发挥自身优势灵活地进行小成本创新，政府引入的科研机构作为第三方为产业发展创新提供方向。

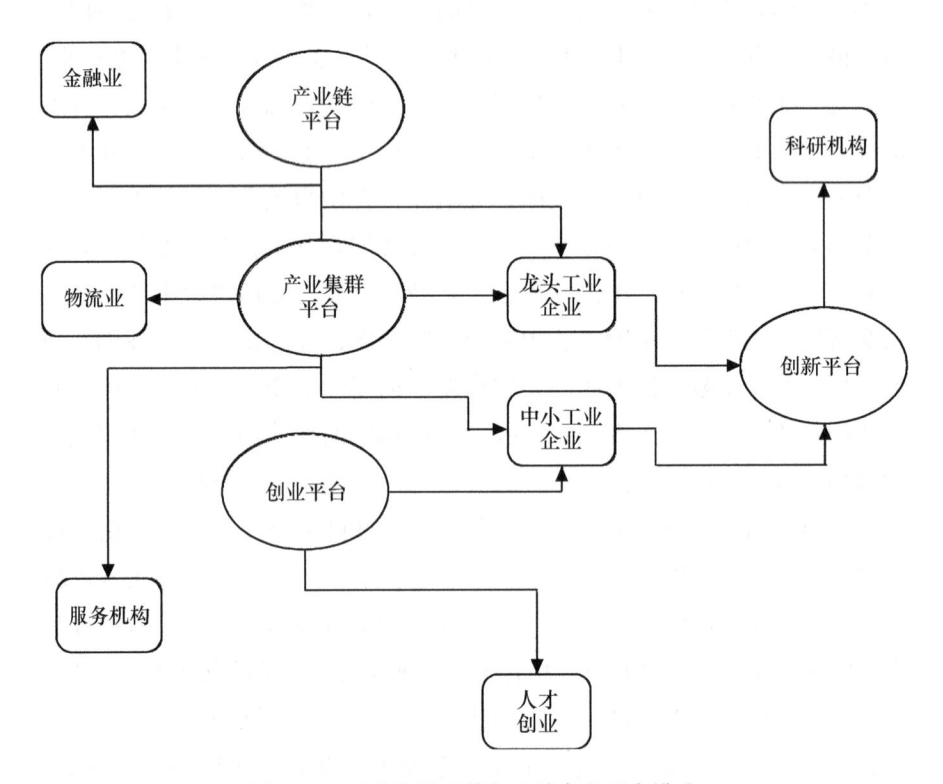

图9-4 工业发展型特色小镇产业平台模式

第三，生态优化。工业发展型特色小镇中污染的防护与治理不仅是生态美化目标之需，也是工业产业创新的窗口。一方面，创新污染净化、垃圾回收等技术，在工业化发展的同时解决后顾之忧，形成循环工业发展模式；另一方面，进行具有主导产业风格的小镇景观打造，为小镇发展工业旅游奠定基础。工业型特色小镇通过产业文化深化文化内涵，再根据其文化内涵打造小镇风景，形成兼具工业特色的现代化小镇景观，同时为小镇居民与外来游客提供优美舒适的公共空间风貌与完备的配套商业服务设施。

四 商贸流通型特色小镇的发展路径

商贸流通型特色小镇的主导产业可分为电商与物流两大类别，二者发展都依赖小镇通达的地理位置，区别在于前者聚焦小微企业与创业者，后者注重物流功能与特色资源的融合和叠加。[1][2]

以电商集聚为特色的商贸流通型特色小镇对区域原有产业基础的要求并不严格，"中国淘宝第一镇"沙集镇内的产业集群就是在自身基本零产业基础的条件下建设发展起来的。在通达的交通网络之外，信息与人才的集聚是电商小镇发展的基础与立镇之本。[3] 首先，从集聚信息技术、吸引创业人才出发，汇聚要素构建小镇的电商产业集群。该产业集群的特点是以小微企业、零售业务为主，准入门槛低，对周边地区的辐射与带动作用强。其次，完善电商产业链，补齐电商产业所需的包装、配送等配套产业链，使产业集群更具吸引力与连带能力。此时小镇产业集群逐步完善并发挥越来越强的集聚效应，与集聚同时推行的是交通网络的建设完善。在便利的物流配送条件下，电商产业才能降低运输成本，获取关键竞争优势。最后，将传统产业集群升级为特色产业集群，是电商类特色小镇的关键一跃。电商产业的整体繁荣带动（尤其是中国东部地区）电商小镇的井喷式发展，特色小镇摆脱同质化危机，区别于一般电商类产业集群或电商类乡村，可从加强附加值与增强创新性两大路径入手。一方面，融合区域资源文化禀赋打造差异化电商 IP，根据电商产业主营业务类型修缮小镇的景观建设，以特色产业为导向打造独特 IP 形象、旅游项目，增加电商产业的附加值，打造成熟且独具特色的品牌形象；

---

[1] 闫钰琪、常荔：《"互联网＋"视域下物流特色小镇发展的影响因素与现实路径》，《商业经济研究》2021 年第 14 期。

[2] 陈晓文、张欣怡：《电商特色小镇的空间布局与产业发展——以淘宝镇为例》，《中国科技论坛》2018 年第 6 期。

[3] 李燕、李春雅、倪红叶：《移动互联网时代特色小镇品牌传播研究——以沙集电商小镇为例》，《北京城市学院学报》2020 年第 6 期。

另一方面，通过与新兴产业的合作，实现电商产业升级，变传统资本或劳动密集型产业为技术密集型产业。该路径适用于经济基础良好、企业家精神氛围浓厚的电商小镇，是电商小镇产业实现"质变"、形成创新生态系统的关键步骤。

相比于电商主导型商贸流通特色小镇，以物流业为主导的特色小镇定位于运输周转枢纽而非生产运输一体化发展，故而其对当地自然资源的依赖性较弱，对地理位置及交通网络的要求更为严苛。与大量以村为载体发展的电商行业不同，中国物流业整体信息化程度较高，与互联网技术的结合更为紧密。[①] 物流小镇产业发展的两大趋势分别为物旅结合以及物网融合。第一，发挥地理优势，通过旅游业展示，优化小镇特色文化内涵。物流小镇周边交通网络密布，发展旅游业具有天然地理优势。产旅融合的发展方式不仅能为小镇物流产业升级宣传平台，提高要素吸引力，还能厚植文化内涵，增加产业附加值，实现小镇网络覆盖面的完善与产业生态的多元发展。第二，通过"互联网+"路径实现物流小镇的创新质变。智慧物流是物流产业发展的大势所趋，跟随产业整体脚步，物流小镇积极推进与新技术的结合，通过物联网、大数据等技术提高物流产业与新方法的接近程度，升级更新要素与产业链，变经济网络演化为创新网络演化。

第三节　新兴产业集聚型特色小镇的发展路径

根据 2010 年《国务院关于加快培育和发展战略性新兴产业的决定》，国家统计局将战略性新兴产业分为 9 个大类与 40 个小类，如表 9-2 所示。新兴产业集聚型特色小镇拥有较为发达的经济与知识基础，以一个或多个新型产业为主导，以建设城郊或乡村的创新次增长极为目标进行发展。新兴产业集聚型特色小镇共分为高端制造型、金融创新型以及创新创业型三类。与工业发展型特色小镇相比，高端制造型特色小镇产品更具技术性与多样化，其发展模式围绕着生产、管理、产品与商业的智

[①] 闫钰琪、常荔：《"互联网+"视域下物流特色小镇发展的影响因素与现实路径》，《商业经济研究》2021 年第 14 期。

能化展开；金融创新型特色小镇注重各类平台的打造，为资金、企业、人才与配套设施的引进和优化提供条件，同时还需注意金融体制中政府与市场的合理边界；创新创业型特色小镇发展侧重于个体创业者节点的打造与创业生态系统的建设，并以形成全链条创业孵化机制为发展目标。

表9-2　　　　　　　　　　战略性新兴产业分类

大类	小类
新一代信息技术产业	下一代信息网络产业；电子核心产业；新兴软件和新型信息技术服务；互联网与云计算、大数据服务；人工智能
高端装备制造产业	智能制造装备产业；航空装备产业；卫星及应用产业；轨道交通装备产业；海洋工程装备产业
新材料产业	先进钢铁材料；先进有色金属材料；先进石化化工新材料；先进无机非金属材料；高性能纤维及制品和复合材料；前沿新材料；新材料相关服务
生物产业	生物医药产业；生物医学工程产业；生物农业及相关产业；生物质能产业；其他生物业
新能源汽车产业	新能源汽车整车制造；新能源汽车装置、配件制造；新能源汽车相关设施制造；新能源汽车相关服务
新能源产业	核电产业；风能产业；太阳能产业；生物质能及其他新能源产业；智能电网产业
节能环保产业	高效节能产业；先进环保产业；资源循环利用产业
数字创意产业	数字创意技术设备制造；数字文化创意活动；设计服务；数字创意与融合服务
相关服务业	新技术与创新创业服务；其他相关服务

资料来源：国家统计局令第23号。

一　高端制造型特色小镇的发展路径

高端制造型特色小镇是工业发展型特色小镇的升级形式。小镇主导产业大都具有较高的技术门槛，一般通过龙头企业带领在一定的资本、人才、技术基础上进行精密化、智能化、创新化的产品制造，再逐步带动中小企业完善高端制造产业链,形成全域创新生态系统。航空航天小镇、智能家电小镇、机器人小镇等高端制造型特色小镇大多由产业集群演化而来,域内已有一定的制造业产业基础,具备高端化转型的条件,在此基础上完善产业链,丰富文化内涵,融合多产生态,最终实现形成宜产宜居促创的开放型创新生态体系的目标。[1][2]

首先,高端制造型特色小镇由龙头带领,以总部经济为起点为高端制造转型开路。新技术与新方法的获得需要多要素支持,能够提供充裕人力、资本等要素的龙头企业便成为集群开拓的最优带动者。在大企业与集团的支持下,小镇产业向高端化转型,通过研发、引进等手段打通高端制造产业的探索之路。在大企业的带领下,高端产品打开市场,拓宽生产规模,中小企业逐渐加入高端产品生产过程中,通过竞争与合作拓宽产业链,实现专门化高端产品的生产,在此过程中形成关于高端产品制造的经济网络。其次,特色小镇规划小镇功能区,在大企业带领产业链条延伸、小企业承接产业链条环节的基础上,将创新氛围自上而下渗透开来。在总部经济区之外,扩展研发与创业两大功能,开辟科技研发区和创新创业区两大板块,通过专门化研发提高创新效率,通过打开中小企业创新窗口提高产业集群的创新活力,通过中小企业将多维产业融入传统产品的生产与制造过程,增强产品特色与提升附加值,并在集群中增加金融、保险等服务型企业,助推节点间交互。再次,在进一步稳定创新效率、丰富产业业态的基础上进行小镇的外部环境建设,通过有形环境与无形文化滋养特色小镇的人文氛围,创造宜产宜居的空间并在无形交流之中形成创新网络。在该阶段,特色小镇一方面进行环境打造,另一方面挖掘与小镇历史或特色产业相配套的特色文化,将文化注入有形实体,打造休闲展示功能区,建设特色小镇博物馆,提升特色产业的宣传平台。同时,通过环境打造形成小镇内的休闲人文产业链,吸引更多人才入驻,进一步刺激创新思维。最后,迎合高端产业定位,结合大数据、物联网等信息技术打造智慧小镇。在创新网络演化的基础上,

---

[1] 李亚洲、朱红:《航空特色小镇发展模式及广州规划实践》,《规划师》2018年第11期。

[2] 孟海宁、奚慧建、吕猛:《新型制造业小镇特色建构路径》,《规划师》2016年第7期。

通过数字为基、专业运营、智慧管理三步打造智慧小镇,不仅与高端定位相关联,又能进一步提升小镇的竞争优势,与城市互联网互通互联,加强特色小镇的开放性,助推创新生态系统的打造。智慧小镇的技术应用应当具有无边界性,兼具智慧化社区管理、智慧化生态监管以及智慧化企业管理等功能,在全域领域披上智慧化外衣,打造智能化的特色小镇"人设"。

在以上四个阶段的发展演化下,高端制造型特色小镇从传统制造业产业集群发展为融合高端制造与数字科技的智能化开放型区域,在全域一体、宜产宜居的氛围中形成了创新生态系统(见图9-5)。

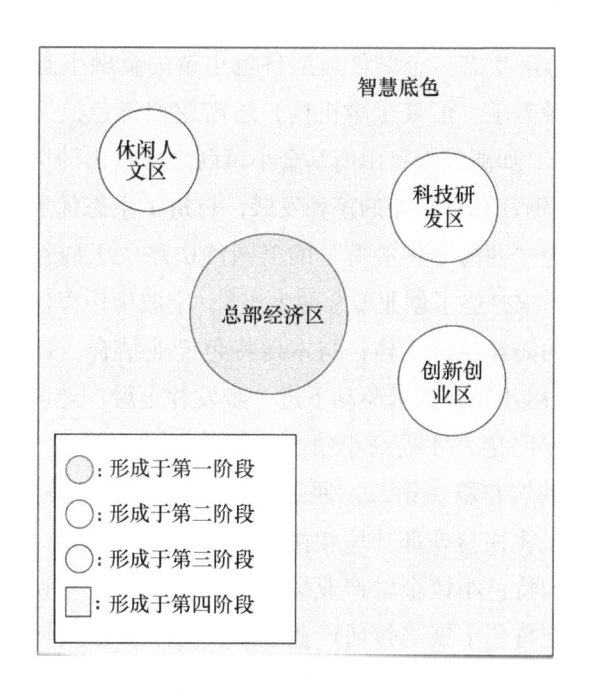

图 9-5 高端制造型特色小镇创新生态系统

二 金融创新型特色小镇的发展路径

金融创新型特色小镇汇聚融资、保险、基金等借贷融资机构,形成金融集聚的新兴态势,小镇的主要产业生态有理财融资、创业投资以及特产金融。① 发展金融创新型特色小镇不仅要依托本地区位条件与要素禀赋，还需考虑周边地区的金融需求。金融业的服务特性使金融创新型特色小镇发展具有需求驱动特性，对地理位置的要求更加严苛，故而小镇一般选址于产业集群、创业集群或是经济强县等金融需求强的地区附近。金融创新型特色小镇根据自身及周边特色寻找金融需求，助推形成金融生态；通过特色小镇生态宜居建设打造金融会客厅，为居民与企业提供更高水平的特色小镇"软环境"；政府与市场共同参与金融监督，为特色小镇金融业发展规避风险，实现金融生态的健康绿色发展，在创新生态中发挥服务作用，促使其向好发展。

就发展路径而言，金融创新型特色小镇主要依照以下步骤：第一，汇集资源建设金融生态。金融创新型特色小镇的金融生态建设不仅需要挖掘周边的金融需求，汇聚金融机构，还需挖掘特色，为小镇金融打造差异化"人设"。如浙江玉皇山南基金小镇联系玉皇山的历史与文化以及"块状经济"下浙江私营企业的蓬勃发展，打造了生态优美的全产业链金融生态；被誉为"西海岸华尔街"的美国沙山路位于硅谷附近，依靠周边的创新创业需求打造了创业型金融生态②；宁波梅山海洋基金小镇则将目光投向宁波的海洋经济实体，与本地特色产业结合，打造了海洋保险金融生态③。金融小镇在需求驱动下进一步发挥金融产业的集聚效应，通过引入资本、专门化人才提高小镇金融机构的绝对数量与行业话语权，拓展金融产品的客户群。第二，通过外部环境建设拓展金融产业平台。金融产业的发展往往与外部环境相协调，一个生态优美、独具特色的金融会客环境将为特色小镇金融产业提供更大的附加值与吸引力。在此阶段，金融创新型特色小镇需打通产业壁垒，将小镇全域打造为域内特色金融品牌的有形名片，通过休闲产业的建设、生态化景观的打造实现"金融+生态"的互促机制，为金融客户及小镇人才提供优美的环境。除

---

① 孙雪芬：《浙江特色金融小镇建设成效、存在问题与对策研究》，《时代金融》2022年第7期。

② 欧阳鑫、郭昱江、黄敬宝：《金融类特色小镇优化地区金融生态环境机理研究——以玉皇山南基金小镇为例》，《特区经济》2020年第11期。

③ 孙雪芬、包海波、刘云华：《金融小镇：金融集聚模式的创新发展》，《中共浙江省委党校学报》2016年第6期。

此之外，基础设施与公共服务的智慧化打造也是金融小镇吸引、留住人才的关键因素。在产业率先发展的前提下，只有加强小镇人文、生态等的配套水平，才能够维持特色产业的稳定输出。第三，金融业需要更加严格的监管机制。首先，政府在小镇金融业发展过程中发挥着引导与监管的双重作用。一方面，可以通过税收优惠、人才引进、兴办学校等方式鼓励金融创业，引导人才落地，助推产业兴旺；另一方面，政府应与行业协会等第三方机构合作进行金融监管，遵循"中央抓大，地方抓小"原则进行专门化管理，多方制衡提升金融监管效率，为金融创新型特色小镇发展降低风险，解决其后顾之忧。

三 创新创业型特色小镇的发展路径

创新创业型特色小镇以青年创新人才与创新开拓需求为出发点，以知名企业与高校合作为助推器，在经济基础、需求驱动、供给拉动三重激励下建设众创空间。[①] 就发展路径而言，对比创新创业型特色小镇与其他新兴产业集聚型特色小镇，前者尤其重视小微个体，特别是具有企业家精神的创业者的力量，以创业者为产业开拓的主力军，故而在汇聚资源建设产业生态和配套外部环境以激发创新绩效的过程中，创新创业小镇更偏重于人才的吸引与培育。

人才要素是创新创业型特色小镇建设发展的第一大要素，小镇打造创业生态系统首先需建立创业人才引进与落地的完备机制。一方面，通过与高校、科研机构等人才孵化中心建立合作联系，采取税收减免、借贷优惠和小镇基础设施公共服务修缮、人才引进购房优惠等方式，在物质与服务的双重激励下打通创业小镇的人才供给通道；另一方面，与周边品牌企业、新兴产业集群联合互动，为小镇人才提供创业的窗口与平台，吸引创业需求对口的专业化人才落地，通过建立创业招商平台、创业项目平台为创业生态提供稳定充足的需求窗口。人才从"招安"到落地需要小镇主体提供完备、长效的配套设施服务。政府不仅需要完善小镇的基础设施与公共服务，还需要先行规划打造小镇创客生态空间的有

---

① 陈凤、项丽瑶、俞荣建：《众创空间创业生态系统：特征、结构、机制与策略——以杭州梦想小镇为例》，《商业经济与管理》2015 年第 11 期。

形实体，通过人才的集聚加强个体之间的交流互动，使创新氛围进一步扩散；通过建立创业服务机构助推资源互通效率的提升，提供人才落地创业的"一站式"平台服务；通过定期交流培训提升创业人才的企业家精神。除此之外，小镇景观的打造也是人才落地机制中的重要一环。小镇的景观建设不仅能够提升区域的生态宜居程度，也能通过人文建筑建设、人文景观建设为小镇创业生态增添文化内涵，在有形实体与无形文化之中滋养人才，激发创造性思维。

综上所述，通过以上对三大类特色小镇演化路径进行分析，我们会发现特色小镇发展类似于一个有机体。如果用一棵树来形容特色小镇，特色小镇都有一种"根产业"，表现为核心产业和基础产业，比如上述"民族文化+""体育休闲+"，这些"根产业"都有一些代表性的龙头企业。没有"根产业"，特色小镇就无法生成"枝产业"，以及衍生出更多的"叶产业"，"根产业"是特色小镇的特色源泉。因此，把特色小镇作为一个有机体，从创新生态系统视角下去研究它的演化才能理解其本质。特色小镇是由简单的系统成长为复杂的系统，作为演化的路径也是不断深化的过程。

结 语

"六个超越"与特色小镇发展新理念

以上对几种类型特色小镇发展和演化的探索,得到一个基本的结论,那就是特色小镇是一个具有生命力的自组织,是一个不断演化的创新生态系统。在特色小镇发展和演化的过程中,必然有一颗种子,这颗种子包含了它的文化基因,慢慢发芽形成一个生命体。在其成长的过程中,我们看到其产业的相互渗透和不断地衍生出新的产业。这是一个复杂的内生的自组织过程,从这个角度讲,政府要设计和打造一个特色小镇是根本不可能的。为此,下面从"六个超越"方面思考特色小镇发展新理念,以升华本书内容。

第一,超越于从大规模、标准化、同质化的福特制思维,走向差异化、小众化和个性化的后福特制的思维。特色小镇的出现和发展一定要置于后工业化时代,人们的需求越来越呈现多样化的需求。特色小镇的特色发展是差异化的重要标志,是符合市场需求的重要趋势。如果按照福特制大规模、标准化、同质化的逻辑发展特色小镇,那么特色小镇就不可能有生命力,必然走向衰败。特色和差异化价值是特色小镇生命力的源泉。在前面的章节中已经提出不能从静态层面思考特色小镇的特色,特色不是天然的自然禀赋,而是一种企业家和个体创造力的体现。因此,不能从规模层面去思考特色小镇的发展,要突破工业化的逻辑,回到个体企业家的创造力层面,寻求一种以创造力为主的差异化空间。

第二,超越于单纯技术创新的工程师思维,树立技术创新、体制创新和市场需求相互作用的企业家思维。前面理论部分从"行动—规则"视角看特色小镇的发展,特别地强调主体行动尤其是企业家的作用,强调一般性规则的作用性,没有一般性规则的存在也就不会有企业家创造力的存在，反之亦然。但在实践中我们会看到政府工程师的思维。工程师思维就是把特色小镇看成一项工程，工程是可以设计和打造的，但是特色小镇绝非工程技术那样简单，它强调的是技术创新、制度创新与市场需求之间的相互作用。在这三者相互作用的过程中，企业家主体作用非常重要，只有充分发挥企业家的作用，才能推动产业的高端化，企业家的创造力是特色小镇发展的本质力量。

第三，超越于把特色当成静态的天然禀赋，树立特色的动态演化的创造性理念。现实中我们强调特色小镇产城人文的融合发展，这个里面最关键的是人的创造力。在传统的观念里人们认为特色是一种天然的资源禀赋，但是特色绝非单纯的自然禀赋，而是个体和企业家创造的产物。如果把特色当成一种静态的天然禀赋，就会忽视特色小镇最为重要的个体和企业家的创造力，以及支撑这种创造力的一般性规则的重要性，自然也就认为政府可以依靠行政力量打造出特色小镇。特色最底层的逻辑是个体企业家的创造性，或者是个体行动和行动协调的产物。特色不仅是一种有形的产业空间的特色，同时也会表现一种无形的文化生态的特色，它是一种集体企业家创造。政府也许可以打造出一种有形的空间载体，但无形的文化生态、创新生态则是无法打造的。因此，要从企业家和个体动态的创造力层面去理解特色，这样才能抓住特色小镇的本质内涵。

第四，超越于传统物理空间和实体空间的思维，树立知识空间、网络空间、创客空间的思维。特色小镇作为一个社会经济发展转型和创新的重要载体，要实现可持续发展，就必须超越于传统牛顿的物理空间和实体容器空间观，树立一种知识空间和创客空间的思维。包括网络虚拟空间的思维，这些新空间最大的特点是强调不同主体之间的互动性，在互动的过程中可以生成很多新的灵感。在前面分析各类特色小镇的案例时，我们会发现这种交流对于特色小镇的创新发展具有重大的作用。特色小镇空间一定强调一种跨界的思维，企业、研究机构、大学，以及各类中介机构、咨询机构的不同想法在这个空间中进行交流融合。因此，需要把特色小镇当成一种交流和交易的空间，把跨界作为特色小镇发展的重要思维。

第五，超越于传统纵向产业链思维，树立非线性网络型产业组织的新模式。在工业化时代，产业链和价值链的思维非常重要，但进入信息化时代，产业生态和价值网的思维越来越重要。扁平化、网络化的产业结构非常重要。美国128号公路和硅谷不同的发展模式最后导致了不同的结果，硅谷就是一种网络化的产业组织新模式，在企业之间形成了密密麻麻的扁平化、网络化的分工和合作关系，企业和企业之间要素可以流动，信息和知识可以共享，而128号公路的企业之间不交流，更多只是追求一种规模，"大而全""小而全"，没有要素流动和信息与知识的共享。区域不同的发展模式导致了不同的命运。因此，特色小镇发展应该借鉴美国硅谷的发展模式，形成一种基于信息化时代的扁平化、网络化的新发展模式。

第六，超越于从单纯产业组织看待特色小镇，树立创新生态系统的理念。基于以上的几个想法，需要从更高层面去认识特色小镇，即超越单纯把特色小镇当成一种产业空间组织，从更系统、更综合的层面去认识特色小镇，把特色小镇作为一个创新生态系统来看待。如特色小镇不能演化成为一个创新生态系统，那么特色小镇就不是一个成熟的特色小镇，就不能够承担起支撑社会经济转型和创新发展的重要职责。创新生态系统形成的动力就应该依赖于每一个个体（包括企业家）行动和行动的协调。要超越于政府自上而下去认识特色小镇，需从个体行动和行动的协调角度去认识特色小镇，这些不同个体的行动和创造力及其彼此协调才会生成基于市场分工合作的网络。这是支撑特色小镇发展重要的基础。特色小镇从分工的经济网络到基于关系的社会网络，再到创新网络的形成，不断地由低级向高级进行演化。

参考文献

期刊类

Adner Ron, Kapoor Rahul, "Value Creation in Innovation Ecosystems: How the Structure of Technological Interdependence Affects Firm Performance in New Technology Generations", *Strategic Management Journal*, Vol. 31, No. 3, 2010.

Alfred A. Marshall, "The Principles of Economics", *Political Science Quarterly*, No. 2, 2004.

Belussi Fiorenza, Pilotti Luciano, "Knowledge Creation and Collective Learning in the Italian Local Production Systems", *University of Padua "Marco Fanno" Working Paper*, Vol. 21, 2000.

Brett Anitra Gilbert, Patricia P. McDougall, David B. Audretsch, "Clusters, Knowledge Spillovers and New Venture Performance: An Empirical Examination", *Journal of Business Venturing*, Vol. 23, 2008.

Clare Murphy, Emily Boyle, "Testing a Conceptual Model of Cultural Tourism Development in the Post - Industrial City: A Case Study of Glasgow", *Tourism and Hospitality Research*, Vol. 6, No. 2, 2006.

Davies Carol, Fletcher J., Szczepura Ala, Wilmot John, "Factors Influencing Audit in General Practice", *International Journal of Health Care Quality Assurance*, Vol. 9, No. 5, 1996.

Davis EP, "Industrial Structure and Dynamics Financial Markets: The Primary Eurobond Market", *Bank of England Discussion Paper*, No. 35, 1998.

Esson Dylan Jim, "Selling the Alpine Frontier: The Development of Winter

Resorts, Sports, and Tourism in Europe and America", 1865 – 1941, *PhD University of California*, 2011.

Moore James F., "Predators and Prey: A New Ecology of Competition", *Harvard Business Review*, No. 3, 1999.

J. A. English – Lueck, "Silicon Valley Reinvents the Company Town", *Futures*, Vol. 32, No. 8, 2000.

Jackson Deborah J., *What is an Innovation Ecosystem? National Science Foundation*, Arlington, VA, 2011.

Gong Jiajia, Boelens Luuk, Hua Chen, "How Can China Achieve Economic Transition with the Featured Town Concept? A Case Study of Hangzhou from an Evolutionary Perspective", *Urban Policy and Research*, Vol. 38, No. 3, 2020.

Julie T. Miao, Nicholas A. Phelps, "'Featured Town' Fever: The Anatomy of a Concept and Its Elevation to National Policy in China", *Habitat International*, Vol. 87, No. 4, 2019.

Loseph Lou, "Silicon Valley Ecosystem", *Soft Engineer*, Vol. 3, 2005.

Loseph Lou, "Silicon Valley Lifestyle", *Soft Engineer*, Vol. 3, 2005.

Loseph Lou, "Silicon Valley Policy", *Soft Engineer*, Vol. 4, 2006.

Loseph Lou, "Social Networks in Silicon Valley", *Soft Engineer*, Vol. 4, 2006.

Loseph Lou, "Venture Capital in Silicon Valley", *Soft Engineer*, Vol. 4, 2006.

Martin Ron, Sunley Peter, "Path Dependence and Regional Economic Evolution", *Journal of Economic Geography*, Vol. 6, Issue 4, 2006.

Menzel M. – P., Fornahl D., "Cluster Life Cycles – Dimensions and Rationales of Cluster Evolution", *Industrial and Corporate Change*, Vol. 19, No. 1, 2009.

Moore James F, Predators, Prey, "A New Ecology of Competition", *Harvard Business Review*, Vol. 71, No. 3, 1993.

Nathan Mental, "The Detection of Disease Clustering and a Generalized Regression Approach", *Cancer Research*, Vol. 27, 1967.

Oh Deog – Seong, Phillips Fred, Park Sehee, et al., "Innovation Ecosystems: A Critical Examination", *Technovation*, Vol. 54, 2016.

Paul Krugman, "Increasing Returns and Economic Geography", *Journal of Political Economy*, Vol. 99, No. 3, 1991.

Paul Krugman, "Scale Economies, Product Differentiation, and the Pattern of Trade", *American Economic Review*, Vol. 70, No. 5, 1980.

Rahul Kapoor, "Innovation Ecosystems and the Pace of Substitution: Re-examining technology Scurves", *Strategic Management Journal*, Vol. 37, Issue 4, 2016.

Ron Adner, "Match Your Innovation Strategy to Your Innovation Ecosystem", *Harvard Business Review*, Vol. 84, No. 4, 2006.

Stephen B. Adams, "Follow the Money: Engineering at Stanford and UC Berkeley During the Rise of Silicon Valley", *Minerva*, Vol. 47, No. 4, 2009.

Taylor Peter, Beaverstook Jonathan, Cook Gary, Pain Kathy, Greenwook Helen, "Financial Services Clustering and Its Significance for London", 2003-2-15, http://www.lboro.cn.uk.

Yuzhe Wu, Yuxuan Chen, Xiaoying Deng, et al., "Development of Characteristic Towns in China", *Habitat International*, Vol. 77, 2018.

Zhao Wanxia, Zou Yonghua, "Creating a Makerspace in a Characteristic Town: The Case of Dream Town in Hangzhou", *Habitat International*, Vol. 114, 2021.

安虎森、季赛卫:《演化经济地理学理论研究进展》,《学习与实践》2014年第7期。

安虎森:《增长极理论评述》,《南开经济研究》1997年第1期。

包宇航、于丽英:《创新生态系统视角下企业创新能力的提升研究》,《科技管理研究》2017年第6期。

包宇航:《企业创新生态系统的共生演化与提升策略研究》,博士学位论文,上海大学,2018年。

蔡梅兰:《公众参与视角下提升公共服务有效供给的对策》,《行政管理改革》2017年第9期。

蔡文菊、肖斌、布和:《新时代推进体育强国视域下的体育特色小镇建设研究》,《北京体育大学学报》2019年第10期。

曹如中、史健勇、郭华等：《区域创意产业创新生态系统演进研究：动因、模型与功能划分》，《经济地理》2015年第2期。

曹智、刘彦随、李裕瑞等：《中国专业村镇空间格局及其影响因素》，《地理学报》2020年第8期。

陈健、高太山、柳卸林等：《创新生态系统：概念、理论基础与治理》，《科技进步与对策》2016年第17期。

陈琳、张琳、辛意如：《特色小镇PPP项目公私合作行为演化机制研究》，《工程管理学报》2020年第4期。

陈敏灵、李仪、薛静：《陕西秦创原创新生态系统的构建及治理研究》，《技术与创新管理》2023年第3期。

陈夙、项丽瑶、俞荣建：《众创空间创业生态系统：特征、结构、机制与策略——以杭州梦想小镇为例》，《商业经济与管理》2015年第11期。

陈卫平、朱述斌：《国外竞争力理论的新发展——迈克尔·波特"钻石模型"的缺陷与改进》，《国际经贸探索》2002年第3期。

陈晓文、张欣怡：《电商特色小镇的空间布局与产业发展——以淘宝镇为例》，《中国科技论坛》2018年第6期。

陈瑜、谢富纪：《基于Lotta-Voterra模型的光伏产业生态创新系统演化路径的仿生学研究》，《研究与发展管理》2012年第3期。

仇保兴：《新型城镇化：从概念到行动》，《行政管理改革》2012年第11期。

段进军、吴胜男：《全面提升江苏省创新能力的"六大超越"》，《南通大学学报》（社会科学版）2017年第6期。

范洁：《创新生态系统案例对比及转型升级路径》，《技术经济与管理研究》2017年第1期。

范太胜：《基于产业集群创新网络的协同创新机制研究》，《中国科技论坛》2008年第7期。

范太胜：《基于Lotka-Volterra模型的区域低碳产业生态系统演化研究》，《科技管理研究》2014年第15期。

方创琳：《中国新型城镇化高质量发展的规律性与重点方向》，《地理研究》2019年第1期。

方叶林、黄震方、李经龙等：《中国特色小镇的空间分布及其产业特征》，

《自然资源学报》2019 年第 6 期。

费孝通：《小城镇 大问题》，《江海学刊》1984 年第 1 期。

冯晓兵：《中国特色小镇网络关注时空演化特征研究》，《云南地理环境研究》2021 年第 3 期。

冯长春：《"新格局"下小城镇发展探讨》，《小城镇建设》2021 年第 11 期。

付晓东、蒋雅伟：《基于根植性视角的我国特色小镇发展模式探讨》，《中国软科学》2017 年第 8 期。

赓金洲、赵迎军、宣晓等：《特色小镇产业集聚与都市圈区域集聚的耦合机制研究——以浙江省为例》，《软科学》2021 年第 4 期。

桂黄宝：《企业创新生态系统演化：iOS 与 Android 案例回溯研究》，《科技进步与对策》2017 年第 16 期。

郭煦：《模客小镇缘何被降格》，《小康》2017 年第 30 期。

何仁伟：《城乡融合与乡村振兴：理论探讨、机理阐释与实现路径》，《地理研究》2018 年第 11 期。

胡京波、欧阳桃花、谭振亚等：《以 SF 民机转包生产商为核心企业的复杂产品创新生态系统演化研究》，《管理学报》2014 年第 8 期。

黄志雄：《特色小镇价值取向与发展模式研究——基于浙江省第一批特色小镇"警告"与"降级"的经验证据》，《当代经济管理》2019 年第 11 期。

黄祖辉：《准确把握中国乡村振兴战略》，《中国农村经济》2018 年第 4 期。

解学梅、王宏伟：《开放式创新生态系统价值共创模式与机制研究》，《科学学研究》2020 年第 5 期。

李伯华、尹莎、刘沛林等：《湖南省传统村落空间分布特征及影响因素分析》，《经济地理》2015 年第 2 期。

李冬梅、郑林凤、林赛男等：《农业特色小镇形成机理与路径优化——基于成都模式的案例分析》，《中国软科学》2018 年第 5 期。

李金海、李娜、白小虎：《特色小镇建设与浙江传统产业转型升级——以诸暨袜艺小镇为例》，《城市学刊》2017 年第 6 期。

李万、常静、王敏杰等：《创新 3.0 与创新生态系统》，《科学学研究》

2014年第12期。

李万峰：《卫星城理论的产生、演变及对我国新型城镇化的启示》，《经济研究参考》2014年第41期。

李亚洲、朱红：《航空特色小镇发展模式及广州规划实践》，《规划师》2018年第11期。

李燕、李春雅、倪红叶：《移动互联网时代特色小镇品牌传播研究——以沙集电商小镇为例》，《北京城市学院学报》2020年第6期。

刘安国、杨开忠：《新经济地理学理论与模型评介》，《经济学动态》2001年第12期。

刘芬、邓宏兵、李雪平：《增长极理论、产业集群理论与我国区域经济发展》，《华中师范大学学报》（自然科学版）2007年第1期。

刘凤朝、马荣康、姜楠：《区域创新网络结构、绩效及演化研究综述》，《管理学报》2013年第1期。

刘国斌、朱先声：《特色小镇建设与新型城镇化道路研究》，《税务与经济》2018年第3期。

刘娟：《全球独角兽发展态势及杭州经验》，《杭州科技》2018年第2期。

刘彦随：《中国新时代城乡融合与乡村振兴》，《地理学报》2018年第4期。

刘玉莹：《战略性新兴产业多层次创新生态系统演化路径研究》，《生产力研究》2017年第6期。

刘煜：《乡村振兴背景下特色小镇的建设成效与优化研究——以浏阳市特色小镇为例》，硕士学位论文，湖南师范大学，2021年。

柳鸣毅、丁煌、张毅恒等：《我国运动休闲特色小镇产业演化机制、运作体系与治理路径》，《天津体育学院学报》2019年第2期。

柳卸林、孙海鹰、马雪梅：《基于创新生态观的科技管理模式》，《科学学与科学技术管理》2015年第1期。

陆大道：《论区域的最佳结构与最佳发展——提出"点—轴系统"和"T"型结构以来的回顾与再分析》，《地理学报》2001年第2期。

陆佩、章锦河、王昶等：《中国特色小镇的类型划分与空间分布特征》，《经济地理》2020年第3期。

陆燕春、赵红、吴晨曦：《创新范式变革下区域创新生态系统影响因素研究》,《企业经济》2016年第3期。

罗国锋、林笑宜:《创新生态系统的演化及其动力机制》,《学术交流》2015年第8期。

马斌:《特色小镇:浙江经济转型升级的大战略》,《浙江社会科学》2016年第3期。

马仁锋、吴杨、沈玉芳:《产业区演化研究的主要领域与进展——兼论对创意产业区演化研究的启示》,《地理科学进展》2011年第10期。

孟海宁、奚慧建、吕猛:《新型制造业小镇特色建构路径》,《规划师》2016年第7期。

孟祖凯、崔大树:《企业衍生、协同演化与特色小镇空间组织模式构建——基于杭州互联网小镇的案例分析》,《现代城市研究》2018年第4期。

闵学勤:《精准治理视角下的特色小镇及其创建路径》,《同济大学学报》(社会科学版)2016年第5期。

欧阳桃花、胡京波、李洋等:《DFH小卫星复杂产品创新生态系统的动态演化研究:战略逻辑和组织合作适配性视角》,《管理学报》2015年第4期。

欧阳鑫、郭昱江、黄敬宝:《金融类特色小镇优化地区金融生态环境机理研究——以玉皇山南基金小镇为例》,《特区经济》2020年第11期。

任保平:《新时代中国经济从高速增长转向高质量发展:理论阐释与实践取向》,《学术月刊》2018年第3期。

任国岩:《长三角会展场馆空间集聚特征及影响因素》,《经济地理》2014年第9期。

盛世豪、张伟明:《特色小镇:一种产业空间组织形式》,《浙江社会科学》2016年第3期。

石艳:《基于价值链理论的山东省旅游小镇发展模式研究》,《山东财政学院学报》2013年第4期。

时浩楠、杨雪云:《国家级特色小镇空间分布特征》,《干旱区资源与环境》2019年第3期。

苏斯彬、张旭亮:《浙江特色小镇在新型城镇化中的实践模式探析》,《宏观经济管理》2016年第10期。

孙楚楚：《论特色小镇建设对地方经济的影响》，《中国市场》2021 年第 5 期。

孙丽文、李跃：《京津冀区域创新生态系统生态位适宜度评价》，《科技进步与对策》2017 年第 4 期。

孙雪芬、包海波、刘云华：《金融小镇：金融集聚模式的创新发展》，《中共浙江省委党校学报》2016 年第 6 期。

孙雪芬：《浙江特色金融小镇建设成效、存在问题与对策研究》，《时代金融》2022 年第 7 期。

唐德淼：《"特色小镇"定位与产业融合发展研究》，《中国商论》2017 年第 27 期。

郝华勇：《特色小镇的区域差异辨析及欠发达地区打造特色小镇的路径探讨》，《企业经济》2017 年第 10 期。

王大为、李媛：《特色小镇发展的典型问题与可持续推进策略》，《经济纵横》2019 年第 8 期。

王高峰、杨浩东、汪琛：《国内外创新生态系统研究演进对比分析：理论回溯、热点发掘与整合展望》，《科技进步与对策》2021 年第 4 期。

王怀成、张连马、蒋晓威：《泛长三角产业发展与环境污染的空间关联性研究》，《中国人口·资源与环境》2014 年第 S1 期。

王景新、支晓娟：《中国乡村振兴及其地域空间重构——特色小镇与美丽乡村同建振兴乡村的案例、经验及未来》，《南京农业大学学报》（社会科学版）2018 年第 2 期。

王珺：《社会资本与生产方式对集群演进的影响——一个关于企业集群的分类与演进框架的讨论与应用》，《社会学研究》2004 年第 5 期。

王坤、贺清云、朱翔：《新时代特色小镇与城乡融合发展的空间关系研究——以浙江省为例》，《经济地理》2022 年第 8 期。

王万平：《乡村振兴背景下民族地区特色小镇建设的路径——以大理市为例》，《大理大学学报》2019 年第 9 期。

王玉祺：《产业结构调整影响的城市空间结构优化研究》，硕士学位论文，重庆大学，2014 年。

卫龙宝、史新杰：《浙江特色小镇建设的若干思考与建议》，《浙江社会科学》2016 年第 3 期。

巫英：《企业创新生态系统内涵、演化动力和演化路径研究》，《现代商贸工业》2016年第19期。

吴雯雯：《旅游特色小镇的共生机理研究——以乌镇为例》，硕士学位论文，上海师范大学，2020年。

席丽莎、刘建朝、王明浩：《"文化源"+"产业丛"——新时代特色小镇发育的动力及其机制》，《城市发展研究》2018年第10期。

项国鹏、吴泳琪、周洪仕：《核心企业网络能力、创新网络与科创型特色小镇发展——以杭州云栖小镇为例》，《科技进步与对策》2021年第3期。

谢青青、吴忠军：《文化场域视角下的民族地区旅游特色小镇建设研究》，《广西经济管理干部学院学报》2017年第1期。

熊正贤：《乡村振兴背景下特色小镇的空间重构与镇村联动——以贵州朱砂古镇和千户苗寨为例》，《中南民族大学学报》（人文社会科学版）2019年第2期。

徐佳：《基于演化博弈的特色小镇可持续发展激励机制研究》，硕士学位论文，长沙理工大学，2020年。

徐梦周、王祖强：《创新生态系统视角下特色小镇的培育策略——基于梦想小镇的案例探索》，《中共浙江省委党校学报》2016年第5期。

闫文秀、张倩：《浙江省传统经典产业特色小镇的建设发展与经验借鉴》，《上海城市管理》2017年第6期。

闫钰琪、常荔：《"互联网+"视域下物流特色小镇发展的影响因素与现实路径》，《商业经济研究》2021年第14期。

杨恺然、张凤彪：《运动休闲特色小镇建设"三重"耦合动力机制及实现路径》，《体育文化导刊》2022年第7期。

杨亮：《江苏省高端制造类特色小镇产业发展路径研究》，硕士学位论文，苏州科技大学，2019年。

杨绿霞：《基于不同产业类型的特色小镇分析与规划研究》，硕士学位论文，武汉大学，2018年。

姚士谋、张平宇、余成等：《中国新型城镇化理论与实践问题》，《地理科学》2014年第6期。

余构雄、曾国军：《中国特色小镇创建机制研究——基于扎根理论分析》，

《现代城市研究》2020年第1期。

余雷、胡汉辉、吉敏：《战略性新兴产业集群网络发展阶段与实现路径研究》，《科技进步与对策》2013年第8期。

曾江、慈锋：《新型城镇化背景下特色小镇建设》，《宏观经济管理》2016年第12期。

张贵、刘雪芹：《创新生态系统作用机理及演化研究——基于生态场视角的解释》，《软科学》2016年第12期。

张雷：《运动休闲特色小镇：概念、类型与发展路径》，《体育科学》2018年第1期。

张敏：《创新生态系统视角下特色小镇演化研究》，博士学位论文，苏州大学，2018年。

张晓欢：《产业创新是特色小镇高质量发展的核心》，《中国城市报》2021年3月15日。

张银银、丁元：《国外特色小镇对浙江特色小镇建设的借鉴》，《小城镇建设》2016年第11期。

赵中建、王志强：《集群创导：欧盟发展创新集群的主要手段》，《科技进步与对策》2011年第3期。

甄峰、余洋、汪侠等：《城市汽车服务业空间集聚特征研究：以南京市为例》，《地理科学》2012年第10期。

钟在明、李朝敏：《高新技术特色小镇建设与管理分析——基于秀洲智慧物流小镇的观察》，《知识经济》2018年第10期。

周晓虹：《产业转型与文化再造：特色小镇的创建路径》，《南京社会科学》2017年第4期。

周新：《特色小镇可持续发展动力机制研究》，硕士学位论文，武汉理工大学，2018年。

朱宝莉、刘晓鹰：《全域旅游视域下民族特色小镇发展策略研究》，《农业经济》2019年第3期。

朱伯伦：《"大城小镇"协同发展影响因素与路径——基于浙江特色小镇建设的实证研究》，《学术论坛》2018年第1期。

朱俊晨、戴湘、冯金军：《城市创新功能单元视角下的特色小镇建设管理路径优化——基于深圳创新型特色小镇的实证分析》，《现代城市研究》

2020年第9期。

朱莹莹:《特色小镇建设的路径演变、发展困境与对策研究——基于嘉兴市29个创建培育对象的分析》,《嘉兴学院学报》2017年第4期。

朱越岭:《浙江历史经典产业发展的新动能与路径探索——以"金华黄酒"为例》,《产业与科技论坛》2016年第14期。

专著类

Arthur W. Brtan, *Increasing Returns and Path Dependence in the Economy*, Ann Arbor, MI: University of Michigan Press, 1994.

Argyriou I., *The Smart City of Hangzhou, China: the Case of Dream Town Internet Village*, Elsevier, 2019.

Hodgson Geoffrey, *Economics and Evolution*, Ann Arbor, MI: University of Michigan Press, 1993.

Marshall A., *Principles of Economies*, London: Macmillan, 1920.

Moore J. F, *The Death of Competition: Leadership and Strategy in the Age of Business Ecosystems*, New York: Harper Business, 1996.

Stevenson H. H., *A Perspective on Entrepreneurship*, Boston: Harvard Business School, 1983.

安虎森:《新区域经济学》,东北财经大学出版社2010年版。

丹尼尔·贝尔:《后工业社会的来临——对社会预测的一项探索》,商务印书馆1984年版。

弗里德利希·冯·哈耶克:《自由秩序的原理》,邓正来译,上海三联书店1998年版。

贺灿飞:《高级经济地理学》,商务印书馆2021年版。

霍华德:《明日的田园城市》,金经元译,商务印书馆2010年版。

克里斯托夫·弗里曼:《技术政策与经济绩效:日本国家创新系统的经验》,东南大学出版社2008年版。

陆大道:《区域发展与空间结构》,科学出版社1995年版。

路德维希·冯·米塞斯:《人的行为》,夏道平译,上海社会科学院出版社2015年版。

迈克尔·斯彭斯:《城镇化与增长》,中国人民大学出版社2016年版。

西奥多·W. 舒尔茨：《人力资本投资：教育和研究的作用》，蒋斌、张蘅译，商务印书馆1990年版。

王缉慈：《创新的空间：企业集群与区域发展》，北京大学出版社2001年版。

维克多·黄、格雷格·霍洛维茨：《硅谷生态圈》第1版，诸葛越、许斌等译，机械工业出版社2015年版。

杨虎涛：《演化经济学讲义：方法论与思想史》，科学出版社2011年版。

朱海就：《真正的市场：行动与规则的视角》，上海三联书店2021年版。

后　记

　　2016年，国家发展改革委、财政部、住房和城乡建设部联合发布通知，决定在全国范围内开展特色小镇培育工作，并相继公布了两批共计403个特色小镇名单，自此以后特色小镇培育工作在全国范围内大规模展开，各地都在积极发展和培育特色小镇。毫无疑问，特色小镇存在是合理的，它的发展推动了中国社会经济的转型与创新发展，但在这个过程中，特色小镇发展出现了一系列的问题。这需要我们认真地反思特色小镇的发展，要立足于特色小镇的实践，认真研究特色小镇发展出现问题的深层原因，以推动中国特色小镇的健康可持续发展。本书是国家社科基金"创新生态系统视阈下特色小镇演化机制研究"的最终成果，是属于课题组成员的集体成果。本书总体框架由段进军制定，组织研讨并最终确定，然后分工撰写。玄泽源博士撰写第一、二章；吴胜男副教授撰写第三章；段进军教授撰写第四章；张敏撰写第五、六章；黄卓博士撰写第七章第一、二节，周进硕士撰写第三节；管志豪博士撰写第八章；华怡宁硕士撰写第九章；段进军教授撰写结语。本书的出版得到了苏州大学中国特色城镇化研究中心的资助。中国社会科学出版社的喻苗编辑对书稿进行了精细的打磨和完善，在语言和结构上给本书润色不少。玄泽源博士在书稿的编辑、修改和完善方面做了大量细致的工作。在本书付梓之际，对以上各位的贡献表达真诚的谢意。

　　特色小镇研究是一项重大而长期的工作，需要跨学科多元化的分析和研究，尽管课题组成员做了很大的努力，但疏漏之处在所难免，敬请读者批评指正。

段进军
2024 年 4 月